Wolfgang Altgeld

Vorlesung

Radikaler Nationalismus

minifanal.de

Wolfgang Altgeld:
Vorlesung
Radikaler Nationalismus

ISBN 978-3-95421-080-0

(Taschenbuch)

3., überarbeitete Auflage 2019

Verlag: minifanal

www.minifanal.de

Herausgeber:

© Dirk Friedrich

Dorfstr. 57a, 53125 Bonn

Covergestaltung: Marian Jaworski (**marianjaworski.de**)

unter Verwendung folgender Bilder:

German National People's Party Poster Teutonic Knights (1920)
(Quelle: http://commons.wikimedia.org/wiki/File:German_National_People
%27s_Party_Poster_Teutonic_Knights_%281920%29.jpg)
L'Action française-1918
(http://commons.wikimedia.org/wiki/File:L%27Action_fran%C3%A7aise-1918.jpg?
uselang=de)
Chernosotenzy v odessa
(http://commons.wikimedia.org/wiki/File:Chernosotenzy_v_odessa.jpg)

Prof. Dr. Wolfgang Altgeld war bis zu seiner Pensionierung Inhaber des Lehrstuhls für Neueste Geschichte an der Universität Würzburg.

Zentrale Themen seiner Forschung sind Nationalismus und Nationalsozialismus sowie die Geschichte Italiens und der deutsch-italienischen Beziehungen im 19. und 20. Jahrhundert.

Inhalt

Vorbemerkung

Vorlesungen waren in der allerlängsten Zeit der europäischen Universitätsgeschichte die entscheidende Form fachlicher Wissensvermittlung, sie sind heutzutage nur mehr eine Darbietungsform unter anderen, von vielen Beteiligten im gegenwärtigen universitären Getriebe gering geschätzt oder auch abgelehnt wegen der mannigfachen Konkurrenz anderer Vermittlungswege. Sie haben aber gleichwohl ein Publikum, welches zuhörend zu lernen und zu verstehen vermag, möglicherweise auch angezogen durch hier eher als sonst dem Dozenten mögliche Spontanität in Exkursen, Erläuterungen, Zuspitzungen, wie sie in wohlgestalteten gedruckten Texten gerade vermieden und etwa in Seminaren programmgemäß diszipliniert wird.

Nicht alle vorlesenden Dozenten tragen aufgrund eines durchgeschriebenen Textes vor, manche wie ich tun das aber bewusst trotz des erheblichen Zeitaufwandes. Spreche ich jetzt nur über meine Motive, dann sollten mich die Verschriftlichungen zu einem genauen Durchdenken von Themen- und Unterthemenwahl und ihnen genügenden Argumentationslinien, zur verständlichen Gewichtung meiner Präferenzen in Bezug auf den Faktor Zeit, nicht zuletzt zur Genauigkeit in Bezug auf die vorgestellten Fakten und Daten zwingen: Das alles aufgrund eigener studentischer Erfahrung schlecht wirkender und ganz hervorragender, nach vierzig Jahren mir noch stets erinnerlicher Vorlesungen meiner fast sämtlich längst verstummten akademischen Lehrer. Das aber auch aufgrund vielfachen und fortwährenden Erleidens sogenannter freier Vorträge in Seminaren, deren sachlichen und sprachlichen Scheiterns.

In diesem Sinne, begrenzt und zugleich weit, hat mir das Lehrangebot Vorlesung im Ensemble aller Angebote doch das größte Vergnügen bereitet, verhältnismäßig frei als Konstrukteur und Interpret eines geschichtlichen Themas, ermächtigt, eine ganze Serie von Vorträgen anzubieten, genau meine Sehweise und meine Sicht vorzustellen, aber diese auch geprüft zu wissen.

Vorlesungstexte sind keine Buchtexte, sie sind ein eigenes Genre, eben für das zusammenhängende und zweckgenaue Reden und Hören bestimmt, also eigentlich nicht für den Druck. Diese Texte müssen ohne die ja unbedingt variablen Momente im Vorlesungsverlauf auskommen: ausgewählte Bilder, Karten, Statistiken „an der Wand", die erhellenden Anekdoten, die Exkurse in Reaktion auf die Aufnahmefähigkeit der Hörerschaft. Sie werden selbstverständlich nicht „verfußnotet": Wie wäre das denn vorzutragen? Einmal geschrieben, wird der

Text vor der erneuten Präsentation in einer anderen Studentengeneration in Bezug auf den neueren Forschungsstand überarbeitet, aber zugleich, das ist meine Erfahrung, beständig gekürzt, weil Konzentrationsfähigkeit und hörende Lernbereitschaft ersichtlich beständig abnehmen. So getextete Vorlesungen sind des Weiteren keine Bücher, weil sie unter großem Zeitdruck geschrieben werden: Jeder geisteswissenschaftlich Studierende kann wissen, was es bedeutet, Woche um Woche neben all den anderen Lehrvorbereitungen und zahlreichen sonstigen Pflichten ungefähr 20 bis 25 Seiten Text brauchbar: vortragbar zu verfassen. Deshalb ist es auch nicht ratsam, Vorlesungen allzu atemlos in sozusagen klassische, auf herkömmliche Weise verlegte und vertriebene Bücher zu transformieren, wie das immer häufiger riskiert wird. Manchmal gelingt das zufriedenstellend, häufiger nicht, im letzteren Falle ärgern vorlesungstypische und -nötige Zuspitzungen als Undifferenziertheit, eigentümliche Schwerpunktsetzungen als Unausgewogenheit, fehlende Verfußnotung als Unbelegtheit und so fort.

Die von mir am Ende meines Berufslebens angebotene Form der lesenden Zugänglichkeit kommt demgegenüber ohne fundamentale Bearbeitungen aus, dies sowohl im online-Angebot als auch in dessen gedruckter Ausgabe. Sie versteht sich als Antwort auf gelegentliche Nachfragen aus meiner Hörerschaft im Verlauf eines ungefähren Vierteljahrhunderts, sie galt und gilt den jungen und älteren Hörern meiner Vorlesungen in Karlsruhe, Mainz und Würzburg, einigen tausend Studenten der Neuesten Geschichte – und natürlich der Neugier mir Unbekannter. Ich verbinde das mit großem Dank für oft vieljährige Teilnahmen, herausfordernde Fragen, wichtige Anregungen.

Wolfgang Altgeld

Einführung in die Vorlesung

Einige Hörer sind nach ihren Erfahrungen in früheren Semestern an umfangreiche Einführungen in meine Vorlesungen gewöhnt. Diesmal muss ich es kurz machen im Hinblick auf die knapp bemessene Vorlesungszeit. Worum geht es? Es geht in dieser Vorlesung auf einer ersten Ebene natürlich um die Bekanntschaft mit Ideologien und Organisationen, welche das Politische in Europa zwischen den 1880er und den 1920er Jahren zum Teil erheblich mitgeprägt haben: Produkte innerstaatlicher und internationaler Krisenmomente und Umbrüche sowohl als auch Faktoren der europäischen Krise vor dem Weltkrieg und in der Zerstörung Alteuropas im und nach dem *Großen Krieg*. Auf einer zweiten Ebene aber geht es um die Frage des Zusammenhangs zwischen Nationalismus und den rechtsradikalen totalitären Bewegungen und Regimen seit den 1920er Jahren.

In der wissenschaftlichen Literatur finden Sie genauso wie in der politisch interessierten öffentlichen Meinung zwei einander genau entgegengesetzte Antworten. Es heißt zum einen, dass die extremistischen totalitären Bewegungen und Regime konsequente Ausformungen des Nationalismus gewesen seien, und weiter, dass angesichts der von ihnen verursachten Katastrophen der Nationalismus endgültig diskreditiert sei und folglich das *Prinzip Nation* überwunden werden müsse. Es heißt zum anderen, dass sie und besonders der Nationalsozialismus qualitativ neue Phänomene gewesen seien, Resultate der singulären Doppelkatastrophe des Ersten Weltkriegs und der bolschewistischen Revolution beziehungsweise kommunistischen Revolutionsversuche: nicht Übersteigerungen des Nationalismus, sondern aber dessen Widersacher. Das Thema dieser Vorlesung, das Thema hinsichtlich der angedeuteten zweiten Ebene der Auseinandersetzung, ergibt sich aus meiner Überzeugung, dass die rechtsradikalen totalitären Ideologien, Bewegungen und Regime nach dem Ersten Weltkrieg zwar nicht im Begriffsfeld von Nationalismus zureichend beschrieben und verstanden werden können, wobei allerdings vor allem zwischen Faschismus und Nationalsozialismus zu differenzieren bleibt, dass sie jedoch in etlichen wesentlichen Beziehungen im radikalen Nationalismus der Jahrhundertwende wurzeln und durch diese Transformation geschichtlich auch mit dem emanzipatorischen europäischen Nationalismus des 19. Jahrhunderts verbunden erscheinen. Ja, der Erste Weltkrieg mit all seinen Konsequenzen bezeichnet allerdings *die* katastrophale Scheidelinie in der neuesten europäischen Geschichte, aber die zeitgenössische und so auch die „rechte" Auseinand:setzung mit dieser Katastrophe entwickelte sich doch von zuvor eingeschliffenen Denkmustern aus. Unabweislich geht es in der Gesamtvorlesung also schließlich auch um eines der historiographischen Fundamentalprobleme: um das Problem von Kontinuität und Bruch in der Geschichte, obschon lediglich in einem Teilbereich des geschichtlichen Prozesses der Moderne.

Ich gestatte mir eine letzte, eine kleine Vorbemerkung zu meiner Auffassung des Zwecks von Vorlesungen. Ihr Zweck ist nicht der, historisches Grundwissen zu vermitteln. Sie soll nicht die eigene Lektüre, das eigene Studium in all seinen notwendigen Anstrengungen ersetzen, was solches historisches Grundwissen angeht: Dieses ist leichter und sicherer im Umgang mit hervorragenden einführenden Werken zu gewinnen. Vorlesungen gelten bestimmten besonderen geschichtswissenschaftlichen Problemen oder verfolgen bestimmte besondere Perspektiven in einem historischen Zusammenhang. Sie setzen Grundkenntnisse der umgebenden allgemeinen Geschichte voraus beziehungsweise die Bereitschaft der Hörer, Grundwissen während einer Vorlesung in begleitender Lektüre zu erwerben oder zu vertiefen. Sie sind nicht dazu da, verpasste oder verweigerte dreizehn- oder jetzt zwölfjährige Schulausbildung mal schnell nachzuliefern. Vorlesungen beruhen auf der Einsicht, dass Geschichte als Wissenschaft mehr sein muss als eine fraglose Zusammenstellung von Daten und Fakten. So jedenfalls habe ich es immer gesehen und so will ich es auch in den letzten Vorlesungsveranstaltungen meiner Professur sehen.

I. Vorlesung
Radikaler Nationalismus in Europa vor dem Ersten Weltkrieg

Nationalismus und Nationalbewegungen, Nationalstaaten und sogar die Nationen selbst erscheinen in allgemeinen historischen Perspektiven *erstens* als bedingte wie bedingende Faktoren in einem letztlich allumfassenden, alle Lebensverhältnisse grundstürzend verwandelnden Modernisierungsprozess.

Nationalismus ist *zweitens* als eine Art Überideologie zu begreifen (oder in alltagsgeschichtlichen Dimensionen als Grundzug moderner kollektiver Mentalität): Er durchdringt und überwölbt alle politischen Ideologien der Moderne und nicht selten auch in der Moderne fortexistierende ältere, zumal religiös verwurzelte Weltanschauungen.

Drittens sind die Nationalismen wie dann erst recht die Nationalstaaten und die Nationen als neue, ja, geschichtlich immer noch recht junge Phänomene – und jung waren sie natürlich erst recht in unserem Untersuchungszeitraum, in diesen vier Jahrzehnten um 1900 – historisch notwendige und darum andauernd geschichtsmächtige Realitäten. Aber einzeln, für sich genommen, sind sie zugleich auch grundsätzlich fragile Gebilde, welche durchaus zerbrechen können – wenn nämlich die vom Zentrum geprägten hochkulturellen Leistungen eines Nationalstaats die (vermeintliche) Summe von sozialen Benachteiligungen in den Peripherien nicht (oder nicht mehr) überwiegen und sich die dortige Opposition auf vornationale und vornationalstaatliche Relikte und Reminiszenzen zurückbeziehen kann. Wir sehen dann das Aufkommen von regionalistischen Bestrebungen, die wiederum den Charakter von Nationalbewegungen annehmen können, vergleichbar den einstigen Unabhängigkeitsbewegungen in multinationalen Staaten wie z.B. im Habsburger Reich und im zaristischen Russland vor 1918. Oder Nationalstaaten werden zu innerlich fragilen Gebilden, weil der politischen Klasse trotz der massiven Grundlage der originären Massenloyalität zum National- als Kulturstaat die innere Integration der unterschiedlichen sekundären Interessen misslingt. Positiv formuliert: Nationen sind niemals fertig, der Nationswerdungsprozess endet nicht, solange der Nationalstaat eben besteht.

Viertens schließlich eignet den Nationalbewegungen hin zu einem Nationalstaat wie der Idee der Nation überhaupt zweifellos ein freiheitlich demokratischer Impuls, weil sie das Volk schlechthin als Legitimationsgrund des Politischen postulieren und weil sie viel mehr als alle anderen politischen Zwecksetzungen bisher außerpolitische Massen mobilisieren und fundamental politisieren. Im Europa des 19. Jahrhunderts trugen sie somit wesentlich zur Integrations- und Legitimationskrise der politischen Systeme im Übergang von traditionalen feudalen und kleinräumigen zu modernen urbanen und industriellen Gesellschaftsformationen bei. Aber wegen der geschilderten Angewiesenheit der aus den traditionalen Ordnungen herausgelösten Menschen auf den Nationalstaat erwies sich der Nationalismus auch als das Mittel zur Lösung der von ihm selbst aufgeworfenen Frage nach der modernen Integration der im demographischen und wirtschaftlichen Wandel freigesetzten Massen und nach der modernen Legitimation von Herrschaft. Dieses zweite Gesicht des Nationalismus als moderne Integrationsideologie enthüllte sich spätestens im Augenblick der italienischen und deutschen Nationalstaatsgründungen, also zwischen 1860 und 1870, die nur im Bündnis von alten konservativen und neuen nationalprogressistischen Kräften hatten zustande kommen können – bei partiellem Verzicht der Progressiven auf die Verwirklichung der ursprünglichen emanzipatorischen Ansätze der bisherigen Nationalbewegungen. Durchaus ähnliche Bündnisse finden sich in den Wandlungen älterer Staatswesen zu modernen Nationalstaaten.

Das Resultat derartiger Bündnisse war ein sogenannter *offizieller Nationalismus*, entwickelt und öffentlich weitgehend durchgesetzt von den politischen und publizistischen Vertretern einer neuen politischen Klasse, in der das aristokratische Element in allen europäischen Staaten die wesentlichen politischen Machtpositionen bis zum Ersten Weltkrieg behaupten, das kapitalistische Bürgertum aber bestens wirtschaften konnte[1]. Die Verfechter dieses *offiziellen Nationalismus* beanspruchten wegen der gelungenen Nationalstaatsgründungen beziehungsweise erfolgreichen nationalen Umformung bestehender Staaten fortan, die einzig gültigen Definitionen des *Nationalen* zu besitzen, und diffamierten alle Nationalentwürfe gegen ihre eigenen Interessen und Machtpositionen als unnational (z. B: „undeutsch") oder gar als antinational (im selben Beispielsrahmen: „Reichsfeinde"). Solcher interessenverhafteter offizieller Nationalismus funktionierte also nicht nur als Integrations-, sondern geradezu als Herrschaftsideologie und trug somit das seine zu partiellen Integrationskrisen der neuen Nationalstaaten bei, welche sein Absolutheitsanspruch doch gerade beseitigen wollte. Wenn der *offizielle Nationalismus* gleichwohl massenhaften Konsens über Jahrzehnte miterzeugen konnte, so war das nur möglich, weil Nationalstaat und Nation zu einem Grundbedürfnis des Menschen im Modernisierungsprozess geworden waren, weil der offizielle Nationalismus in sämtlichen formellen und informellen Bildungsinstituten zur Geltung gebracht und so im originären Nationalismus von Massen verankert werden konnte und weil interessenpolitisch opponierende (z.B. liberal- oder sozialdemokratische) Kräfte das Paradigma von Nation und Nationalstaat ganz selbstverständlich akzeptiert haben und somit in ihren Oppositionsmöglichkeiten gegen die Identifikationsmuster des *offiziellen Nationalismus* von vornherein sehr beschränkt waren.

---

1 Es versteht sich, dass diese allgemeine Aussage in allen Einzelfällen sehr verschiedener politischer Systeme jeweils zu differenzieren ist. – Ausführlich über Nation, Nationalbewegung, Nationalstaatlichkeit in verallgemeinernden Perspektiven Wolfgang Altgeld: (Vorlesung) Die nationale Einigung Italiens und Deutschlands 1848-1871, Bonn, minifanal, 2014, S. 16-44, im Anschluss u. a. an Deutsch, Gellner, Anderson, Hobsbawm.

Begriffliches

Kommen wir nunmehr aber zum Thema der heutigen Vorlesung: zu einem ersten allgemeinen Bestimmungsversuch dessen, was denn der in den beiden Jahrzehnten um 1900 überall in Europa aufkommende *radikale Nationalismus* (Lutz Raphael zur historischen Reichweite) im Unterschied zu den eben angedeuteten Variationen von Nationalismus gewesen ist.

Zunächst einmal muss darauf hingewiesen werden, dass in der wissenschaftlichen Literatur etliche Begriffe zur Kennzeichnung desselben historischen Phänomens begegnen. Manche von ihnen stammen aus der Zeit selbst, stammen von radikalnationalistischen Ideologen und Publizisten zwecks Abhebung ihrer neuen Sache, sind aber in der Forschung wieder aufgegriffen worden, so zum Beispiel der vom Vordenker der *Action Française*, Charles Maurras, erfundene Begriff *integraler Nationalismus* oder der ebenfalls um 1900 aufkommende deutsche Begriff *völkisch* in allerlei Kombinationen (völkisches Denken, abgeleitet: völkischer Nationalismus, der im Folgenden als Bezeichnung einer besonderen Zuspitzung radikalnationalistischen Denkens verwendet wird). Andere sind späteren wissenschaftlichen Ursprungs und spiegeln jeweils eine bestimmte Ansicht ihrer Schöpfer entweder hinsichtlich des entscheidenden Merkmals oder bezüglich der richtigen historischen Einordnung des Phänomens: *aggressiver Nationalismus* (Otto Dann), *extremer Nationalismus* (Rainer M. Lepsius), in Bezug auf Deutschland *völkische Bewegung* (George L. Mosse u.v.a.), *konservative Revolution* (Armin Mohler), besonders problematisch *Protofaschismus* oder gar nur: *Faschismus* (Ernst Nolte), um nur einige häufiger gebrauchte Wendungen hier anzuführen. Sie alle beziehen sich auf jene politische Strömung, welche ich im Obertitel der Gesamtvorlesung *radikalen Nationalismus* genannt habe und von nun an ausschließlich so nennen werde. Jedoch fungieren manche von ihnen (z.B. integraler oder aggressiver Nationalismus, konservative Revolution, natürlich Protofaschismus oder Faschismus) in der jeweiligen geschichtswissenschaftlichen Literatur zugleich als Oberbegriff sowohl für solche radikalnationalistische Aufbrüche vor dem Ersten Weltkrieg wie für rechtstotalitäre Entwicklungen nachher und fallen darum für uns aus, weil wir die unterstellten Einheitlichkeiten ja erst noch offen prüfen müssen. Der Begriff *radikaler Nationalismus*, wie er namentlich in der britischen und amerikanischen Forschung zur Vorgeschichte und Geschichte des Ersten Weltkriegs erarbeitet worden ist, bietet demgegenüber den Vorteil, sich zunächst einmal präzise auf jene besondere Epoche vor der europäischen Katastrophe des Weltkriegs und zudem auf gesamteuropäische (und nicht bloß mitteleuropäische oder gar nur deutsche) Probleme zu beziehen. Überall begegnete in der Vorkriegszeit ein lautstarker, in der Öffentlichkeit und schon deshalb, aber nicht nur deswegen auch in der offiziellen Politik der Nationalstaaten zunehmend wirksamer *radikaler Nationalismus*. Aber längst nicht überall wurde er nach der Katastrophe des Weltkriegs zur Grundlage mächtiger rechtstotalitärer Bewegungen.

Merkmale und Motive des *Radikalen Nationalismus* vor dem Ersten Weltkrieg: Zur Ideologie

Versuchen wir zuerst eine vorläufige, gewissermaßen idealtypische Beschreibung wesentlicher allgemeiner Merkmale und Motive dieses *radikalen Nationalismus* in Europa vor dem Ersten Weltkrieg. Die Auseinandersetzung mit ausgewählten besonderen nationalen Variationen ist dann Sache der folgenden drei Vorlesungseinheiten.

Quer durch alle Forschungslager und über allen differierenden Forschungsansätzen herrscht Einmütigkeit wohl in Bezug auf das wichtigste weltanschauliche Merkmal: die unbedingte Verabsolutierung der jeweils eigenen Nation zum höchsten menschlichen Wert, Verabsolutierung sowohl nach außen in einer radikalen Wendung gegen jedwede menschheitliche Einbindung und Verpflichtung der Nation und ihrer Zwecksetzungen als auch nach innen durch völlige Unterordnung der konationalen Individuen, ihrer Freiheiten und Bürgerrechte, unter die nationalen Bedürfnisse.

„La France d'abord". „Right or wrong, England is my country", so die um 1900 in England grassierenden, merkwürdigerweise besonders von G.K. Chesterton kritisierten Sprüchlein. „Kosmopolitismus ist eine seelische Erkrankung der Nation", so Lord Malmesbury. Mit den Worten Paul de Lagardes, des Wegbereiters *völkischen* radikalnationalistischen Denkens in Deutschland: „Mit der Humanität müssen wir brechen, denn nicht das allen Menschen Gemeinsame ist unsere eigenste Pflicht, sondern das nur uns Eignende ist es". Andererseits hätten sämtliche europäischen Radikalnationalisten den Satz des Briten Charles Pearson unterzeichnet, dass das „Nationalinteresse in allen Sachbereichen eine allen individuellen Interessen übergeordnete Rolle spielt". Folglich begegnet uns allenthalben die radikale Absage an die *Ideen von 1789*: Gleichheit, Freiheit, Brüderlichkeit, und deren sämtliche ideellen und politischen Konsequenzen. Am striktesten war diese Absage im deutschen radikalen Nationalismus, weil der antifranzösische Grundzug und mit ihm auch der Widerstand gegen französische politische Ideen ohnehin zu den Traditionen deutschen nationalen Denkens gehört hat. Aber wie überaus bezeichnend ist es, wenn die Ideologen der *Action Français* den Nachweis zu führen versuchten, dass die revolutionären menschen- und bürgerrechtlichen Ideen eigentlich deutschen Ursprungs gewesen seien!

Zweifellos findet sich in alledem ein offener Bruch mit idealen Komponenten eines älteren, nämlich des sogenannten *Risorgimentonationalismus*, ein Bruch mit seinen bürgerfreiheitlichen demokratisierenden Orientierungen und seinen Ideen einer zukünftigen Verbrüderung aller freien und gleichen Nationen, eines kommenden *Völkerfrühlings*, wie letztere in Deutschland zum Beispiel von Herder und den meisten Rednern auf dem *Hambacher Fest*, in Frankreich von Lamartine, in Polen von Mickiewicz, in Italien von Mazzini und Garibaldi vertreten worden waren. Der Bruch darf aber auch nicht zu tief gezeichnet werden, wie das in einigen nationalismusgeschichtlichen Arbeiten geschehen ist, denn reichlich chauvinistische, sich in schroffen nationalistischen Feindbildern und gelegentlich geradezu maßlosen nationalen Führungsansprüchen manifestierende Züge, dazu übertrieben nationalunitarische und wenigstens insoweit freiheitsbedrohende Vorstellungen sind ja durchaus auch im besagten *Risorgimentonationalismus* der ersten beiden Drittel des 19. Jahrhunderts festzustellen. Die radikalen Nationalisten an der Wende vom 19. ins 20. Jahrhundert haben bei den früheren *Propheten des Nationalismus* manches zitierfähiges Material gefunden, zum Beispiel in Deutschland wie, auf Anhieb erstaunlicherweise, auch in Frankreich in den Schriften Johann Gottlieb Fichtes, in Italien bei den eben erwähnten Nationaldemokraten Mazzini und Garibaldi und so weiter. Schon wegen solcher möglichen Traditionsbildungen muss man sich also hüten, den frühen Nationalismus im Vergleich mit dem radikalen Nationalismus allzu sehr zu idealisieren.

Ich denke, die Differenz, soweit sie an der ideologischen Entwicklung zu beobachten ist, lag wohl weniger in der Verabsolutierung des Prinzips Nation an sich, sondern mehr in der bewusst und unverhüllt inhumanen Weise, mit der es von den radikalen Nationalisten nun, an der Schwelle ins 20. Jahrhundert, gegen jede vor- und übernationale Moral und Sittlichkeit verfochten wurde. Das war nicht mehr nationales Sendungsbewusstsein, denn solches setzte doch immer noch die Anerkenntnis allgemeiner menschlicher Zwecke voraus. Im Denken der radikalen Nationalisten durfte die Sendung der Nation gar nichts anderem gelten als der Größe und Vergrößerung dieser eigenen Nation selbst, denn ihnen galt die Nation als geschlossene Wesenheit, die anderen nationalen Wesenheiten nichts Wesentliches mitzuteilen hatte, welche aber jedes Opfer und vor allem die Preisgabe aller nichtnationalen ethischen Prinzipien von ihren Bürgern verlangen musste. In Deutschland zitierten sie wohl weiterhin Emanuel Geibels aus dem Jahr 1869 stammenden hochmütigen Satz, dass *am deutschen Wesen noch einmal die Welt genesen solle*, aber aus Konvenienz, weil er nun einmal zu den geflügelten Worten der Nation gehörte: Geschrieben hätte ihn kein *völkisch* gesinnter Deutscher mehr.

Bezeichnend für diese wirklich neuartige totale Nationalisierung der Begriffe von Moral, Mitmenschlichkeit und Humanität war die Wucht, mit der die radikalen Nationalisten alle übernationalen Wertsysteme attackiert haben, und das am heftigsten dann, wenn solche Wertsysteme obendrein von vor- und übernationalen Institutionen gestützt wurden. Und vor allem ging es dabei überall darum, das *Christentum* entweder zu nationalisieren oder, wenn dies nicht mehr möglich schien, zu zerstören, es als *Mitleidsreligion* auszulöschen. In England verdichteten sich an der Jahrhundertwende ältere Überzeugungen besonderer nationaler Erwähltheit geradewegs zu einer *imperialistischen Religion* (A. F. Walls in: Hutchinson / Lehmann). Einer ihrer Anhänger, Feldmarschall Lord Wolseley, beklagte sich über Briten, „die aus religiösen Gründen immer noch glauben, die Existenz unüberschreitbarer Barrieren zwischen den Nationen leugnen zu müssen". Er fuhr fort: „Ich jedenfalls könnte keinen Moment glauben, dass diese instinktive Vaterlandsliebe, dieser Nationalismus in mir irgendwie den religiösen Lehren widerspricht". Die intellektuellen Anführer der *Action Française* beharrten partout auf der Katholizität Frankreichs, aber ganz gewiss nicht um eines katholischen Christentums willen, sondern weil ihnen Katholizität als entscheidende nationalfranzösische Eigenschaft galt. „Selbst wenn unsere Religion einst nichts mehr als eine Erinnerung sein wird, eine Art ererbter emotionaler Disposition", so Jules Lemaîtres aufschlussreich gleichgültige Formulierung in Bezug auf das katholische Christentum an sich, „dann werden wir uns als Katholiken wie Franzosen immer noch ganz verschieden von (den protestantischen - d. Verf.) Engländern und Norddeutschen fühlen". Und der viel berühmtere Charles Maurras hämmerte ein: „Religion, Gesellschaft, Vaterland, an diesem Programm halten wir fest: Aber Politik zuerst, nationale Politik, die Politik des integralen Nationalismus".

In Deutschland lagen die Dinge viel schwieriger; in der konfessionell gespaltenen Nation und angesichts eines Katholikenanteils von gut dreißig Prozent musste die gleichwohl gängige radikalnationalistische Identifizierung von Luthertum und Deutschtum ohne weiteres in massive innernationale Konflikte führen. Dieses Problem hinderte freilich radikalnationalistische Protestanten in den Jahren um 1900 keineswegs daran, im Habsburger Reich die völkische *Los-von-Rom-Bewegung* des Ritters von Schönerer, bekanntlich der eine der beiden von Hitler in seinem *Mein Kampf* anerkannten politischen Vorläufer seines Nationalismus, massiv zu unterstützen, um nach einer nationalistischen Protestantisierung die deutsch-österreichischen Volksgenossen endlich doch noch ins Reich heimholen zu können. „Heil und Sieg dem deutsch-protestantischen Namen", lautete die Parole. Andere Völkische sahen indessen voraus, dass man in der Konfrontation der nationalistisch interpretierten Konfessionen in Deutschland zu keiner rein nationalen Ethik gelangen würde. Der dem *Alldeutschen Verband* angehörende Historiker Max Lenz bezeugte 1907, wie schwer diese Erkenntnis lastete: „Der Wille zur Macht ... würde erlahmen, der Glaube an das Vaterland müsste versiegen, wenn nicht in dem Innersten ... unseres nationalen Bewusstseins dieselben Heiligtümer, die gleichen Gottesgedanken ihren Platz hätten". Das besondere Dilemma der deutschen radikalen Nationalisten zwischen vermeintlicher Notwendigkeit und realer Unmöglichkeit, ähnliche Identifikationen wie Briten oder Franzosen zu produzieren, provozierte schon um 1900 eine singuläre antichristliche Strömung in der *völkischen Bewegung* – wohlgemerkt: antichristlich, nicht atheistisch: Sie fand ihren Ausdruck in einer Vielzahl von Gründungen sogenannter *neuheidnischer*, mit Versatzstücken vor- und außerchristlicher Religionen operierenden Sekten. Das Phänomen war anderswo zwar nicht ganz unbekannt. Kipling zum Beispiel thematisierte dergleichen gelegentlich. Aber nirgendwo sonst gewann es derartige Bedeutung.

„Wir brauchen nicht Marter, wir brauchen nicht Kreuz.
Das bietet uns reich ja die Welt,
Wir haben heiliges deutsches Licht
von Gottes Allmacht erhellt.

Was brauchen wir jüdische Bibel
verwandelt als Christenheit,
Wir haben unseren hehren Gott
Urgott der Ewigkeit".

Nämlich *Odin*, so diese besonders begabte Sängerin eines solchen neuen heidnischen Zirkels im Jahre 1911.

Zweifellos trug dieses Sonderproblem der deutschen radikalen Nationalisten auch zu einer besonderen Steigerung ihres Antisemitismus bei. Für die neuheidnischen Hardliner war das Christentum schlichtweg Judenreligion oder, genauer gesagt: Abkömmling des jüdischen Sittengesetzes, nichts weiter als ein ideologischer Trick des jüdischen Volks, das Wesen anderer Nationen auszuhöhlen, um dann die Demoralisierten umso besser beherrschen zu können. Judentum und Christentum waren miteinander aus dem Deutschtum auszuscheiden. Die andere, in der Vorkriegswelt noch vorherrschende Richtung wollte wohl das Christentum behaupten, es aber dazu von seinen jüdischen Erblasten reinigen – unter anderem durch eine weithin erfolgreiche Propaganda der These, Jesus sei arischer Herkunft gewesen, vor allem aber durch Zerstörung derjenigen christlichen Lehre und Institution, welche als Manifestation des Jüdischen im Christentum galt: des Katholizismus und der katholischen Kirche. Kampf der *goldenen, schwarzen, roten Internationale*, das hieß: den Juden, Priestern, Sozialisten, so lautete eine der von jetzt an noch lange zu hörenden völkischen Parolen im deutschen Sprachraum. Eine andere, genauso lange immer wieder zitierte Parole ist vom schon genannten Ritter von Schönerer im Anfang der deutsch-österreichischen *Los-von-Rom-Bewegung* erfunden worden: „Ohne Juda, ohne Rom bauen wir Großdeutschlands Dom!" Gar nicht erstaunlicherweise, wenn man die Struktur dieses Denkens einmal begriffen hat, sahen die französischen Radikalnationalisten den Sachverhalt genau andersherum. Charles Maurras von der Action Française schrieb 1912, der arme Franzose werde so sehr von den vier barbarischen Verbündeten beherrscht: von den Freimaurern und landfremden Händlern, aber entscheidend von den wesensverwandten Juden und Protestanten, dass die Nation kaum mehr zu sich selbst werde finden können.

Angesichts dessen, was von nationalsozialistischen und anderen Deutschen zwischen 1933 und 1945 getan worden ist, steht selbstverständlich der Antisemitismus im Deutschen Reich, *bevor Hitler kam*, im Mittelpunkt des internationalen wissenschaftlichen Interesses. Aber deshalb darf nicht übersehen werden, dass um 1900 Judenfeindschaft ein nahezu allgemeineuropäisches massives Phänomen gewesen ist – und ein dezidierter, ideologisch moderner Antisemitismus nahezu überall ein wesentliches, wenn nicht gar zentrales Moment des radikalen Nationalismus. Ja, zahlreiche Zeitgenossen und unter ihnen gerade auch viele Juden haben zu dieser Zeit die Wirkungen des *völkischen* Antisemitismus auf die deutsche Nation vergleichsweise gering eingeschätzt. Anderswo schienen sie größer, so namentlich in Frankreich, wo der Ursprung des radikalen Nationalismus geradezu in den maßlosen judenfeindlichen Hetzereien und massenhaften judenfeindlichen Bewegungen zur Zeit der *Dreyfus-Affaire* (seit 1894) und in ihrer Vorgeschichte zu finden war, so namentlich in Russland, wo die furchtbaren Pogrome von 1903 und 1905/06 zur Geschichte eines sonstwo damals noch fast unbekannten terroristischen Nationalradikalismus der sogenannten *Schwarzhundertschaftler* gehört haben. Selbst in Großbritannien spielte der Antisemitismus, was dort lange erfolgreich vergessen worden und bei uns weiterhin kaum bekannt ist, eine einigermaßen bedeutende Rolle in der Formierung und Agitation der radikalen Nationalisten bis zum Kriegsausbruch.

Warum? Warum diese zentrale Bedeutung von Antisemitismus im radikalnationalistischen Denken fast überall – ausgenommen unter den Bewegungen in den größeren europäischen Nationen nur die in Italien? Ich habe schon in anderen Vorlesungen davor gewarnt, den Antisemitismus in dem Sinne funktional zu interpretieren, dass mit seiner Propaganda eigentlich ganz andere Zwecke erreicht werden sollten. Judenfeindschaft trug und trägt ihren Zweck in sich selbst, sie ist für den Antisemiten nicht manipulierbar. Man kann sie allerdings in ihren jeweiligen historischen Kontexten betrachten und dann über ihren jeweiligen historischen Sinn nachdenken. Tun wir das hier, so sehen wir ein Feld von Projektionen, abgesteckt mit traditionellen, aber modernisierten judenfeindliche Stereotypen, in denen *der Jude* als solcher, also keineswegs die Juden als wirkliche Mitbürger, als absolutes Negativ des jeweiligen radikalnationalistischen Nationalbegriffs dargestellt wurden. Die unbedingte Voraussetzung für diese nationalistische Projektion: die Umdeutung des religiösen zum nationalen Begriff des Judentums (die Juden als verstreute Nation ohne Staat, ihre Religion als Verfassung des jüdischen Volks), war schon durch nationalistische Ideologen des früheren 19. Jahrhunderts geschaffen worden, und das Aufkommen des *politischen Zionismus* um 1900 wurde im radikalnationalistischen Lager deshalb natürlich sehr begrüßt. Jeder dem Deutschen oder Franzosen und so fort von radikalnationalistischen Ideologen beigelegte Charakterzug findet sich derart *negativ* in ihrem Judenbild wieder: deutsche Treue – jüdische Tücke, deutscher Arbeitsfleiß – jüdische Raffgier, deutscher Ernst – jüdische Frivolität, deutsche Vaterlandsliebe – jüdische Heimatlosigkeit und so fort, dies als ein Beispiel für derartige nationalistische Reihungen. Wegen der tiefen geschichtlichen Verwurzelung von Judenfeindschaft in den europäischen Gesellschaften erwies sich Antisemitismus in manchen Ländern dabei als ausgezeichnetes Vehikel, noch wesentlich apolitische Massen etwa auf dem flachen Land nationalistisch zu politisieren! Erst recht wurden *den Juden* alle verhassten politischen Entwicklungen der Moderne zugeschrieben. Sie galten als Nutznießer, wenn nicht gar als Erfinder sämtlicher unnationaler Verwirklichungen der *Ideen von 1789*, vom Liberalismus, einschließlich des liberalistischen Kapitalismus, bis hin zum Sozialismus, vom allgemeinen Wahlrecht (oder der Forderung nach ihm) bis zur Idee einer Emanzipation der Frau. Immer, so wurde behauptet, gehe es den Juden darum, die sie als gleichberechtigte Bürger aufnehmenden Nationen zum Nutzen der tatsächlich eigenen, wenngleich verstreuten Nation zu schwächen, und darum, sie parasitär noch bequemer ausbeuten und verraten zu können. Und darum erwies sich die neuartige Radikalität dieser radikalen Nationalisten in fast allen europäischen Nationen gerade am Thema der Juden, dann aber konkret: der jüdischen Mitbürger. Wenigstens sollten sie aus den einflussreichen gesellschaftlichen und politischen Positionen gedrängt werden. Rigorosere Lösungsvorschläge forderten die bürgerliche Entrechtung, also das Zurück ins voremanzipatorische *Ghetto*, oder überhaupt die Austreibung der ja angeblich fremdnationalen Juden. Ja, es gab bei einzelnen, aber zeitgenössisch durchaus prominenten Vordenkern auch schon die Idee dessen, was die Nationalsozialisten dereinst *Endlösung* nennen würden.

Woher rührte, immer noch ideologiegeschichtlich gefragt, diese Radikalisierung des *Prinzips Nation*? Wie haben die radikalen Nationalisten ihre totale Nationalisierung der politischen, ethischen und selbst der religiösen Begriffe begründet? Was trieb sie?

Es muss zuerst an die Ablösung des uralten, über so viele Menschenalter selbstverständlichen judäo-christlichen und des viel jüngeren, eigentlich nur Gebildete bewegenden rationalistisch-philosophischen Menschenbildes durch ein naturalistisches, biologistisches Menschenbild erinnert werden: Dieser grundstürzende, alles moderne Denken andauernd bestimmende Umbruch hatte sich lange, seit der Aufklärung vorbereitet, aber in der zweiten Hälfte des 19. Jahrhunderts ist er nun voll wirksam geworden, hat nicht nur intellektuelle Kreise, sondern auch breite städtische Schichten in den west- und mitteleuropäischen Zivilisationen erreicht. Nach Veröffentlichung der Forschungsergebnisse Charles Darwins in den beiden Hauptwerken von 1859 und 1871 (On the Origin of the Species by Means of Natural Selection; The Descent of Man) und den vielbändigen Einschärfungen durch den britischen evolutionistischen Philosophen Herbert Spencer galt der Mensch als Teil einer Naturgeschichte jenseits aller abgelebten religiösen und philosophischen Schöpfungs- und Heilsgeschichten, galt als Ergebnis einer fortwährenden Naturgeschichte des Werdens und Vergehens, unterworfen denselben Gesetzen des Lebenskampfes wie jedes lebende Wesen, dem natürlichen Gesetz des *survival of the fittest*, so Darwins prägnante Formulierung, unterworfen dem Prinzip natürlicher Auslese in beständigen Kämpfen um *knappe Lebensmittel* und knappen Lebensraum, ausgefochten mit Genossen der eigenen Unterart gegen die konkurrierenden Artgenossen und vor allem gegen die fremden menschlichen Unterarten. Solche Unterarten hat dann auch Darwin in seinen letzten Schriften als *Rassen* bezeichnet.

Über Rassen als Untergliederung der Menschheit oder Möglichkeit, Nationen einander zuzuordnen bzw. voneinander zu unterscheiden, ist schon im 18. Jahrhundert philosophiert worden. Aber von Rassismus lässt sich erst und nur reden, wenn aus biologischen Eigenschaften unvermittelbare intellektuelle und charakterliche Eigenschaften von Völkern und Individuen hergeleitet werden. Solche *rassistischen* Theorien gewannen nun ebenfalls seit der Mitte des 19. Jahrhunderts Raum, so unter anderem durch Joseph Arthur Comte de Gobineaus *Essai sur l'inégalité des races humaines* (zuerst 1853-1855), in dem der französische Graf ein Horrorszenario der Überwältigung der weißen Rasse durch die farbigen Rassen und damit des Untergangs der Menschheit überhaupt entworfen hat, weil eben nur die weiße, arisch-europäische Rasse zu eigentlich kulturschöpferischen Leistungen befähigt wäre. Aber noch nicht die jeweilige Ausrichtung solcher weit differierenden rassistischen Konzeptionen und Prognosen, sondern die von zahlreichen einzelnen Denkern namentlich in Frankreich und England, in Deutschland und in den USA geleistete Synthese von rassistischen Ansätzen und naturgeschichtlicher Entwicklungstheorien war entscheidend für die Grundlegung der radikalnationalistischen Weltanschauung.

Das Resultat dieser besonderen Synthese war zum einen ein neues Geschichtsbild: menschliche Geschichte als Naturgeschichte, als natürliche, darum als unvermeidlich hinzunehmende Abfolge von rassischen Auseinandersetzungen, geführt von den Völkern als Protagonisten der Rassen, zum höheren Zweck des *survival of the fittest* im Sieg der Stärkeren, Besseren, zum höchsten Zweck schließlich der ständigen Weiterentwicklung der Menschheit selbst durch Beherrschung und endlich Ausmerzung der unterlegenen Schwachen. Das Ergebnis war zum anderen, ausgehend von diesem kruden naturalistischen Bild menschlicher Geschichte, eine neue Definition und Legitimation nationalstaatlicher Politik. Nationale Politik hatte demnach alle Energie auf *einen* Zweck auszurichten, und zwar im Inneren wie nach außen: auf die Vorbereitung, Durchführung und erneute Vorbereitung dieser naturgemäßen Auseinandersetzung mit anderen Nationen, damit das eigene Volk als jeweils Bestes („fittest") überleben würde. Nationale Politik durfte keine andere Moral kennen als die der Natur und des Überlebenswillens der Nation.

Die ideologischen Konsequenzen dieser speziellen radikalnationalistischen Synthese von Rassismus und naturgeschichtlichen Evolutionstheorien sind hier zunächst nur anzudeuten. Die Synthese legitimierte den Krieg als natürliche Form menschlichen Verhaltens und die Gewaltherrschaft, weil sie ja über Unterworfene, also offensichtlich Schwächere und folglich Minderwertige ausgeübt würde. Sie legitimierte Expansion auf Kosten Besiegter, denn schon Darwin hatte ja erläutert, dass die Stärke einer Spezies an der Anzahl der erfolgreich aufgezogenen Nachkommen gemessen werden könnte, und der wachsenden Spezies musste eben größerer Raum geschaffen werden. Diese Synthese begründete die Kampfansage an Parteipolitik und Parlamente, denn nur autoritäre Systeme könnten die in sich *einige Nation* erzeugen und die disziplinierte Einheit der Nation würde die äußere Kraftentfaltung im geschichtlichen Ausleseprozess garantieren. Zum selben Zweck erforderte sie die Einplanierung oder Beseitigung ethnischer und kultureller Minderheiten. Und nicht zuletzt taugte diese Synthese dazu, die politische Judenfeindschaft neu zu begründen und sie wegen solcher angeblich naturwissenschaftlicher, also angeblich objektiver Begründung zum Äußersten zu radikalisieren: Demnach galten die Juden als Rassefeind *im Körper der Nation*, und zwar egal, wieweit ihre religiöse, kulturelle, soziale Integration schon fortgeschritten sein mochte. Seit 1879 verbreitete sich von Deutschland aus der entsprechende neue Begriff *Antisemitismus!* Umgekehrt provozierte die Adaption von rassistischen Evolutionslehren im radikalnationalistischen Denken eine allerdings unterschiedlich stark ausgeprägte Tendenz, den jeweiligen Bezugsrahmen der bestehenden, entweder staatlich definierten oder einen eigenen Nationalstaat beanspruchenden Nationen zu überschreiten – stärker natürlich dort, wo das Kriterium der Abstammung stets eine größere Rolle gespielt hatte, wie etwa im älteren deutschen Nationalismus. Das Resultat dieser Adaption findet sich dann erstens in *pannationalen* Ideologien, so zum Beispiel im russischen oder serbischen *Panslawismus* der Jahrhundertwende, zweitens in universellen Sammlungsideen in Bezug auf sämtliche, aufgrund ihrer Abstammung, also ihrer *Biotypik* als *konational* begriffenen Menschen, so zum Beispiel in der deutschen *völkischen Bewegung*, drittens in Visionen weltumspannender Herrschaftsbündnisse zwischen artgleichen Völkern, so etwa im Denken britischer Radikalnationalisten hinsichtlich der angelsächsischen Bevöl-

kerungen im Empire (Kanada, 1867; die *dominions* seit 1931: Australien, Neuseeland, Südafrika).

Die Synthese von Rassismus und Evolutionstheorie legitimierte des Weiteren
die Absage an den Individualismus und überhaupt an vorstaatliche *natürliche*
Rechte – und in fataler Kombination mit anderen *sozialdarwinistischen* Theorien
gelegentlich die Forderung eugenetischer Politik zur rassischen Aufzucht der
Nation. Sie legitimierte bestehende und teils gerade um 1900 rasant erweiterte
koloniale Herrschaften europäischer Nationen und neuerdings der USA: *White
man's burden* (Rudyart Kipling), die Last, die Aufgabe des weißen Mannes lautete
die Parole in England und in den Vereinigten Staaten, Last und Aufgabe wei-
ßer, zumal angloamerikanischer Herrschaft über farbige Völker im Dienste der
Höherentwicklung der Menschheit. „Ich behaupte, dass wir die erste Rasse in
dieser Welt sind, und je mehr wir von dieser Welt beherrschen, umso besser ist
es für die ganze menschliche Rasse", schrieb Cecil Rhodes, aber das war nur
ein Satz, den jeder schriftstellerisch begabte Radikalnationalist hätte schreiben
können, natürlich über die jeweils eigene Nation. Und selbstverständlich haben
radikale Nationalisten überall aufgrund dieser ideologischen Synthese von Rassismus und Evolutionstheorien die Notwendigkeit sozialer Hierarchisierung begründet, was nicht unbedingt bedeutete, dass sie die bestehenden sozialen Verhältnisse akzeptierten – oder die ihnen korrespondierenden politischen Systeme.

Eine letzte Bemerkung am Ende dieses Abschnitts: Auf die Zeitgenossen, auch
auf die kritischen Zeitgenossen, wirkte der radikale Nationalismus der Vorwelt-
kriegszeit weitaus weniger radikal denn auf uns Heutige. Das *Prinzip Nation* war
ungebrochen, Nationalismus als Identifikation mit Nation und Nationalstaat
Teil alltäglicher Normalität; die uns geläufigen katastrophalen neben und nach
all den nützlichen, unverzichtbaren Konsequenzen wurden nur von wenigen
Menschen vorausgeahnt. Rassistische Denkmuster waren in verschiedenen Bre-
chungen nahezu gesamtgesellschaftliche Phänomene. Die Notwendigkeit nationaler Expansion wurde in den großen europäischen Nationalstaaten keineswegs
nur von Chauvinisten vertreten, sondern gerade auch von Gruppierungen und
Persönlichkeiten, welche innenpolitische Demokratisierungsprozesse vorantreiben wollten, im Deutschen Reich zum Beispiel auch von Liberalen wie Max
Weber oder Friedrich Naumann. Und Sozialdarwinismus in seinen verschiedenen Anwendungen auf soziale und politische Problemstellungen war ein nahezu allgegenwärtiges Moment der wissenschaftlichen wie publizistischen Diskussion in der europäischen und europäisierten Welt um 1900.

Merkmale und Motive des *Radikalen Nationalismus* vor dem Ersten Weltkrieg: Moderne Wendungen gegen die Moderne

Arno Mayer hat seit den 1960er Jahren die These vorgetragen und weiterentwickelt, dass die nationalen industriellen und industrialisierten europäischen Gesellschaften um die Jahrhundertwende in eine allgemeine politische Krise geraten sind – in eine *allgemeine Krise*, verursacht nicht durch die politische und gewerkschaftliche Arbeiterbewegung sondern durch *eine Revolte von rechts*. Diese Revolte von rechts sei getragen worden von *ultrakonservativen agrarischen Eliten* und anderen *traditionalen sozialen Gruppen*, bedroht in ihren sozial und politisch privilegierten Positionen durch allseitige Modernisierungsprozesse, aber umso fester entschlossen, im Kampf gegen die Moderne gefährdete Positionen zu behaupten, ja, mehr noch, schon verlorene Machtpositionen zurückzuerobern: Von *vorindustriellen, vorbürgerlichen und vorkapitalistischen Gruppen*, welche um *ihre Zukunft zitterten*, so Arno Mayer, sei ein rücksichtsloser Machtkampf aufgenommen worden, um die *Flut der Industrialisierung, Urbanisierung und Demokratisierung* aufzuhalten und zurückzudämmen.

Man wird Mayers Beobachtungen insoweit beipflichten können, dass der europäische Vorkriegssozialismus, allgemein betrachtet, in den einzelnen nationalen Gesellschaften zu einer systemimmanenten Opposition geworden war, allerdings vielfach noch an einer systemfeindlichen Rhetorik festhielt (was Mayer zu wenig beachtet). Erst die Katastrophe des Weltkrieges eröffnete vorher marginalisierten, ernsthaft revolutionären sozialistischen Gruppen neue Chancen. Beizupflichten ist erst recht seiner Beobachtung einer massiven systemfeindlichen, zumindest insofern revolutionären Bewegung von rechts. Aber trifft deren Charakterisierung durch Mayer zu? Lässt sie sich wirklich so eindeutig als *konservativ-reaktionär* und *antimodernistisch* beschreiben? Und lässt sich ihre soziale Basis so ausschließlich in vorindustriellen, vorbürgerlichen und vorkapitalistischen Gruppen verorten?

Es gibt ein grundsätzliches Bedenken, welches ich hier nicht ausführlicher entwickeln will, auch darum nicht, weil ich das in meinem Buch über *Protestantismus, Katholizismus, Judentum* als Problemzusammenhang des deutschen Nationalismus weitläufiger dargelegt habe, ein grundsätzliches Bedenken zum Begriffsfeld *modern, Modernität, Modernisierung* und so fort, entsprechend *unmodern, antimodernistisch* und so weiter. Ein Begriff wie *modern, Moderne* ist natürlich dann unproblematisch, wenn man ihn rein deskriptiv verwendet, also etwa zur Kennzeichnung der Industriegesellschaft im Unterschied zur vorausgehenden agrarischen Gesellschaft, und der Begriff *Modernisierung* taugt problemlos zur Bezeichnung von Entwicklungsprozessen von der einen zur anderen Gesellschaftsform. Irreführend wird diese Begrifflichkeit aber dann, wenn sie zur Charakterisierung von Phänomenen im selben Zeithorizont dienen soll. Und sie wird doppelt irreführend, wenn ihr, wie es zumeist und so eben auch bei Mayer festzustellen ist, a priori historische Sinndeutungen und philosophische Wertordnungen unterliegen, denenzufolge etwa die proletarische Revolution oder die parlamentarische Demokratie für *modern* in den Perspektiven eines (vermeintlich) notwendigen menschlich-menschheitlichen Fortschritts gelten, indessen zum Beispiel autoritäre oder diktatorische Systeme oder auch rechtsradikale Politik als *unmoderner* fortschrittsfeindlicher, damit wenigstens langfristig sinnloser Widerstand gegen den Geschichtsprozess selbst erscheinen. In einem gegebenen Zeithorizont sind aber alle Phänomene gleichzeitig, wiewohl verschieden alt oder jung, sind also grundsätzlich auch gleichermaßen modern; ein einmal früher entstandenes Phänomen ist grundsätzlich keineswegs unmoderner als ein jüngeres. Kurz am Beispiel gesagt: In der Industriegesellschaft gibt es keine vorindustriellen sozialen Gruppen, nur unterschiedliche soziale Positionierungen gegenüber dem industriellen Sektor. Und die Kampfansage gegen bestimmte Aspekte der Moderne kann sich gerade als allermodernste Entwicklung und Bewegung in ihrer Zeit darbieten. Das Ziel von Geschichte kann der Historiker so wenig wie irgendjemand sonst kennen. Als Historiker aber sollte er um die Relativität jeder geschichtlichen Epoche wissen und darum auch nicht die eigene Zeit als Zielpunkt von Geschichte in vergangenes Handeln hineininterpretieren.

Beschäftigen wir uns nunmehr direkt mit Arno Mayers vielfach übernommener These in Bezug auf unser Thema: den radikalen Nationalismus vor dem Ersten Weltkrieg. Der hauptsächliche Einwand gilt der Auffassung Mayers und all der ihm beistimmenden Historiker, dass sich im wesentlichen von *einer*, nämlich einer wesentlich einheitlichen *Revolte von rechts*, von *einer* Rechten sprechen lässt, politisch *konservativ* und *reaktionär* antimodernistisch, sozial verwurzelt in traditionalistischen vormodernen: *vorindustriellen*, *vorbürgerlichen*, *vorkapitalistischen* Schichten, also namentlich in der Aristokratie, im Bauerntum, im alten handwerklichen und kleingewerblichen absteigenden Mittelstand. Die Undifferenziertheit, die Pauschalität dieser Auffassung resultiert unweigerlich aus der simplen Dichotomie der Perspektiven Mayers: Rechts ist gleich antimodernistisch, antimodernistisch ist alles, was sich gegen jene Aspekte der Zeit gerichtet hat, welche Mayer wie viele andere Interpreten als modern-fortschrittlich definiert: *Industrialisierung*, *Urbanisierung*, *Demokratisierung* mitsamt ihren Teilaspekten, so unter anderem Parlamentarisierung, Gewerkschaftsbewegung, Sozialstaatlichkeit und so weiter.

Nun, der radikale Nationalismus in den einzelnen europäischen Ländern lässt sich zweifellos als Teil der von Mayer beschriebenen *Revolte von rechts* begreifen, aber ebenso gewiss ist er soziologisch, organisatorisch und nicht zuletzt ideologisch und programmatisch von anderen Teilen dieser generellen Rechten sehr wohl zu unterscheiden. Das kann in offenen historischen Perspektiven und in näherer Auseinandersetzung gar nicht verkannt werden. Resonanz und Rückhalt fanden die radikalen Nationalisten freilich auch in jenen sozialen Schichten, welche von Sozialhistorikern gemeinhin unter dem Begriff *alter Mittelstand* subsumiert werden. Aber zumeist war die Unterstützung gerade aus *neuen* mittelständischen Schichten, aus den eben um 1900 neu aufsteigenden und stark zunehmenden modernen mittleren Funktionseliten (in technischen Berufen, öffentlichen und wirtschaftlichen Verwaltungsbereichen, neuen Dienstleistungssparten) viel bedeutsamer – war entscheidender sowohl für die Qualität der Organisationen wie für die Mentalität, das Selbstverständnis, für Ideologie und Programmatik der radikalen Nationalisten. Es waren dies neue Mittelschichten, die Proletarisierung eigentlich nicht zu fürchten, wohl aber zwischen Proletariat und wirtschaftsbürgerlichen wie aristokratischen Eliten noch um ihre gesellschaftliche Positionierung zu ringen hatten. Ihre Interessen lagen anders als die des industriellen Proletariats, aber auch anders als die des alten Mittelstandes, erst recht der adeligen und der wirtschaftsbürgerlichen Eliten. Ihr eigenes Aufsteigertum immunisierte sie gegenüber dem sozialistischen Egalitarismus und provozierte zugleich Aversionen gegen ererbte Machtpositionen, seien es solche der Aristokratie, seien es solche des kapitalistischen Besitzbürgertums. Ihr Aufsteigertum ließ sie auf die Durchsetzung einer modernen Leistungsgesellschaft hoffen, in der Machtpositionen aufgrund der jeweils individuellen Leistung erreicht werden könnten, und auf die Durchsetzung politischer Systeme, die in der Lage sein würden, diese Gesellschaftsform sowohl gegen die egalitären sozialistischen Zielsetzungen wie gegen die Beharrungskraft alter Privilegien zu erreichen und zu behaupten. Und mehr als alle anderen Schichten identifizierte sich dieser neue industriegesellschaftliche Mittelstand jeweils mit Nation und Nationalstaat, weil er wie keine andere soziale Gruppe von diesem sinnfälligsten Ausdruck politischer Modernisierung, vom *Nationalstaat* als hochkultureller *Bildungsstaat* profitierte, ja, in etlicher Hinsicht den eigenen Aufstieg dem

Durchbruch des Nationalstaats als notwendiger politischer Form der modernen Industriegesellschaft überhaupt zu verdanken schien.

Betrachten wir Ideologien und Programme der radikalen Nationalisten in Europa vor dem Ersten Weltkrieg, so lässt sich von generellem Antimodernismus denn auch überhaupt nicht reden. Sie wandten sich gegen einige politische, soziale, kulturelle Phänomene der Moderne, und dies konnte Kombinationen, Bündnisse, Gleichschritte mit anderen rechten Gruppen und Strömungen, mit den alten Eliten begründen, zumal letztere ihrerseits auf radikalnationalistisches ideologisches Potential zurückgegriffen haben – Kombinationen, Bündnisse, Gleichschritte im Kampf gegen den wirtschaftlichen und politischen Liberalismus, den Sozialismus und Demokratismus vor allem. Aber selbst diese Wendung gegen einige moderne Phänomene, selbst dieser partielle Antimodernismus, wenn man mit Mayer und anderen so sagen will, war in sich wiederum nur partiell, war eigentümlich, und sie lässt sich nicht hinreichend im Begriffsfeld von *konservativ* und *reaktionär* beschreiben. So sahen die radikalen Nationalisten zweifellos im politischen Sozialismus einen Gegner, manchmal den Hauptgegner, aber in der Überzeugung, dass die Arbeiterschaft als solche durchaus nationalistisch gestimmt wäre und mobilisierbar sein würde, entscheidender noch in der Auffassung, dass die Nation ohne die Integration auch der Arbeiterschaft niemals fertig werden könnte, traten viele von ihnen entschieden für soziale Reformen ein. Gewiss verabscheuten die meisten von ihnen die sozialen Verwerfungen, in ihrer Sicht: sozialen Auflösungen, in der Transformation von der agrarischen zur modernen Industriegesellschaft. Betrachtet man aber ihre idealen Gegenbilder, sozusagen ihre Sozialutopien, so spannt sich der Bogen von bauerntümelnder *Agrarromantik*, wie sie besonders in Kreisen des deutschen radikalen Nationalismus gepflegt wurde, hin zu dezidiert modernistischen, bloß nicht liberaldemokratischen Entwürfen formierter sozialstaatlicher Industriegesellschaften, spannt sich von der Verherrlichung natürlicher Arbeit im deutschen völkischen Denken zur absoluten Technikbegeisterung der italienischen radikalen Nationalisten. Gegen das moderne industrielle System war, abgesehen von einigen überspannten Geistern, ohnehin keiner. Noch der lederbehoste deutsche Bauerntümler wusste schließlich, dass man Krupp brauchte, um Kruppkanonen zu haben, und dass man Kruppkanonen brauchte, um nationale Macht- oder gar Großmachtpolitik treiben zu können. Oder schließlich: Sie waren überall bereit, sich aus dem allgemeinen rechten Lager zu lösen und Front gegen konservative Politik zu machen, wenn die etablierten konservativen Gewalten nicht oder nicht mehr ihren eigenen radikalnationalistischen Überzeugungen und Zwecksetzungen zu genügen schienen, so 1908 im Deutschen Reichstag anlässlich der *Daily-Telegraph-Affäre* gegen das sogenannte persönliche Regiment des Kaisers, so in Großbritannien seit 1911 gegen das Establishment der *Torys*.

Mayers *Revolte von rechts* war offensichtlich, erstens, keine sonderlich homogene Veranstaltung, und von *Revolte* im eigentlichen Sinne sollte dann vielleicht überhaupt nur in Bezug auf die radikalnationalistische Rechte, also in Bezug auf diesen Teil des rechten Lagers, die Rede sein. Deren Revolte konnte sich auch gegen konservative Machtpositionen in Staat und Gesellschaft richten, wiewohl sie das vor dem Weltkrieg nur punktuell getan hat, und sie lässt sich keineswegs schlicht als konservativ, reaktionär-antimodernistisch charakterisieren. Sie folgte vielmehr eigenen Konzepten von Modernisierung, auch wenn dies vielfach unter archaisierenden Versatzstücken versteckt war. Der ambivalente Charakter der radikalnationalistischen Revolte enthüllt sich indessen besonders eindrücklich in der Beobachtung ihrer organisatorischen Formen. In einem liberalen, in einem uns hoffentlich geläufigen freiheitlich-individualistischen und pluralistischen Sinne war der radikale Nationalismus zweifellos elitär antidemokratisch. Aber natürlich bestritten seine Ideologen die Gültigkeit des liberalen individualistischen Demokratiebegriffs, und sie taten dies vor dem Hintergrund ihrer eigenen, höchst modernen Massenpolitik.

Eigentliche Parteigründungen sehen wir in der Zeit vor dem Ersten Weltkrieg selten – und wenn, dann galten sie zunächst sehr spezifischen, aber höchst mobilisierenden Zielen im Rahmen allgemeiner radikalnationalistischer Zielsetzungen, so dem Antisemitismus in einigen deutschen Gründungen um 1890, die aber nach Anfangswahlerfolgen um 1900 schon wieder in Auflösung begriffen waren. Nein, die organisatorische Modernität des radikalen Nationalismus erwies sich in den Verbandsgründungen, in den Gründungen beziehungsweise Umformungen zum einen

- von elitären pressure groups wie zum Beispiel des *Alldeutschen Verbands* im Deutschen Reich oder der *Associazione Nazionalista Italiana*, welche darauf ausgerichtet waren, zugängliche Parteien und anderen Verbände und womöglich die Regierungen konkret zu beeinflussen, welche zu diesem Zweck aber alle damals schon vorhandenen Mittel der Massenmobilisierung in Versammlungen und Demonstrationen und besonders auch in der Publizistik angewandt haben, brauchten sie doch eine eigene Massenbasis zur Durchsetzung ihrer Zwecke gegen die massenhaft organisierten oder in alten Machtpositionen verschanzten Gegner, und diese Modernität erwies sich zum anderen

- in Gründungen beziehungsweise Umformungen von eigentlichen Massenorganisationen, so den zahlreich begegnenden Wehrverbänden oder auch berufsständischen, quasi gewerkschaftlichen Vereinigungen als erste Adressaten und Multiplikatoren der Massenpublizistik und Massenagitation der Radikalnationalisten.

Sicherlich, zahlreiche radikalnationalistische Ideologen perhorreszierten die moderne industrielle und urbanisierte Massengesellschaft, aber der radikale Nationalismus schon um 1900 war ein Phänomen moderner Massenpolitik und seine Wortführer waren sich im Unterschied zum konservativen Establishment der Chancen moderner Massenpolitik meist sehr bewusst – trotz ihres elitären Selbstverständnisses, aber auch: gerade deswegen. Und nicht von ungefähr drang der radikale Nationalismus vor dem Ersten Weltkrieg dort am weitesten in die Öffentlichkeit vor, wo das allgemeine und gleiche Wahlrecht (der Männer) als zentrales Moment von Demokratisierung am weitesten durchgesetzt und somit die Politisierung der Massen auch am weitesten gediehen war, so im Frankreich der Dritten Republik, so im Deutschen Reich wenigstens auf Reichsebene.

Merkmale und Motive des *Radikalen Nationalismus* vor dem Ersten Weltkrieg: Aspekte des zeithistorischen Zusammenhangs

Zweifellos lässt sich das um 1900 neuartige Phänomen des *radikalen Nationalismus* dem anderen modernen politisch-ideologischen Phänomen der *Jahrhundertwende* zuordnen: dem Phänomen des *Imperialismus*.

Imperialismus bezeichnet eine qualitativ neue Phase europäischer Herrschaftsausdehnung in der Welt, begleitet aber schon von der ersten Konkurrenz zweier bald sehr schnell aufsteigender nichteuropäischer Mächte, nämlich der Konkurrenz der USA und Japans. Der Begriff bezeichnet eine in den 1880er Jahre stürmisch anhebende, mit dem Weltkrieg 1918 schon schließende Phase neuartig intensivierter Durchdringung der schon bestehenden Kolonialreiche *und* zugleich die Phase eines neuartigen Wettlaufs um die Verteilung der Herrschaft über noch nicht kolonialisierte Regionen in Afrika und Asien und im Pazifik. Jene älteren Kolonialreiche waren in der Regel, jedoch mit der eigenartigen großen Ausnahme der früheren und 1898 mit dem Verlust Kubas völlig verschwundenen spanischen Herrschaft über Lateinamerika und mit der Ausnahme des restlichen maroden Kolonialreichs der Portugiesen, eher zufällig und aufgrund wesentlich privatgesellschaftlicher Initiativen entstanden, denen die Regierungen zu späteren Zeitpunkten zögerlich, oft ziemlich unwillig Unterstützung gewährt und damit einen recht groben politischen Rahmen gegeben hatten. Jetzt, in dieser Phase des *Imperialismus*, übernahmen Regierungen die Initiative, sei es mit der politischen Konsolidierung der schon bestehenden informellen Kolonialreiche, sei es durch Erwerb neuer Kolonien. Und dieser Wandel vollzog sich einesteils unter dem Druck heimischer gesellschaftlicher Interessengruppen und sie vertretender politischer Kräfte, anderenteils unter dem Druck des konkurrierenden Handelns der Regierungen anderer Großmächte. Das bedeutet des Weiteren, dass der europäische Imperialismus nicht nur als Ausdruck wirtschaftlicher Expansionsinteressen verstanden werden kann: Tatsächlich waren in allen am imperialistischen Wettlauf um 1900 beteiligten Nationalstaaten manche Unternehmergruppen für eine Politik imperialer Expansion, andere aber und durchschnittlich gleich gewichtige Unternehmergruppen dagegen.

Entscheidend war vielmehr ein fundamentaler Wandel im Verhältnis von Staat und Gesellschaft, indem nunmehr, in einer Phase beschleunigter gesellschaftlicher Umbrüche und paralleler Prozesse massenhafter Politisierung und Demokratisierung, die soziale Wohlfahrt der Nation als Grundlage politischer Stabilität und wesentliches Kriterium der Legitimation politischer Systeme erkannt wurde. Soziale Wohlfahrt wurde somit zu einer staatlichen Aufgabe, sie durfte nicht länger den Ergebnissen eines Spiels freier gesellschaftlicher und wirtschaftlicher Kräfte überlassen bleiben. Und wie der europäische moderne Staat an der Jahrhundertwende an den Aufbau sozialer Sicherungssysteme herangegangen ist (zuerst Kranken- und Altersversicherung) und in manch anderer Weise soziale Wohlfahrt durch politische Intervention zu produzieren versuchte, so versuchten die dazu befähigten Staaten darüber hinaus Wirtschaftswachstum, damit soziale Prosperität und somit politische Stabilität mittels imperialer Ausdehnung in der Welt zu gewährleisten: Die Kontrolle über möglichst bevölkerungsreiche, ökonomisch bedeutsame und verkehrsstrategisch nützliche Territorien sollte sowohl die jeweiligen nationalen Industrien und Konsumenten mit billigen Grundstoffen beziehungsweise Naturalien versorgen wie zugleich den nationalen industriellen Produkten exklusive Absatzmärkte sichern. In dieser Perspektive könnte man, wäre es nicht so missverständlich, die imperialistische Politik der Zeit vor dem Ersten Weltkrieg beinahe als Form beginnender Sozialstaatlichkeit begreifen.

Das imperialistische Prinzip der *Kontrolle* von relevanten überseeischen Territorien konnte auch informelle Methoden ökonomischer Durchdringung und politischer Einflussnahme bedeuten (z.B. auch durch kulturpolitische Fixierung überseeischer Gesellschaften, wie sie um 1910 im Deutschen Reich vom berühmten Historiker Karl Lamprecht propagiert und vom Reichskanzler Bethmann Hollweg ansatzweise probiert worden ist). Aber in der Regel bedeutete das Prinzip um die Jahrhundertwende doch eine (allerdings variierende) Politik der Besetzung und direkten Beherrschung. So oder so führte das Prinzip die europäischen Großmächte (und dazu dann die USA und Japan) in einen konfliktträchtigen *imperialistischen Wettlauf:* Jene alten Kolonialmächte: Spanien, Portugal, die keinen industriellen Wandel erfahren hatten oder deren industrielle Basis zu schwach war, waren in diesem Wettlauf naturgemäß chancenlos, wenn sie denn überhaupt versuchten, an ihm teilzunehmen, wozu ja keine eigentliche *innere* sozioökonomische und soziopolitische Notwendigkeit bestand. Sie konnten den alten Kolonialbesitz bestenfalls formell wahren, indessen andere europäische Volkswirtschaften aus ihm größeren Nutzen zogen als sie selbst. Aber die industriell gewandelten großen Kolonialmächte, vorrangig England, dahinter Frankreich, gerieten stattdessen nun in Konkurrenz mit neuen modernen und modernisierenden Staaten und deren imperialistischen Zwecksetzungen, mit dem Deutschen Reich, mit Russland im mittleren und Fernen Osten, mit Belgien, bis ans letzte Drittel des 19. Jahrhunderts die führende kontinentaleuropäische Industrienation, und mit Italien zumal bei der Verteilung Afrikas, schließlich, ich wiederhole mich, mit den USA und mit Japan, was China und den pazifischen Raum angeht.

Alle *radikalen Nationalisten* waren Imperialisten, aber bei weitem nicht alle Imperialisten waren zugleich radikale Nationalisten. Es gab konservative Imperialisten, denen Systemstabilisierung durch wirtschaftliches Wachstum und durch damit einhergehende soziale Prosperität über allem Sicherung der traditionellen Machtpositionen privilegierter feudaler Gruppen bedeutete. Es gab linksliberalbürgerliche Imperialisten, in Deutschland zum Beispiel Max Weber und Friedrich Naumann, die glaubten, durch die Aufgabe kolonialer Weltpolitik die Integration der Nation entwickeln, durch die Gewinne aus dem kolonialen Besitz die Klassengegensätze entschärfen und so innere politische wie soziale Reformen vorantreiben zu können. Ja, es gab durchaus auch sozialistische Imperialisten, bewegt von Motiven, die denen der liberalen Imperialisten ziemlich ähnlich waren, wie unter anderem Lenin in seiner Imperialismusschrift kritisiert hat. Imperialismus erscheint insofern als ein durchgehender Grundzug politischen Denkens, ja, als ein Grundmotiv der europäischen Mentalität vor dem Ersten Weltkrieg, bewusst verworfen lediglich von marginalen sozialistischen Gruppen, weil sie an diesem globalen Problem die proletarische Weltrevolution zu entzünden hofften, und von solchen Unternehmern, Politikern und Publizisten, welche die Kosten-Nutzen-Rechnung aufzumachen wussten und auf vorwiegend rote Zahlen stießen.

Jedoch gab es keine politische Strömung in den großen europäischen Staaten, welche sich so einhellig, radikal und rücksichtslos für den imperialistischen Gedanken und imperialistische Politik einsetzte wie eben der *radikale Nationalismus*. Die wesentlichen ideologischen Motive hierfür habe ich schon genannt: Chauvinismus als moralisch bedingungs- und bedenkenlose Verabsolutierung der jeweils eigenen Nation, rassistische Definitionen des Verhältnisses von Herrenvölkern und kolonial Beherrschten, die Überzeugung, dass nur herrschende, erobernde Völker im naturnotwendigen Überlebenskampf der menschlichen Arten sich würden behaupten können, dies nicht zuletzt dadurch, dass die daheim gewollt rasch wachsende Bevölkerung in die Kolonien auswandern konnte und so dem Vaterland nicht verloren war. Herrschend und erobernd: Auf der politisch-programmatischen Ebene war dabei die Aggressivität der radikalen Nationalisten dort heftiger, wo ein kolonialer Habenichts sich in den imperialistischen Wettlauf einzuschalten versuchte, so im Deutschen Reich unter dem Leitspruch vom Recht auf einen *Platz an der Sonne*, so in Italien, welches von seinen radikalnationalistischen Imperialisten als *proletarische Nation* im Kreis der europäischen Kolonialmächte bezeichnet wurde. Defensiver indessen war der Ton in Großbritannien, wo sich die radikalen Nationalisten wegen der neuen Konkurrenz um die Erhaltung des Empires sorgten. So oder so waren sie in allen beteiligten Nationen die entschiedensten Propagandisten von *Aufrüstung* zumal der Kriegsmarine um jeden Preis: die konservativen oder liberalen Regierungen taten ihnen hierin viel zu wenig, und sie forderten überall eine durchgreifende mentale und organisatorische *Militarisierung* der Gesellschaft, welche sie überall durch Gründung von Wehrpropaganda- und Wehrsportvereinen aktiv zu fördern suchten. *Weltmacht oder Untergang!*

Aber hinter diesem ideologischen Komplex, der allerdings keineswegs als bloße Fassade begriffen werden darf, sondern als eigenständige Antriebskraft gesehen werden muss, hinter diesem ideologischen Komplex also finden sich ähnliche Motivationen wie im eben skizzierten sonstigen imperialistischen Denken, angestoßen durch dieselben Wandlungen im Verhältnis von Staat und Gesellschaft in den fortgeschrittenen europäischen Industrienationen. Nur erklärten die radikalen Nationalisten eben im Unterschied zu all den anderen Variationen mit brutaler Offenheit, dass der moderne Staat ein imperialistischer Staat sein müsste, und weiter, dass er darum ein politisch autoritärer Staat werden sollte, weil die Selbstbehauptung im imperialistischen Wettlauf eben nur durch rigide Organisation und Disziplin aller nationalen Gruppen und Individuen würde gelingen können.

Den über ein ganzes Vierteljahrhundert nimmer versiegenden thematischen Treibstoff fanden die radikalen Nationalisten in einer anschwellenden Woge von kriegsgefährlichen Konflikten und Kriegen um die Verteilung und Behauptung globaler Machtpositionen. Da sehen wir die

- Faschodakrise 1898 wegen des französischen und des britischen Anteils an der Verteilung des noch nicht kolonial erfassten restlichen afrikanischen Kontinents oder die beiden

- Marokkokrisen von 1904 bis 1906 und wieder 1911 um die Ansprüche des Deutschen Reichs.

Wir sehen brutale innerkoloniale Herrschaftskriege, so die Niederwerfung des

- Burenaufstandes gegen die Briten in Südafrika von 1899 bis 1902 und

- des Hereroaufstandes in Deutsch-Südwestafrika, heute als Namibia bekannt, 1904 und 1905.

Und da waren die großen Kriege zwischen einzelnen Mächten –

- der amerikanisch-spanische Krieg des Jahres 1898, der Puerto Rico, Kuba und die Philippinen unter die Kontrolle der USA gebracht hat, letztere aber erst nach einer mehrjährigen Zerschlagung der dortigen Befreiungsbewegung,

- der japanisch-russische Krieg von 1904 und 1905 um die Kontrolle großer Teile des noch kaiserlichen Chinas nach dessen definitiver Lähmung durch die konkurrierende Intervention mehrerer imperialistischer Mächte gegen den sogenannten Boxeraufstand in den Jahren 1900 und 1901, nächstens

- der Krieg Italiens gegen das Osmanische Reich 1911, der den Italienern Libyen und einige griechische Inseln eingebracht hat und der direkt in gleich zwei heftige

- Balkankriege 1912 und 1913 um das restliche europäische Erbe der Osmanen und somit in die unmittelbare Vorgeschichte des *Großen Krieges* von 1914 bis 1918 geführt hat.

Weltmacht oder Untergang!

Man muss noch einen zweiten Aspekt des zeithistorischen Zusammenhangs beachten, um die Radikalisierung des Nationalismus an der Jahrhundertwende zu begreifen. Dabei können wir an eben schon Gesagtes anknüpfen: In den Jahrzehnten um 1900 begegnen also die ersten Ansätze zur Entwicklung des heutigen Interventions- und Sozialstaats, wurden in ersten Ansätzen Aufgaben der Wirtschaftsförderung und Wirtschaftsprotektion sowie der sozialen Umverteilung als wesentliche Bereiche staatlicher Tätigkeit wahrgenommen. Das mag allerdings an die merkantilistischen Staats- und Gesellschaftsanschauungen des 17. und 18. Jahrhunderts erinnern, hat aber einen Bruch mit dem vorherrschenden liberalen Staatsbegriff des 19. Jahrhunderts bedeutet. Dieser fundamentale Wandel vollzog sich in Reaktion auf ebenso fundamentale soziale Wandlungsprozesse, welche wiederum im Kontext wirtschaftlicher und technologischer Umbrüche standen und ihrerseits zugleich Schübe ungeahnter Politisierung der Massen auslösten. Wenn aber alles in Fluss geriet, wenn sich alles veränderte, was war dann die Nation? Anders gesagt: im allseitigen Wandel gerieten unvermeidlicherweise die sowieso jungen, gleitenden Begriffe des Nationalen ins Wanken, der allseitige Wandel erforderte neue Definitionen der Nation - und das führte ebenso unvermeidlicherweise zu grundsätzlichen Auseinandersetzungen um die politisch gültige Neubestimmung der Nation, ihres Verhältnisses zum Bürger, ihres Verhältnisses zum Staat, zur traditionellen politischen Klasse und so weiter.

Die *Nationswerdung* endet nicht mit der Nationalstaatsgründung beziehungsweise mit der Umformung bestehender Staaten zu Nationalstaaten, sondern geht immer weiter und muss immer weitergehen: Nationen sind niemals *fertig*. Und wir müssen bedenken, wie jung und damit besonders unfertig die modernen politischen Nationen Europas an der Wende ins 20. Jahrhundert noch gewesen sind. Das wurde überall gefühlt, die Geschichtsschreibung hat die Zeichen aus der Zeit um 1900 nur nicht beachtet oder in dieser Beziehung interpretiert – Bismarcks durchaus ernsthafte Überlegung zur Zeit seines Sturzes, das Deutsche Reich wegen der wachsenden inneren Schwierigkeiten wieder aufzulösen; die Überzeugung vieler Franzosen, dass sich mit ihrem zukünftigen Sieg über das Reich die deutsche Nation von selbst wieder auflösen würde; die Klage der britischen Radikalnationalisten im Gegenteil, dass die Briten im Vergleich mit den Deutschen überhaupt noch keine Nation wären; dergleichen mehr. Die Radikalität, mit der die radikalen Nationalisten das *Prinzip Nation* verfochten haben, muss womöglich wie das Aufkommen des radikalen Nationalismus an sich in allererster Linie als Reflex der Krise der Nation im tiefen gesellschaftlichen und politischen Wandel vor dem Ersten Weltkrieg gesehen werden. Was die Nationalisten des 19. Jahrhunderts geschaffen hatten, das reichte nicht hin, die Krise der Jahrhundertwende erwies es: Die Schlussfolgerung der radikalen Nationalisten lautete, dass das *Prinzip Nation* überhaupt erst noch durchgesetzt werden müsste, und zwar total, als allein entscheidender Bezugspunkt sämtlicher Bürger jenseits von Klassenbindungen, Gruppeninteressen, konfessionellen Unterschieden, kulturellen Besonderheiten. Und nahezu alles, einschließlich des Imperialismus und der imperialistischen Konkurrenz in Europa, konnte von ihnen zu diesem einen Zweck funktionalisiert werden: die Nation endlich und vollkommen zu erschaffen. Dass die Nation vielleicht sicherer auf die Loyalität der Bürger gegründet werden kann, wenn Familie und Gemeinde, Klassen und Gruppen, Kulturen und Kirchen als Bezugspunkte menschlicher Loyalitäten und Normen geachtet werden und stehen bleiben, das war ein den radikalen Nationalisten völlig unvorstellbarer Gedanke.

II. Vorlesung
Radikaler Nationalismus in Europa
vor dem Ersten Weltkrieg
Fallstudien: Deutschland und Großbritannien

1. Deutschland

Dies wird ein längerer Vorlesungsteil, weil wir den deutschen Fall doch ausführlicher zu betrachten haben. Er ist zweifellos der am besten erforschte Fall; der Grund dafür liegt auf der Hand. Und dieser Grund ist ja auch ein zentrales Motiv oder Interesse in der Gesamtvorlesung überhaupt.

Kommen wir also gleich zur Sache.

Hier wie sonst wo haben sich die *radikalen Nationalisten* als junge Avantgarde empfunden, deren bessere Einsicht dazu berechtigte, mit ziemlicher Verachtung auf den Nationalismus der Väter und Großväter, also der verantwortlich handelnden Generationen von 1848 und 1870, zurückzublicken und mit dessen humanistischen und liberalen Illusionen endlich zu brechen. In den *Erinnerungen* des Heinrich Claß, einer dieser wilden jungen Leute von 1890, 1897 aus dem *Deutschbund* Friedrich Langes (gegründet 1894) in den *Alldeutschen Verband* eingetreten und später dessen Vorsitzender, schließlich einer jener nationalkonservativen Verbündeten Hitlers in der Vorgeschichte der nationalsozialistischen *Machtergreifung*, also in den Memoiren dieses Heinrich Claß ist zu lesen:

> „Ein Schatten fiel für beide Eltern auf mein (Berliner Studien-) Erlebnis (in den 1880er Jahren - d. Verf.): meine Ablehnung des Judentums. Man muss bedenken, dass drei Worte über dem Denken und Trachten von Häusern wie dem unserigen standen – drei Fremdworte: Patriotismus, Toleranz, Humanität. Das waren die politischen und menschlichen Ideale jener beiden Geschlechterfolgen, die ganz unter liberalen Einflüssen standen... Wir Jungen waren fortgeschritten: Wir waren national schlechthin; wir wollten von Toleranz nichts wissen, wenn sie Volks- und Staatsfeinde schonte; die Humanität im Sinne jener liberalen Auffassung verwarfen wir, weil das eigene Volk dabei zu kurz kommen musste."

Bei genauerem Zusehen erweist sich freilich, dass der Bruch mit dem früheren Nationalismus *so* abrupt, der Neubeginn des radikalen Nationalismus in Deutschland *so* vollkommen nicht gewesen ist, wie Claß hier sich zu erinnern meinte – erzählte er doch selbst auf der folgenden Seite, bei *wem* er intellektuelle Begründungen für Judenfeindschaft und rücksichtslosen Chauvinismus studiert hatte: Bei Heinrich von Treitschke, dem berühmtesten, höchst publikumswirksamen *borussischen* Historiker und nationalliberalen Publizisten der Reichsgründungs- und Bismarckzeit.

Tatsächlich hat der radikale Nationalismus in Deutschland manche günstigen Anknüpfungspunkte im älteren deutschen Nationalismus vorgefunden – günstigere Bedingungen als andere radikalnationalistische Bewegungen in der Geschichte des jeweils eigenen Nationalismus in Mittel- und Westeuropa. Wenige Hinweise müssen leider genügen.

Voraussetzungen des *Radikalen Nationalismus* in der Geschichte des deutschen Nationalismus

Es erscheint, *erstens*, die Forderung der *gemeinsamen Abstammung* im deutschen Nationalbegriff schon in den Ursprüngen der politischen Nationalbewegung, also in napoleonischer Zeit: um 1815, sehr stark ausgeprägt. Ich verweise auf Schriften besonders von Ernst Moritz Arndt und Friedrich Ludwig Jahn; hinter diesen Berühmtheiten aus den Anfängen des deutschen politischen Nationalismus wären die Äußerungen vieler, aber heutzutage nur noch wenig bekannter Persönlichkeiten anzuführen[2]. Allerdings war dieses Kriterium in der gescheiterten Nationalstaatsgründung von 1848/49 und dann natürlich erst recht in der kleindeutschen Nationalstaatsgründung von 1866 bis 1871 in den Debatten von einem teils liberalen, westlich orientierten Nationsbegriff, teils aus machtpolitischer Opportunität zurückgedrängt worden, blieb aber als Traditionsbestand nationalistischer Kritik an den Zuständen von Nation und Nationalstaat doch durchgehend erhalten.

Zweitens lag schon in den frühesten Bestimmungen deutscher *Kulturnation* im späten 18. Jahrhundert, also schon seit Johann Gottfried Herder, ein Prinzip rigider nationaler Exklusivität: Jede Nation sollte als ein völlig eigenartiger, unverwechselbarer Gottesgedanke verstanden werden. Demzufolge hatte jede Nation ihre Eigentümlichkeit, ihren *Nationalgeist*, entäußert in ihrer Nationalkultur, ganz für sich zu entwickeln und gegenüber allen anderen Nationen zu behaupten, wollte sie nicht untergehen, und Untergang drohte demnach schon, wenn eine Nation Bestandteile fremder Nationalkulturen übernahm. *Kultur* war dabei im allerweitesten Sinne gemeint – von der Sprache bis hin zur Verfassung und andererseits bis hin zur Religion, alles dazwischen und darunter mitbedeutend: Sagen, Märchen und hohe Literatur, Wissenschaft und Justiz, alltägliche soziale Verhaltensweisen (das ist der Witz in Heinrich Heines Ausspruch, dass deutsche Nationalität wesentlich durch's Biertrinken bestimmt sei!), Musik und Lieder (daher diese gewaltige Bedeutung der *Gesangsvereine* in der deutschen Nationalbewegung) und nicht zuletzt auch Ethik und Moral. Deshalb quälte schon die frühen deutschen Nationalisten, quälte schon Herder der Gedanke, die Entfremdung der Deutschen von ihrer Kultur und damit der Niedergang der deutschen Nation habe schon mit der Preisgabe der germanischen Religion und mit

---

2 Detaillierte Hinweise u. a. in meinem 1992 erschienenen Buch *Katholizismus, Protestantismus, Judentum*. Dort auch die Detailhinweise zur deutschen nationalistischen Publizistik um 1815.

der Annahme des Christentums begonnen. Das Christentum kam schließlich aus dem jüdischen Volk, war in solcher Perspektive *artfremd*. Und schon um 1815 wurden radikale Problemlösungen diskutiert: Veredelung des Christentums durch totale Germanisierung, konkret durch Vernichtung der romanisch-katholisch-jüdischen Einflüsse auf die Deutschen; Rückkehr zum Germanenglauben; Erschaffung einer rein nationalen nachchristlichen Religion, so die Idee des Philosophen Johann Gottlieb Fichte und anderer[3]. Die radikalen Nationalisten von 1900 würden dem sachlich nur wenig hinzuzufügen haben, nachdem die ursprünglichen humanistischen Bezüge eines Herder: die Nationen als Bausteine der einen Menschheit, schon von Jahn, Arndt und anderen zur Zeit der Befreiungskriege gegen das napoleonische Frankreich zerbrochen worden waren. Ich betone nochmals: in diesem historischen Kontext (und 1815 genauso wie um 1900) bedeutete die Absage an ein universelles Christentum vor allem eine Absage an übernationale, an menschheitliche moralische Bedingungen.

Drittens war der *Antisemitismus* tatsächlich keine neue Sache der jungen radikalen Nationalisten, wie die eingangs zitierten *Erinnerungen* von Heinrich Claß suggerieren, sondern hatte durch das ganze 19. Jahrhundert zum Fundus *jener* Strömung des deutschen Nationalismus gehört, in der die Nation als Abstammungs- *und* Kulturgemeinschaft bestimmt worden war. Ihrzufolge waren die Juden ein eigenes, wiewohl verstreutes Volk und ihrzufolge galt das religiöse Judentum als kultureller Ausdruck dieses besonderen Volkstums; folglich konnten Juden nie Deutsche werden, egal, wie sie sich bemühen mochten, schon gar nicht durch Konversion zum Christentum. *Rassistisch* anmutende Judenfeindschaft begegnet bereits bei solchen frühen Nationalisten um 1815, gelegentlich auch schon die Vision physischer Beseitigung der im Raum eines zukünftigen deutschen Nationalstaats lebenden Juden (durch Vertreibung oder Verhinderung der natürlichen Fortpflanzung oder wirkliche Vernichtung), also längst bevor moderne biologistische Rassetheorien in Umlauf gebracht worden sind. Mit Blick auf diese Art nationalistischer Judenfeindschaft, vertreten in einer Strömung der Nationalbewegung von 1815, ist man versucht zu sagen, dass in

---

3   Dies zielte natürlich auch und gerade auf die Lösung eines deutschen Sonderproblems, wenn man dem kulturnationalen Ansatz folgte: Denn zweifellos ließ sich von einer deutschen Kulturnation wegen der kulturellen Bedeutung der konfessionellen Spaltung nicht realiter reden. Auf die überragende Bedeutung der protestantischen Theologie und protestantischer Theologen im frühen deutschen Nationalismus kann hier nur hingewiesen werden.

Deutschland biologistisch begründete Judenfeindschaft dem Rassismus *vorausgegangen* ist. Jedenfalls spielte Judenfeindschaft vor dem Aufkommen des radikalen Nationalismus in keinem mittel- oder westeuropäischen Nationalismus eine derartig große Rolle; jedenfalls wurde sie zum Einfallstor für allgemeine rassistische Weltanschauungen.

Viertens wirkte sich die vergleichsweise große Bedeutung des bildungsbürgerlichen Elements in der früheren deutschen Nationalbewegung begünstigend auf die Entstehung eines radikalen Nationalismus aus: Die lange Dominanz gerade dieses bürgerlichen Segments, welches sich geradezu als Wesenskern der deutschen Nation begriff und aufführte, hatte bewirkt, die Nation als Projektionsfläche hochgemuter idealistischer Erwartungen darzustellen und vom dereinstigen deutschen Nationalstaat vor allem die Erfüllung solcher Erwartungen zu erhoffen. Aber das nationale Reich von 1871 brachte keine neue Blüte deutscher Kultur – genauer gesagt, nichts, was so hochgespannten bildungsbürgerlichen Erwartungen hätte genügen können. Es brachte Kapitalismus, die Börse, rasante Industrialisierung und Verstädterung, Massenpolitik und, nicht zuletzt, den Aufstieg neuer bürgerlicher Schichten und den vergleichsweisen Bedeutungsverlust des alten Bildungsbürgertums. Schon in die Euphorie über die gelungene Nationalstaatsgründung von 1871 mischten sich einzelne Stimmen, die einen neuartigen *Kulturpessimismus* gegen die Realität des jungen Nationalstaats predigten. Sie wurden lauter, als Mitte der 1870er Jahre der bisherige enorme wirtschaftliche Aufschwung in eine schwere Rezession mündete und die inneren politischen Konflikte (mit den Katholiken, mit der Sozialdemokratie, mit den in den Nationalstaat einbezogenen ethnischen Minoritäten) ständig zuzunehmen schienen.

Und *fünftens* schließlich brachte die wirtschaftliche Rezession bzw. lang andauernde Stagnation seit 1873 eine kolonialistische Grundstimmung wieder zutage, die sich schon im deutschen Nationalismus der 1840er Jahre ausgeprägt fand[4] und der bereits in den 1880er Jahren Bismarck widerwillig und wider andere frühere Einsicht hat erste Konzessionen machen müssen.

---

4   Hans Fenske hat diese Stimmung der 1840er Jahre mit Recht als *präimperialistisch* bezeichnet. Sie galt kolonialem Erwerb in Übersee: man denke nur an die Flottenkampagne von 1848/49. Und sie galt quasi-kolonialer Landnahme in Mitteleuropa, etwa auf dem Balkan.

Die unmittelbare Vorgeschichte

Die direkte Vorgeschichte des deutschen radikalen Nationalismus ist nach meiner Auffassung vor allem anderen in den seit 1879 fortwährenden antisemitischen Bewegungen und Bestrebungen zu sehen – auch in jenem großen nationalradikalen Flügel, in dem Antisemitismus keine oder kaum eine Rolle gespielt hat. Sie knüpften an die Motive der früheren nationalistischen Judenfeindschaften an, begründeten solche Judenfeindschaft nun aber neu, nämlich naturalistisch-biologistisch, also rassistisch: die angebliche Schlechtigkeit des jüdischen Volkscharakters und folglich dessen Unverträglichkeit mit dem edlen Deutschtum wurden nunmehr in den entschiedensten judenfeindlichen Kreisen als angeboren, unveränderlich gedeutet, als *im Blut* liegend.

Der Begriff *Antisemitismus* ist jetzt erfunden[5] und rasch verbreitet worden, er sollte genau den neuen biologistisch-rassistischen Ansatz betonen. Praktisch ging es darum, die in der Reichsverfassung von 1871 festgeschriebene volle privat- und bürgerrechtliche Gleichstellung der deutschen Juden rückgängig zu machen, sie zu *reghettoisieren*. Aber in der Publizistik häuften sich nun Entwürfe einer rein deutschen Welt ohne Juden, wie es der Radikalität des rassistischen Ansatzes ja entsprechen musste. Antisemitismus wurde zur Parole zahlreicher prominenter Persönlichkeiten, von Kreisen und Gruppen, welche sich selbst voll mit der Nation identifizierten, aber mit den sozialen oder politischen oder kulturellen Verhältnissen des jungen deutschen Nationalstaats unzufrieden waren, sei es mit der kapitalistisch-industriellen Modernisierung, mit dem Aufstieg der Sozialdemokratie, mit dem angeblichen kulturellen Verfall, mit liberaler freihändlerischer Benachteiligung der deutschen Landwirtschaft, mit der Selbstbehauptung der katholischen Kirche im *Kulturkampf* – was auch immer sonst. Ja, Antisemitismus wurde geradezu zum *cultural code* sehr verschiedener sozialer Gruppen, geeignet sehr verschiedene Menschen wenigstens in diesem Punkt in eine Front zu bringen, *nationale Identität* zu stiften: den Professor Heinrich von Treitschke im akademischen Berliner Antisemitismusstreit[6], den Kathedersozialisten Eugen Dühring[7], Kulturpessimisten wie Richard Wagner und seinen *Bayreuther Kreis* oder Paul de Lagarde, den Berliner borussisch-konservativen, anti-

---

5 Wohl 1879 von Wilhelm Marr, der übrigens wie viele frühe und spätere Antisemiten aus der Linken gekommen ist: „Der Sieg des Judenthums über das Germanenthum" (bis zum Jahresende 12 Auflagen). Marr hat im selben Jahr eine *Antisemiten-Liga* gegründet.

6 1879 prägte er den dann so oft wiederholten Satz: „Die Juden sind unser Unglück!"

7 Er hat wohl als Erster die sogenannte Judenfrage systematisch als Rassenproblem entwickelt.

sozialistisch-christsozialen Hofprediger (1874-1889) Adolf Stöcker; die sich ab 1880 in *Vereinen deutscher Studenten* (VDSt)[8] organisierenden angehenden Akademiker, die Kleinbauern etwa besonders im Nordhessischen, Handwerker und Arbeiter in Berlin und in Sachsen, *Handlungsgehilfen*, also in heutigen Worten: kaufmännische Angestellte, im wachsenden Dienstleistungsbereich. Und in letzterem erwies sich die *andere Neuartigkeit* des Antisemitismus im Vergleich zur älteren Judenfeindschaft: die Entstehung von *antisemitischen Massenorganisationen*. Anders gesagt: Antisemitismus taugte zur nationalpolitischen Mobilisierung von Massen, die darüber entstehenden Organisationen trugen Antisemitismus als erstrangiges nationalistisches und nationalisierendes Thema in zum Teil bisher eher apolitische Schichten. Das trifft sogar auf die Studenten im „VDSt" zu, die weitgehend aus bürgerlich-mittelständischen Verhältnissen stammten, erst recht für etliche antisemitisch orientierte Handwerker-, Kleinhändler- und Bauernverbände[9] und ganz besonders für die Angestellten im privaten Dienstleistungssektor, deren stramm nationalistische qua antisemitische Politisierung und Massenorganisierung schließlich zur Gründung des *Deutschnationalen Handlungsgehilfen-Verbandes* (DHV) von 1896 geführt hat[10].

Das nationalistische Politisierungspotential erwies sich zugleich als groß genug, etliche dezidiert antisemitische Parteigründungen zu provozieren – mit manchen Wahlerfolgen auf der Ebene von Reichstags-, Länder- und Kommunalwahlen um 1890. Danach verloren diese Parteien an Bedeutung, vor allem, weil sie über den Antisemitismus hinaus zu wenige konkrete politische Ziele verfolgten. Einige Historiker meinen diesen Bedeutungsverlust der exklusiv antisemitischen Parteien ab Mitte der 1890er Jahre als Beleg für die These anführen

---

8   Mit dem überuniversitären Kartell: *Kyffhäuserverband der Vereine Deutscher Studenten*, gegründet bei einem Treffen auf diesem sagenumwobenen Berg des Harzes 1881: „Gegen die unheimlichen Mächte der nackten Selbstsucht und weltbürgerlichen Vaterlandslosigkeit, Unsittlichkeit und Entchristlichung, gegen Judentum, Freisinn und Sozialdemokratie". Von Beginn an waren jüdische Studenten programmgemäß ausgeschlossen, ab 1896 wurden auch keine Studenten jüdischer Herkunft mehr akzeptiert, womit der rassistische Ansatz voll durchgesetzt war. Die *Vereine* waren im Norden und Osten sehr stark, mit Hochburgen in Berlin, Halle, Leipzig; im Süden blieben sie schwach.

9   Zuerst der von Otto Böckel gegründete *Mitteldeutsche Bauernverein* in den 1880er Jahren. Dann der *Bund der Landwirte* (BdL) von 1893: 1914 soll er 330.000 Mitglieder gehabt haben.

10 Am Vorabend des Ersten Weltkriegs hatte er 150.000 Mitglieder, das waren rund 40 % aller in kaufmännischen Verbänden überhaupt Organisierten. Er wurde „aus dem Antisemitismus heraus geboren" (Vorsitzender Joh. Irwahn).

zu können, dass der Antisemitismus im Deutschen Reich an der Jahrhundertwende zu einem politischen wie gesellschaftlichen Randproblem geworden sei, erst wieder entfesselt durch die Katastrophe des Weltkrieges. Der Beweis taugt nicht, die These trifft nicht zu, auch wenn ohne weiteres zuzugeben ist, dass vor dem Weltkrieg die gesellschaftlichen, politischen und nicht zuletzt rechtsstaatlichen Abwehrkräfte noch durchaus ausreichten, den Antisemitismus in Grenzen zu halten. Aber tatsächlich war der Antisemitismus als ideologisches Muster weit in die Mentalitäten einiger wichtiger sozialer Schichten eingedrungen, vor allem in die Gesinnungen großer Teile der *zukünftigen* politischen Klasse durch Infizierung von bedeutsamen Teilen der deutschen Studentenschaft, befördert durch den Einfluss solcher erwähnter Verbände. Und, genauso bedeutsam, der Antisemitismus wurde in den 1890er Jahren zu einem Kernelement der von den neuen radikalen Nationalisten verfochtenen *völkischen Weltanschauung* und in den aus ihr abgeleiteten politisch-programmatischen Zielsetzungen: Antisemitismus wurde also zum integrierenden Bestandteil einer umfassenden Weltanschauung, Ideologie, Programmatik im radikalnationalistischen Gegenentwurf zur bestehenden politisch-sozialen Ordnung.

Radikaler Nationalismus in elitären pressure groups: Das Beispiel des *Alldeutschen Verbandes*

Der unmittelbare Anstoß zur Gründung des *Alldeutschen Verbandes* (ADV), dieser bedeutendsten, stilbildenden radikalnationalistischen pressure group im Deutschen Kaiserreich, kam allerdings aus den Zusammenhängen früher deutscher Kolonialpolitik und ganz wesentlich direkt von deren führendem publizistischen Promoter, von Carl Peters. 1890 nämlich verhandelte Bismarcks Nachfolger, Reichskanzler Caprivi, mit der britischen Regierung ein schon von Bismarck eingeleitetes Tauschgeschäft: die kürzlich erworbene deutsche Kolonie Sansibar gegen Helgoland, welches die Briten seit der Besetzung während der Kriege mit dem napoleonischen Frankreich gehalten hatten. Nicht, dass die von Peters und Genossen mobilisierten Persönlichkeiten den Briten das strategisch wichtige Helgoland hätten lassen wollen, aber sie vereinten sich im Protest gegen die Gleichgültigkeit Caprivis wie Bismarcks gegenüber der Notwendigkeit, die europäische Großmacht Deutschland in die *Weltpolitik* zu führen, sie durch großangelegten Kolonialerwerb am beginnenden *imperialistischen Wettlauf* zu beteiligen. Der Tausch kam gleichwohl zustande; der 1891 erfolgte Zusammenschluss zum *Allgemeinen Deutschen Verband (ADV)* sollte nunmehr den

Protest verstetigen und auf Dauer einen gründlichen Einstellungswandel von deutscher Öffentlichkeit und Reichsregierung herbeiführen.

Aber wie? Wie sollte das Instrument des ADV gestaltet und eingesetzt werden? Von 1891 bis 1893 debattierten die führenden Mitglieder – darunter manche Leute, die noch Schlimmes in der deutschen Politik anrichten würden: zum Beispiel Fritz Bley, Julius Graf von Mirbach-Sorquitten, Wilhelm von Kardorff und der junge Alfred Hugenberg – debattierten also die führenden Mitglieder die Frage, ob der *Verband* als Partei aufgebaut und in Wahlen und Reichstagsarbeit in die Politik eingreifen oder als Agitationsorganisation und elitäre pressure group durch Öffentlichkeitsarbeit und Unterwanderung bzw. Beeinflussung von weltanschaulich zugänglichen Verbänden, Parteien, Fraktionen funktionieren sollte. Hugenberg und Gleichgesinnte setzten dann ihre Konzeption der pressure group durch und überließen dem neuen Vorsitzenden: Professor Dr. Ernst Hasse (1893-1908), den entsprechenden Ausbau. Die Namensveränderung 1894 unterstrich den neuen Kurs: *Alldeutscher Verband* (ADV)! Klein oder relativ klein, aber fein und effektiv, das könnte man als Motto über diesen Ausbau stellen. 1891 hatte der ADV 2.000 Mitglieder, 1893: 21.000, aber von denen zahlten nur ca. 5.000 Mitgliedsbeiträge. Dann kam die angedeutete Entscheidung.

1894   4.600 Mitglieder

1895   7.600 Mitglieder

1900   21.300 Mitglieder

1914   18.000 Mitglieder (zu denen nunmehr freilich eine größere Zahl korporativer Mitgliedschaften gekommen ist)

Wir müssen *fein* aber noch etwas näher bestimmen. Blicken wir nämlich auf die Mitgliedschaft in der engeren Gründungsphase und auf die entscheidenden Gruppen um 1895, dann können wir mit dem britischen Historiker Geoff Eley durchaus von einem aristokratisch-patrizischen Zuschnitt dieser radikalnationalistischen Elite im ADV sprechen. Zu den Genannten begegnen Namen wie Alfred Krupp, Hermann Graf von Armin-Muskau, Carl Graf von Behr-Behrendorff, dazu Intellektuelle, Künstler, Professoren mit besten Beziehungen in die High Society: Ernst Haeckel, Theobald Fischer, Franz von Lenbach. Dann aber wandelte sich das Bild allmählich: Tonangebend wurden Angehörige der oberen bildungsbürgerlichen Mittelschichten, Leute mit akademischer Bildung in akademischen und freien Berufen, Professoren und Gymnasiallehrer, Schriftsteller, Journalisten, Juristen, natürlich Studenten (Universitätsstädte in Mittel- und Westdeutschland, dazu Berlin: das waren die Zentren des ADV), Leute, *Honoratioren* mit lokalem und regionalem Einfluss, sie alle öffentlichkeitsgewohnte *Multiplikatoren* der radikalnationalistischen Weltanschauung und Programmatik, dazu Abgeordnete verschiedener Parteien (Hasse zum Beispiel saß für die Nationalliberalen im Reichstag), Funktionäre anderer nationalistischer Verbände. Das zurücktretende aristokratisch-patrizische Element reichte indessen noch aus, für Kontakte hinauf zur administrativen Elite im Reich und in einigen Ländern zu sorgen, obwohl sie viel weniger bedeutend gewesen sind, als manche Zeitgenossen, zumal ausländische Zeitgenossen angenommen haben.

Warum aber diese baldige Zurückhaltung der meisten Hochmögenden in der aktiven Verbandsarbeit, diese relative Zurückhaltung selbst solcher Leute wie Kardorff, Mirbach-Sorquitten und Hugenberg? Die Antwort lautet: Weil der *Alldeutsche Verband* schon unter Ernst Hasse (gest. 1908), aber erst recht unter seinem Nachfolger Heinrich Claß (1908-1939), Justizrat in Mainz, sich *erstens* zu einer *vollen* völkischen radikalnationalen Organisation (mit dem üblichen Verbot jüdischer Mitgliedschaften) durchgebildet hat und sich *zweitens* mit dieser Radikalisierung auch immer öfter in entschiedener Opposition sowohl zur offiziellen Politik der kaiserlichen Reichsregierung wie zur bürgerlichen Gesellschaft und deren Konventionen zu stellen bereit war: Damit wollten und konnten sich Angehörige der kaiserzeitlichen High Society wohl innerlich, im privaten Zirkel Gleichgesinnter und auch als hintergründige fallweise Förderer identifizieren, aber doch nicht öffentlich und aktivistisch. Die durchgreifende *völkische* Radikalisierung des ADV provozierte zudem eine zweite Absetzbewegung: die Distanzierung nämlich solcher Prominenter, die sich in den frühen 1890er Jahren dem Verband angeschlossen hatten, um so zur Aufnahme einer entschiedenen deutschen Weltpolitik, einer imperialistischen Politik des Deutschen Reichs nach ihren Möglichkeiten beizutragen. Aber mit der Reichskanzlerschaft Bernhard von Bülows im Jahre 1900, mit diesem nunmehr entschiedenen Übergang zur eigentlich wilhelminischen Kolonialpolitik und Aufrüstung zu wirklicher Seemacht war für diese Leute der Hauptzweck erreicht, indessen sie nicht bereit waren, die Entwicklung des ADV zu einer rassistischen und besonders antisemitischen, für Innen- und Außenpolitik des Reichs permanent den Einsatz von Gewalt fordernden und radikal illiberalen Organisation mitzumachen. Also gingen frühe Aktivisten wie Karl Lamprecht, der bekannte, um die Einführung soziologischer Fragestellungen in die Geschichtswissenschaft bemühte Historiker und spätere Vorkämpfer friedlicher Alternativen zum hochgerüsteten imperialistischen Wettlauf, oder der berühmte Soziologe Max Weber[11] weg. Bei solcher Zurückhaltung und bei solcher Distanzierung ging allerdings die völkische Radikalisierung des ADV natürlich noch schneller vonstatten.

Diese Radikalisierung, diese Ausbildung zu einer hermetischen völkischen radikalnationalistischen pressure group erhellt sich im Ansatz schon im Vergleich der Leitsätze des ADV von 1891 mit seinem sogenannten Novemberprogramm von 1903:

Die *Leitsätze* von 1891:

„1. Belebung des vaterländischen Bewusstseins in der Heimat und Bekämpfung aller der nationalen Entwicklung entgegengesetzten Richtungen.

2. Pflege und Unterstützung deutsch-nationaler Bestrebungen in allen Ländern, wo Angehörige unseres Volkes um die Behauptung ihrer Eigenart zu kämpfen haben, und Zusammenfassung aller deutschen Elemente auf der Erde für diese Ziele.

3. Förderung einer tatkräftigen deutschen Interessenpolitik in Europa und über See. Insbesondere auch Fortführung der deutschen Kolonialbewegung zu praktischen Ergebnissen."

Und aus dem *Programm* (der *Satzung*) vom Oktober/November 1903:

„§ 1 Der Alldeutsche Verband erstrebt Belebung der deutschnationalen Gesinnung, insbesondere Weckung und Pflege des Bewusstseins der rassenmäßigen und kulturellen Zusammengehörigkeit aller deutschen Volksteile.

§ 2 Diese Aufgabe schließt in sich, dass der Alldeutsche Verband eintritt:

---

11 In der Literatur wird häufig aus Webers Heidelberger Antrittsvorlesung 1895 zitiert, um die öffentliche imperialistische Stimmung eingangs der wilhelminischen Zeit zu kennzeichnen: „Wir müssen begreifen, dass die Einigung Deutschlands ein Jugendstreich war, den die Nation auf ihre alten Tage beging und seiner Kostspieligkeit halber besser unterlassen hätte, wenn sie der Abschluss und nicht der Ausgangspunkt einer deutschen Weltmachtpolitik sein sollte".

1. für die Erhaltung des deutschen Volkstums in Europa und über See und Unterstützung desselben in bedrohten Teilen,

2. für Lösung der Bildungs-, Erziehungs- und Schulfragen im Sinne des deutschen Volkstums;

3. für Bekämpfung aller Kräfte, die unsere nationale Entwicklung hemmen;

4. für eine tatkräftige deutsche Interessenpolitik in der ganzen Welt, insbesondere Fortführung der deutschen Kolonialbewegung zu praktischen Ergebnissen."

Die Radikalisierung ging indessen viel weiter, als in offiziellen programmatischen Fixierungen überhaupt zum Ausdruck kommen konnte. Das wird sogleich klar, wenn man in die Publizistik des Verbandes und dabei natürlich besonders in Schriften der führenden Personen schaut. Zur Abkürzung konzentriere ich mich auf ein paar Hinweise auf ein 1912 erstmals erschienenes, bis 1914 fünf Auflagen erreichendes aufsehenerregendes Buch des seit 1908 amtierenden Vorsitzenden, des schon erwähnten Heinrich Claß (unter dem Pseudonym: Daniel Frymann): *Wenn ich der Kaiser wär'*. Fritz Fischer, der bekannte, in den 1960er Jahren so heftig umstrittene Historiker deutscher Kriegszielpolitik im Ersten Weltkrieg[12], hat über dieses Buch gesagt, es habe in Deutschland „das erste Modell für einen autoritären Staat" geboten, für einen autoritären Staat jenseits sowohl des monarchischen wie eines parlamentarischen Systems: Man bedenke nur, welche bewusste Provokation in dieser Zeit der gewählte Titel bedeutet. Würden Kaiser und kaiserliche Regierung weiterhin so ziemlich alles falsch machen, dann müsste eine zukünftige, allein dem deutschen Volk nützende Politik: das heißt, eine völkische Rechte eben ohne sie auskommen. Fischers Satz trifft zu, man hat ihn aber zu erweitern: Das Buch bot ein erstes komplettes Modell eines *rassistischen* autoritären Staates, notwendig autoritär deshalb, um völkisch-rassistische *Expansion* betreiben zu können.

Den Reichstag beschrieb Claß als Instrument einer fremden jüdischen Clique, darauf ausgerichtet, in ihrem Interesse dem deutschen Volk zu schaden. Man konnte den Reichstag indessen brauchen – wenn man den Juden einst das deutsche Bürgerrecht genommen, ihre angeblich überwältigende politische und soziale Macht durch Enteignungen und Berufsverbote gebrochen haben würde,

---

12 Fischer war ein extrem simplifizierender Vertreter der These einer bruchlosen Kontinuität deutscher Politik vom Kaiserreich zum „Dritten Reich".

wenn man zweitens auch auf Reichsebene ein Klassenwahlrecht einführen könnte, um die parlamentarische Macht der angeblich reichsfeindlichen Sozialdemokratie, des katholischen Zentrums, der Linksliberalen zu zerstören. Erste Aufgabe einer völkischen autoritären Regierung, getragen von einer neuen völkischen Leistungselite, sollte sodann die innere Entwicklung des rassischen Werts der Deutschen sein, die staatliche Vereinigung aller Deutschen und die Funktionalisierung aller Auslandsdeutschen, dazu die intensive Militarisierung der Gesellschaft und die massive kriegsbereite Aufrüstung.

> „Eines aber soll zum Gemeingut der öffentlichen Meinung unseres Vaterlandes werden, wie kläglich die Auffassung ist, die unsere Wehrmacht zu Lande und zu Wasser als Verteidigungsmittel gegen feindliche Angriffe ansieht. Das heißt sie des besten Teils ihres Wertes berauben, drückt sie herab zu Werkzeugen philiströser Politik... Heer und Flotte sind auch Waffen des Angriffs, wenn die Sicherung unseres Daseins es verlangt.“

Denn „ein gesundes Volk will leben“, und „der Teil der Erdoberfläche, der heute unter deutscher Herrschaft steht, genügt dem Bedürfnis des deutschen Volkes nicht“. Dabei habe es die Deutschen kalt zu lassen, „ob dies den anderen Staaten leid oder lieb ist..., ob sie vorziehen, uns im guten oder bösen das zu verschaffen, was wir brauchen: *Land*“. Gemeint war nicht Eroberung zur Beherrschung, sondern Eroberung von Land zur deutschen Besiedlung. Die Bevölkerungen eroberten Landes waren nicht zu *germanisieren* (einzudeutschen), das hätte nach Claß ja nur wieder eine Schwächung des deutschen rassischen Werts bedeutet: Sie waren zu *evakuieren*, so Claß, heute spricht man wohl von ethnischer Säuberung. Und wo war solches Land zu finden? Claß Antwort war eindeutig, sie konzentrierte sich ganz auf eine Linie, die von den Alldeutschen schon in den 1890er Jahren verfochten worden war und die sich nun völlig durchsetzte: Der Erwerb von Kolonien in Übersee gehörte demnach wohl zu den Aufgaben der Großmacht Deutschland, war aber zweitrangig; Siedlungsland war in der Nachbarschaft, in Mittel- und Südosteuropa zu erobern, sobald ein europäischer Krieg die Möglichkeit dazu bieten würde. Schon in den Alldeutschen Blättern des 1. Januar 1894 war die Radikalität dieser Linie klargemacht worden:

„Der alte Drang nach Osten soll wieder lebendig werden. Nach Osten und Südosten müssen wir Ellenbogenraum gewinnen, um der germanischen Rasse diejenigen Lebensbedingungen zu sichern, deren sie zur vollen Entfaltung ihrer Kräfte bedarf, selbst wenn darüber solch minderwertige Völklein wie Tschechen, Slowenen, Slowaken... ihr für die Zivilisation nutzloses Dasein einbüßen sollten... Deutsche Kolonisation, deutscher Gewerbefleiß und deutsche Bildung sollen bis nach Kleinasien als ein Bindemittel dienen, durch das sich große und zukunftsreiche Wirtschaftsgebiete... uns angliedern...“

Dass das einen großen europäischen Krieg provozieren müsste, wurde keineswegs nur in Kauf genommen, sondern von Claß und anderen Scharfmachern gerade gewollt: Im Kampf um Sein oder Nichtsein würde endlich die geeinigte gesäuberte Volksnation der Deutschen entstehen!

Der *Alldeutsche Verband* gründete mit den schon genannten regionalen Schwerpunkten im Reich auf einem System von Ortsgruppen und, wo die dazu geforderte Mindestzahl von 30 Mitgliedern nicht erreicht wurde, lokalen Vertrauensleuten. Diese Mitglieder wählten alle drei Jahre die Hälfte des 150-köpfigen Vorstands neu und beschickten jährliche Verbandstage, die aber ohne irgendwelche Entscheidungsbefugnisse waren. Die 75 Gewählten kooptierten weitere 75 Vorstandsmitglieder. Der Vorstand wählte ein fünfköpfiges Präsidium und den Schatzmeister auf drei Jahre, den Vorsitzenden auf unbestimmte Zeit, dazu auf ein Jahr den geschäftsführenden Ausschuss (15 Mitglieder, Präsidium und Vorsitzender), aus dem schließlich ein Aktionsausschuss mit fünf Mitgliedern gebildet wurde: Bei ihm mit dem Vorsitzenden lag übers Jahr die Exekutive, sozusagen. Man kann in diesem Aufbau sehr wohl Grundprinzipien des beabsichtigten autoritären Staatsaufbaus erkennen: Autoritarismus als Konzentration der Exekutive, als undemokratische Selektion von Leistungsträgern, aber versetzt mit demokratischen Elementen.

Betrachten wir den ADV als *pressure group*. Wie versuchten die *Alldeutschen*, die Politik des Reiches zu beeinflussen?

Wie ich schon gesagt habe, unterschied sich der spätere ADV vom *Alldeutschen Verband* der Gründungsphase durch das Zurücktreten des aristokratisch-patrizischen Elements. Damit änderte sich notwendigerweise auch die Vorgehensweise des ADV als pressure group: die direkten Beeinflussungsversuche von alldeutschen Honoratioren gegenüber standesgleichen, gar privat bekannten Mitgliedern der Regierungen und Ministerialbürokratien wurden weniger bedeutsam; stattdessen musste durch massenmobilisierende Methoden eine Art Machtposition konstruiert werden, ohne die es hinfort erfolgversprechenden Druck gegen Regierung und Bürokratie gar nicht hätte geben können. Es war dann diese öffentliche Machtposition, wegen der Außenstaatssekretär Kiderlen-Wächter während der Marokkokrise von 1911 den ADV in seine Intrigen gegen die vorsichtige Politik des Reichskanzlers Bethmann Hollweg eingespannt hat, was bekanntlich in wechselseitigen öffentlichen Anschuldigungen geendet ist. Charakteristisch für den ADV besonders seit dem Amtsantritt von Heinrich Claß 1908 war dann aber, dass er nicht selbst unmittelbare Massenpolitik zu machen versuchte, sondern sich an solche Menschen, Gruppen, Verbände und Parteien wandte, die radikalnationalistische Ideen in den Massen verbreiten beziehungsweise massenhaften radikalnationalistischen Protest organisieren und artikulieren konnten: Gewissermaßen verstand sich der *Alldeutsche Verband* also sowohl als *brain trust* wie als eine Art Schaltzentrale radikalnationalistischer Politik.

Gehen wir die Aktivitäten systematisch durch.

1) Publizistik. Wieder galt: klein, aber fein. Die verbandseigene Zeitschrift: *Alldeutsche Blätter*, erschien seit 1894 (und bis 1939, als der ADV auf Weisung Heydrichs aufgelöst wurde) mit einer Auflage von nur etwa 10.000 Exemplaren; allerdings finden sich hier zahlreiche Autoren des deutschen Radikalnationalismus. Außerdem wurden zwei Schriftenreihen herausgegeben (*Flugschriften*; *Der Kampf um das Deutschtum*).

2) Organisation von Vortragsreihen. Als Publikum prominenter alldeutscher Referenten (z.B. Karl Lamprecht, Max Weber, Ernst Haeckel, Theodor Schiemann, Otto Hoetzsch im antipolnischen Volkstumskampf) wurden Multiplikatoren gesucht: Universitätsdozenten und Lehrer, lokale Honoratioren, Offiziere und so weiter.

3) Organisation von Petitionen an die Regierung, wobei man besonders auf das Gewicht der Unterschriften von Honoratioren setzte, also nicht an Hinz und Kunz herangetreten ist.

4) Einwirkung auf geistesverwandte Parteien, so auf die dezidiert antisemitische *Deutschsoziale Partei*, die *Deutschkonservativen*, die *Nationalliberalen*, denen ja etliche Alldeutsche jeweils angehörten.

5) Einwirkung auf geistesverwandte Verbände und Vereine, denen zum Teil auch korporative Mitgliedschaften ermöglicht wurden (1905: 101 Vereine/Verbände mit 130.000 Mitgliedern). Lenkung *von* bzw. Kooperation *mit* radikalnationalistischen Massenorganisationen wurden des Weiteren durch Funktionsübernahmen prominenter Alldeutscher in solchen größeren Verbänden erleichtert. Und manchmal ging die Gründung eines *single-issue-Verbandes* direkt aus einer Initiative des ADV hervor, so z.B. der *Verein zur Förderung des Deutschtums in den Ostmarken* („Deutscher Ostmarkenverein").

Es ist unmöglich, die konkreten Aktivitäten des *Alldeutschen Verbandes* weitläufiger vorzuführen, selbst von den großen Kampagnen: zum Beispiel in den antipolnischen Volkstumskämpfen, wie das hieß, also in den östlichen Provinzen des Reiches, anlässlich des Burenkrieges im südlichen Afrika, anlässlich der beiden Marokkokrisen, anlässlich der Rüstungsetatvorlagen im Reichstag, anlässlich der Wahlen von 1907 und 1912: selbst von diesen und weiteren großen radikalnationalistischen Kampagnen, die der ADV inszeniert oder mitgestaltet hat, kann ich später nur anhand eines Falles beispielhaft berichten.

Radikaler Nationalismus in Großorganisationen: Ein Überblick

Es ist auch völlig ausgeschlossen, den verbandlichen und vereinsmäßigen Resonanzboden des radikalen Nationalismus in Deutschland detailliert zu beschreiben. Dazu wäre allzu lange über alle Veteranen- und Wehrvereine, den *Kyffhäuserverband* deutscher Studentenvereine[13], die Jugendbewegung, Heimatschutzorganisationen und allzu zahlreiche völkische Sonderverbände zu reden. Ich konzentriere mich auf beispielhafte Hinweise – zum einen in Bezug auf nur zwei, aber zwei besonders wichtige politische single-issue-Verbände, zum anderen auf zwei eminent bedeutsame berufsständische Organisationen.

1. Der *Deutsche Ostmarkenverein* (der *Hakatisten*, aus den Namensabkürzungen der beiden Vorsitzenden): Wie erwähnt ist er auf alldeutsche Initiative hin 1894 gegründet worden. In seiner Satzung hieß es beinahe zurückhaltend: „Zweck des Vereins ist die Kräftigung und Sammlung des Deutschtums in den mit polnischer Bevölkerung durchsetzten Ostmarken des Reichs durch Hebung und

---

13 Hedwig Roos-Schumacher, Der Kyffhäuserverband... 1880-1914, Kiel ²1987.

Befestigung deutschnationalen Empfindens sowie durch Vermehrung und wirtschaftliche Stärkung der deutschen Bevölkerung". Tatsächlich flankierten und radikalisierten die Tätigkeiten der *Hakatisten* die ohnehin schon seit den 1880er Jahren massiv repressive preußische Politik gegen die dreieinhalb Millionen Polen in Schlesien, Ostpreußen, Pommern[14] und provozierten erst recht die Radikalisierung des polnischen Nationalismus, was wiederum die Radikalisierung des deutschen Nationalismus antrieb und so fort. Der Verein schickte Propagandaredner, Professoren wie Paul Wislicenus, Lamprecht, Erich Marcks, Max Lenz, Otto von Gierke, Ulrich von Wilamowitz-Moellendorf, große Namen. Noch wichtiger aber waren die Sammlung von Geldern und Besorgung von Krediten, um in finanzielle Nöte geratene deutsche Gewerbetreibende, Agrarier und Bauern zu unterstützen oder ihnen beim Auskauf von Polen zu helfen, des Weiteren, um überall gute deutsche Schulen zu unterhalten und so zur Verdrängung der polnischen Sprache beizutragen. Sein Publikationsorgan: *Die Ostmark*, erreichte schon 1894 eine Auflage von 6.000, 1914 von 50.000 Stück. 1895 hatte der Verein bereits 5.000, 1903 knapp 30.000, 1914 schließlich 54.000 Mitglieder. Auf der Funktionärsebene waren, ich möchte sagen: natürlich, Angehörige der höheren preußischen Bürokratie, Professoren, Gymnasiallehrer, Pastoren und Großagrarier überproportional vertreten (zusammen 65% aller Posten), die große Mitgliedschaft bestand hingegen aus Angehörigen des unteren städtischen und ländlichen Mittelstandes. Deutlich unterrepräsentiert waren die katholischen Deutschen zumal in Schlesien und im ostpreußischen Allenstein, und dies einfach schon deshalb, weil der *Ostmarkenverein* Polentum und Katholizismus gleichsetzte und demzufolge beständig katholische Kirche und katholischen Glauben im allgemeinen als deutschfeindlich attackierte.

2. Der *Deutsche Flottenverein*, gegründet im April 1898: Vorbild dieses Vereins war die 1894 gegründete britische *Navy League*. Ihnen folgten entsprechende Vereine in Frankreich (1899), Belgien (1900), USA (1902), Österreich (1904) und so weiter, die der *Deutsche Flottenverein* aber alle nach Mitgliedszahlen bei weitem übertreffen sollte. Zusammengenommen waren sie ein Reflex des imperialistischen Wettlaufs, der dadurch und durch technologische Innovationen provozierten, überaus kostspieligen Seerüstung sowie ein Ausdruck der zunehmenden nationalistischen Massenpolitisierung. Im Deutschen Reich wurde die Neugründung von Kreisen in die Hand genommen, die dem entschiedenen

---

14 Vgl. Martin Broszat, Zweihundert Jahre deutsche Polenpolitik, München 1963, ²1972, Seite 129 ff.

weltpolitischen Kurs Kaiser Wilhelms II. und seines neuen Kanzlers von Bülow sowie den strategischen Konzeptionen des Admirals Tirpitz nahestanden beziehungsweise persönlich in diese Politik um den sogenannten *Platz an der Sonne* involviert waren. Die entscheidende Initiative kam, kurz gesagt, eindeutig *von oben*. Sie war ein Moment des *offiziellen Nationalismus*, erstens konservativ systemstabilisierend bezweckt, zweitens darauf ausgerichtet, eine Druckkulisse aufzubauen gegen jene Parteien, die im Reichstag noch gegen die außenpolitisch gewagte und innenpolitisch enorme Lasten bedeutende maritime Hochrüstung opponierten. So sah die Führerschaft des *Flottenvereins* auch aus: Wilhelm Fürst zu Wied, dann Otto Fürst zu Salm-Horstmar, Großadmiral Hans von Koester als Vorkriegspräsidenten, unter den Geschäftsführenden Baron von Beaulieu-Marconnay, Generalmajor Wilhelm Menges; Protektor war Heinrich Prinz von Preußen, erstes Ehrenmitglied Friedrich I., Großherzog von Baden. Ganz oben in diesem illustren Kreis findet sich nur eine Ausnahme: August Keim, 1907/1908 Geschäftsführer – und Mitglied etlicher radikalnationalistischer Vereinigungen.

Der *Flottenverein* war ein voller Treffer ins Schwarze einer breiten öffentlichen Stimmung, aufgeheizt natürlich gerade auch von den Radikalnationalisten, aber weit, sehr weit über sie hinausreichend und mitreißend: und vermutlich auch zu ihrem Nachteil, insofern der *Flottenverein* das radikalnationale Mitgliedspotential im Deutschen Reich über ungefähr ein Jahrzehnt sehr weitläufig aufsaugen konnte. Der jährliche Mitgliedsbeitrag war ganz niedrig angesetzt (0,50 RM), um auch an Handwerker, Arbeiter, Schüler heranzukommen. Mit unerwartetem Erfolg: 1898 gab es 15.000 Einzel- und 65.000 korporative Mitglieder, 1908: 310.000 respektive 700.000, 1913: 335.000 respektive 1.125.000 Mitglieder. Die *Monatsblätter* des *Flottenvereins* kamen um 1910 in einer Auflage von 300.000 Stück heraus. Es gab Jahrbücher, Handbücher und so weiter. Millionenfach wurden Anstecknadeln, Postkarten verkauft: All dieses Brimborium. Große Teile der Nation litten, so viel später der Kabarettist Hüsch, am *Ahoi-Komplex*. *Seefahrt ist not*, so ein junger Schriftsteller Namens Gorch Fock (Pseudonym für Johann Kinau, gefallen während der Seeschlacht im Skagerrak 1916), und die 1988 eingegangene Firma *Bleyle* ist damals mit Matrosenmode für Kinder und Fräuleins groß herausgekommen.

Nur mussten Regierung und die ihr nahestehenden Führungskreise des *Flottenvereins* alsbald vielerorts an der Mitgliederbasis feststellen, dass das Instrument so gefügig nicht blieb, dass man die nationalistische und militante Propaganda nicht zwanglos nach jeweiligen innen- und außenpolitischem Nutzen rauf- und runterfahren konnte. 1907 hatte man den erwähnten Keim geholt um raufzufahren, 1908, im Zeichen des Übergangs der Reichskanzlerschaft von Bülow zu Reichskanzler Bethmann Hollweg und Beginns eines weniger aggressiv tönenden außenpolitischen Kurses, wollte man die Flottenpropaganda wieder mäßigen: Das spielten Keim und die radikalnationalistischen Leute, in der Regel neumittelständische Aufsteiger, um ihn nicht mit. Sie traten für ihre Konzeption des *Flottenvereins* als *Volksverein* an und gegen die konservative Konzeption des *Flottenvereins* als Regierungsunterstützungsvereinigung. Auf der Kasseler Jahrestagung von 1908 gelang es den konservativen gemäßigten Kräften zwar, Keim zum Rücktritt zu zwingen, jedoch drohten nun die Radikalen, den *Flottenverein* zu sprengen und den eigenen Anhang in eine neu zu gründende *Liga aller nationalen Vereine* zu überführen. Der Plan wurde in erster Linie deshalb aufgegeben, weil der elitäre *Alldeutsche Verband* sich nicht in eine derartige Massenveranstaltung hat einbinden lassen wollen. So kam es nur zu etlichen tausend individuellen Übertritten vom *Flottenverein* in den ADV.

3. Der *Bund deutscher Landwirte* (BdL): Er entstand 1893 als Antwort auf die Liberalisierung der Zollpolitik Caprivis. Seine Gründung muss jedoch im weitläufigeren Kontext einer nationalistischen Modernisierung des deutschen, aber besonders des preußischen Konservatismus nach dem Abgang Bismarcks 1890 gesehen werden, wie sie schon kurz zuvor von der politischen Schwester des BdL, von der *Deutschen Konservativen Partei*, in ihrem berüchtigten, offen antisemitischen Tivoli-Programm von 1892 unter dem Druck radikaler Antisemiten en masse vollzogen war. Judenfeindschaft, die sich noch christlich gebärdete, tatsächlich aber mit rassistischen Motiven operierte, kennzeichnete erstrangig auch das Selbstverständnis und die grundsatzpolitischen Verlautbarungen des Bundes deutscher Landwirte: „Das ganze markige und tüchtige Geschlecht der jetzigen Grundbesitzer soll von diesen Juden und Judengenossen (Linksliberale, Sozialdemokraten, politische Katholiken - d. Verf.) depossediert werden". Damit aber wäre die Nation schlechthin ruiniert, denn „der Bauernstand, der an die allnährende Mutter Erde gebunden ist, ist die Verkörperung von *Blut und Boden*, aus denen alle anderen Teile des Volkes ihre Kraft holen müssen", womit die Ideologen des BdL ein höchst erfolgsträchtiges Motiv moderner Sehnsüchte nach verlorenen kleinen Heimaten und zugleich des radikalnationalistischen Antisozialismus[15] aufgegriffen und von nun an eingehämmert haben. Konsequent schlossen sich die Ideologen des BdL dem alldeutschen Konzept der Lösung deutscher Probleme durch „Landerwerb im Osten" (auf Kosten polnischer Territorien Russlands: Ernst Graf zu Reventlow, außenpolitischer Berater des BdL! 1911) an. Und genauso konsequent folgten sie den alldeutschen Kampfpositionen gegen Parteipolitik und Parlamentarisierung, vertraten aber eigenständige, dezidiert neokonservative Ideen eines zukünftigen *Ständestaats*, versehen mit dem absurden Attribut *christlich*, denn „die Welt steht unter dem Zeichen der Ungleichheit. Die Geschlechter, die Talente sind verschieden", wobei die Erwähnung ungleicher ererbter Besitzverteilung vorsichtshalber unterblieben ist.

Tonangebend auf den wichtigen *Bezirksebenen* im BdL waren Gutsbesitzer, darunter namentlich adelige Großgrundbesitzer, Leute wie Graf von Kanitz, Freiherr von Manteuffel, Robert von Puttkammer, der Mitbegründer des ADV Graf von Mirbach-Sorquitten und so weiter. Aber in der für die nationsweite Darstellung entscheidenden Bundesleitung war das bürgerliche Funktionärselement stärker: Das waren offensichtlich die besseren Fachleute für Verwaltung und Propaganda! Und diese Radikalen repräsentierten vielmehr als jene die Masse der klein- und mittelbäuerlichen Mitglieder (= 85-90% der Mitgliedschaft). Die Geschäftsführung lag zudem beim sogenannten *Direktor*, nicht bei den beiden *Vorsitzenden* (1898-1920: Conrad Freiherr von Wangenheim, Gustav Roesicke), und als Direktor fungierte von 1897 bis 1914 Diedrich Hahn, der das organisatorische und besonders das radikalnationalistische Handwerk zuvor als junger Student um 1890 in der kollegialen Leitung des Kyffhäuserverbands der Vereine Deutscher Studenten gelernt hatte. Da wurde fulminante Propagandaarbeit geleistet und besonders die bundeseigene Presse war zielgruppengerecht reich differenziert und auflagenstark (Zeitschrift *Bund der Landwirte*, 1913: 243.000 Exemplare; *Die Gutsfrau*; *Der Landlehrer*; dazu regionalspezifische *Korrespondenzblätter*); obendrein kontrollierte die Bundesleitung eine Reihe von allgemeinen Periodika. Es liegt auf der Hand, dass der BdL auch an den Interessen der großen Landbesitzer orientiert war, aber diese überschnitten sich hinreichend mit den Interessen mittlerer und kleinerer Bauern, und die radikalnationalistische Ideologie und besonders der Antisemitismus reichten dann aus, unterschiedliche Schichten selbständiger Agrarproduzenten in *einer* berufsstän-

---

15 Urbanisierung und Industrialisierung = Proletarisierung = Aufstieg des klassenkämpferischen Sozialismus.

dischen Massenorganisation zusammenzubringen. Ja, es gibt Belege dafür, dass die an sich eher traditionell konservativen gutsbesitzenden großen Führungsmitglieder unter dem Druck antisemitischer und radikalnationalistischer Massenmitgliedschaft agierten und sich ihm immer weiter gebeugt haben. Jedenfalls trifft die Interpretation: der BdL habe als Massenmanipulationselement konservativer Großagrarier funktioniert, nicht zu.

4. Der *Deutschnationale Handlungsgehilfen-Verband* (DHV): Er ist zwischen 1893 und 1895 aus verschiedenen regionalen Vorläufern entstanden. Seine Entstehung reflektierte zum einen den rasanten Aufschwung des tertiären „dienstleistenden" Sektors mit der Speerspitze der kaufmännischen Angestelltenschaft, zum anderen deren soziale Lage und Selbstbewusstsein gegenüber dem Proletariat und seinen gewerkschaftlichen wie politischen Organisationen. Als berufsständischer Verband nahm der DHV auch arbeitgebende Kaufleute auf, weshalb er nicht in den *Verband freier Gewerkschaften* eintreten durfte.

Der DHV ist von Anfang an ideologisch-programmatisch fest auf radikalnationalistische Positionen hin ausgerichtet worden, und das in einem so sehr politischen Sinne, dass eigentlich gewerkschaftliche Interessenvertretung lange fast keine Rolle gespielt hat[16]. Wer beitrat, wusste das allerdings und wollte es wohl so. Und die Leute aus den großen und kleinen Kaufhäusern, die Angestellten also kamen in ziemlich beeindruckenden Massen: Mit 76 Mitgliedern hatte man angefangen; 1903 waren es schon 51.000, 1914 dann 161.000 und damit rund 40 Prozent aller überhaupt organisierten, rund 15 Prozent sämtlicher *Handlungsgehilfen*[17]. Organisiert waren sie in 21 *Gauen* und schließlich 1.300 *Ortsgruppen*. Wiederum begegnet ein geschickt differenziertes auflagenstarkes Pressewesen, begegnen auch besonders aktive Propagandisten in der Lehrlingsarbeit. Angehörige der völkisch-antisemitischen *Deutschsozialen Partei* waren an der Gründung des DHV führend beteiligt. Der Verband arbeitete in der Folge vielfach mit dem *Bund deutscher Landwirte* zusammen, des Weiteren mit einer kleineren radikalnationalistischen Vereinigung, mit dem gleichsam burschenschaftlichen *Deutschbund* Friedrich Langes. 1898 ist der DHV korporativ dem *Alldeutschen Verband* beigetreten, 1912 dann dem *Reichshammerbund* des bekanntesten völkisch-antisemitischen deutschen Publizisten: Theodor Fritsch, was zweifellos eine nochmalige Radikalisierung bedeutet hat.

---

16 Das änderte sich erst unter dem dritten und letzten Vorsitzenden Hans Bechly (1909/1911-1933) etwas.

17 Die freigewerkschaftliche Organisation kam nur auf 4%!

Entsprechend sahen Ideologie und Programmatik aus, freilich mit zwei Variationen. Zum einen wurde hier überdurchschnittlich stark die Treue zum Kaiser betont, auch wenn diese Kaisertreue ganz mit der Treue zur Nation identifiziert worden ist. Zum anderen spielte der Kampf gegen die zart anhebende Emanzipation der Frauen eine viel größere Rolle als üblich in der deutschen radikalnationalistischen Rechten: Die Verkäufer sorgten sich vor noch stärkerem Vordringen von Verkäuferinnen, weshalb der DHV übrigens sehr vehement für maximale Frauenschutzbestimmungen am Arbeitsplatz eingetreten ist. Dazu kooperierte die Verbandsführung eng mit dem 1912 gegründeten *Deutschen Bund zur Bekämpfung der Frauenemanzipation*, propagierte Heer und Ehe als „die beiden Grundpfeiler der germanischen Rasse" und forderte möglichste Anstrengungen der völkisch gesinnten Männer zur Vervielfachung der Kinderzahlen.

Ansonsten das Übliche: Paragraph 2 der Satzung besagte, dass „Juden und von Juden abstammende Personen von der Aufnahme ausgeschlossen" sind, offenbarte also einen vollen rassistischen Antisemitismus. Die Juden sollten aus dem deutschen Volkskörper ausgeschieden werden. Bis dahin galt: „Wo sich, wie bei uns z.B. die Semiten, Fremdkörper befinden, da sollte die Erziehung zum Kriege mehr den anderswo auch Erziehung zur Rasse sein"[18]. Es versteht sich, dass auch der DHV zum Kriegsausbruch 1914 jubilierte: Eine Niederlage Deutschlands wäre „gleichbedeutend mit dem Ende des wahren Menschentums". Sollte aber „die Welt den wahren Fortschritt sehen, dann muss die Welt deutsch werden... Und deutsches Wesen muss die Herrschaft antreten über die Welt". Max Habermann aus der Führungsriege kam konkreter daher: „Unsere 70 Millionen Deutschen brauchen Raum und Nahrung, das werden wir uns holen. Unsere Grenzen und unseren Einfluss werden wir weit hinausschieben".

August 1914. Ab dem September des ersten Kriegsjahres gab der DHV ein besonderes Ehrenzeichen für Tapferkeit aus: „Ein goldenes Hakenkreuz in blauem Feld mit der Umschrift DHV 1914".

---

18 Artikelserie: „Völkische Hochziele", in: *Deutsche Handels-Wacht*, 1909, mit solchen einzelnen Artikeltiteln: „Erwachen des Rassegedankens", „Erziehung zur Rasse", „Das deutsche Heer".

Der *Evangelische Bund* (EB)

Der EB ist 1886/1887 im Zeichen des Abbruchs des offiziellen ‚Kultur-kampfes' gegen katholische Kirche und Katholizismus gegründet worden – zwecks Fortsetzung des ‚Kulturkampfes' mit anderen Mitteln, vor allem durch öffentliche antikatholische Propaganda und als *pressure group* im Vorfeld der antiultramontanen politischen Kräfte. Seine Anfänge standen im Zeichen der liberalen protestantischen Theologie, deren Linien in die Aufklärung zurückreichen. Genannt seien die Namen von Willibald Beyschlag und Friedrich Nippold. Beyschlag schrieb in seinem Gründungsaufruf, der EB solle ein „deutsch-protestantisches Schutz- und Trutzbündnis gegen Rom" sein, weil der ‚römisch-katholische' Einfluss auf die Nation gebrochen werden müsse, wenn „wir eine nationale Zukunft, die ohne geistige Einheit unmöglich ist, haben sollen". Der Kampf galt also der ‚römischen Kirche', dem politischen Katholizismus und dem katholischen Zentrum. Er galt aber auch, wenngleich stets nachrangig, anderen undeutschen geistigen, sozialen oder politischen Strömungen, der sozialistischen Arbeiterbewegung oder dem Materialismus und so fort.

Gewiss, man kann den EB keineswegs als ‚völkische' Organisation interpretieren. Aber er traf sich mit dem völkischen Denken in diesem zentralen Motiv: im Antikatholizismus und in der dahinter stehenden Auffassung des Nationalen. Und gerade der EB erweist die Bedeutung des protestantischen Aspekts in der Radikalisierung des deutschen Nationalismus. Tatsächlich hat sich der EB wegen seines Antikatholizismus in einer bedeutsamen historischen Situation auch direkt politisch mit der völkischen, ja, sogar völkisch-rassistischen Bewegung verbündet und hinfort deren Gedankengut zum Teil übernommen.

Regional war der EB vor allem in Sachsen, Thüringen, im protestantischen West- und Süddeutschland verbreitet: weniger in Brandenburg etc.

Mitglieder:

$$
\begin{array}{ll}
1887: & 10.000 \\
1891: & 82.980 \\
1902: & 156.000 \\
1912: & 485.750 \\
1913: & 510.000 \\
\end{array}
$$

Bis um die Jahrhundertwende machte der Anteil der Geistlichen, lehrenden Theologen usw. ca. ein Drittel aus, danach sank er mit zunehmender Mitgliederzahl relativ. Ansonsten glich die Mitgliedschaft einigermaßen der des *Alldeutschen Verbandes*: Lehrer, Beamte, freie Juristen, mittlere bürgerliche Selbständige.

Organisation:

1) Örtliche Zweigvereine,
2) Haupt- und Landesvereine (nach Provinzen bzw. deutschen Ländern),
3) deren Vorsitzende bildeten den Gesamtvorstand,
4) aus dem endlich der exekutive engere Vorstand (11 Mitglieder) gewählt wurde.

Jährliche Generalversammlungen fanden an stets wechselnden Orten seit 1887 mit großer öffentlicher Resonanz statt.

Der *Evangelische Bund* gab eine Vielzahl von Vereinsblättern, Zeitschriften, Schriftenreihen heraus, manchmal mit sechsstelligen Auflagenzahlen. Die Propaganda des EB – sowohl in seinen Presseorganen wie auf seinen Versammlungen – hat die deutsche Aufrüstungs- und Weltpolitik in Wilhelminischer Zeit bedingungslos unterstützt. Und niemand in seinen Reihen protestierte, wenn dies immer häufiger auch mit eindeutigen rassistischen Argumenten getan worden ist. Im Weltkrieg wurden, eigentlich unnötig, das eigens zu betonen, massiv maximalistische *alldeutsche* Kriegsziele verfochten.

Der *Evangelische Bund* in der österreichischen Los-von-Rom-Bewegung

Auf die Entwicklungen im Habsburger Reich will ich hier nicht detailliert eingehen. Nur soviel: *Los-von-Rom* entstand vor dem Hintergrund der innerösterreichischen Nationalitätenkonflikte in den dortigen radikalen deutsch-völkischen Kreisen, vor allem bei den von Georg Ritter von Schönerer geführten *Alldeutschen* (nicht mit dem *Alldeutschen Verband* zu verwechseln)[19]. Diese sahen

---

19 Schönerers *Alldeutsche Bewegung* (auch *Deutschnationaler Reformverein*) entwickelte sich in den 1880er Jahren aus dem linken Spektrum der deutsch-österreichischen Politik, entwickelte sich dann aber zu einer völkisch-antisemitischen Kadergruppe, deren Praxis endlich ganz in permanenten Angriffen auf die Juden (verbal und gelegentlich physisch) aufgegangen ist: „Ob Jud, ob Christ ist einerlei, in der Rasse liegt die Schweinerei". Insofern bedeutete die *Los-von-Rom-Bewegung* einen gewissen Perspektivenwechsel und band die *Alldeutschen* seit dem *Volkstag* zu Eger am 11. Juli 1897 in ein breites völkisches Bündnis, wobei der Münchener Verleger Julius Lehmann dann die Unterstützung Schönerers durch ADV und EB erreicht hat, so dass Schönerer in die Führungsrolle geriet. 1901 zogen die

nicht bloß die Vorherrschaft der (Rest-) Deutschen, sondern geradezu deren völkische Existenz im Vielvölkerreich der Habsburger bedroht durch das politische und soziale Vordringen insbesondere der Ungarn und Tschechen sowie der Polen in Wien und andererseits in den gemischtethnischen Regionen, besonders in Böhmen. Sie bekämpften den übernationalen Charakter der Monarchie, sie verlangten als letzten Ausweg deren Auflösung und Anschluss der österreichischen Deutschen an *Reichsdeutschland*. Die Schönerer-Bewegung war radikal antisemitisch, ebenso wie die deutsch-österreichische Studentenschaft den Antisemitismus der reichsdeutschen Studentenschaft noch bei weitem übertroffen hat.

Die österreichische *Los-von-Rom-Bewegung* richtete sich gegen die übernationale Kirche und universale Religion an sich, gegen die tiefe katholische Prägung des deutschen Österreichertums, gegen die angebliche kirchliche Bevorteilung der nichtdeutschen katholischen Nationalitäten im Habsburger Reich. Und darum verherrlichte sie die Reformation Luthers als erste nationale Tat der neueren Geschichte und den Protestantismus als einzig mögliche nationaldeutsche Religion. Zugleich sollten die Abkehr von der römischen Kirche und der Übertritt zum Protestantismus eine erste Etappe im Kampf gegen die universale und katholische Habsburger Monarchie bedeuten. „Ohne Juden, ohne Rom bauen wir Großdeutschlands Dom", so die Kampfparole der Alldeutschen Schönerers in diesen Auseinandersetzungen.

In *Reichsdeutschland* ist die *Los-von-Rom-Bewegung* von den großen völkischen Gruppierungen massiv unterstützt worden, agitatorisch und publizistisch sowie finanziell. Diese Unterstützung war so wichtig, dass sie zu diplomatischen Spannungen zwischen Wien und Berlin geführt hat. Die Regierung Bülow musste wiederholt versuchen, die deutschen radikalen Nationalisten in dieser Frage wenigstens zu mäßigen, was ihr bezeichnenderweise aber nicht mehr gelungen ist. Zur Schaltstelle der reichsdeutschen Unterstützung und zum Motor ihrer innerösterreichischen Umsetzung ist von Anfang an und nahezu bis in den eigenen finanziellen Ruin hinein der *Evangelische Bund* geworden. 1898, während seiner Hamburger Hauptversammlung, wurde ein *Komitee zur Unterstützung der Evangelischen Bewegung in Österreich* eingerichtet. Dessen Leitung lag bei den beiden Pastoren Friedrich Meyer und Paul Braeunlich, welcher einer

---

Alldeutschen mit 21 Abgeordneten in den Wiener Reichstag (20 davon aus Böhmen!). Allerdings begann dann der Abstieg – auch wegen persönlicher Fehler und Verfehlungen Schönerers (Wahlen 1907: 5 Mandate).

der radikalsten und fruchtbarsten Autoren des EB bis in die Weimarer Republik gewesen ist. Ihm gehörten neun weitere Mitglieder an, sieben davon aus dem Zentralkomitee des EB, dazu als einer der beiden anderen Ernst Hasse, Vorsitzender des *Alldeutschen Verbandes*. ‚Zur Unterstützung der Evangelischen Bewegung': das mag sich so anhören, als sei es nur um die religiöse Seite der österreichischen Bewegung, als sei es sozusagen bloß um evangelische Mission im katholischen Österreich gegangen. Aber nicht von ungefähr beschränkte sich diese ‚Unterstützung' rein auf die Bewegung unter den Deutschen in der Habsburger Monarchie. Deutschtum und Protestantismus, Nationalisierung und Protestantisierung waren in der Sicht zumindest der Führung des EB eben ein und dasselbe.

Das lässt sich besonders gut an Pastor Braeunlich zeigen: Er sprach von einer neuen Reformation, „welche unser ganzes Volk in Ewigkeit im Glauben Luthers und Bismarcks vereinigen" werde. Deutschland könne in der rassischen Auseinandersetzung der Völker – der Pastor bezog sich da ausdrücklich auf das Geschichtsbild Houston Stewart Chamberlains, worauf noch zu kommen ist – überhaupt nur überleben, wenn „es völlig protestantisch werde". Und weiter: „Die Rassen, welche den Protestantismus angenommen haben, stehen am Ruder. Der römische Katholizismus ist in unserer Zeit die Religion von Völkern im Abstieg geworden, während der Protestantismus die Religion der Herrennationen ist"[20]. Das Ziel müsse zunächst die Errichtung einer protestantischen „deutschen Nationalkirche" sein, in der sich Reichsdeutsche und österreichische Deutsche noch vor der politischen Vereinigung zusammenfinden würden. In seinen Briefen nach Österreich unterzeichnete auch Braeunlich mit „Sieg Heil"!

Ähnliches lesen wir in Schriften und Briefen Meyers[21], der sich genauso auf Chamberlains „Grundlagen des 19. Jahrhunderts" berufen hat. „Die Erfahrung lehrt, dass Bastardvölker, die man nicht als wertvolle Schöpfungen betrachten kann, aus widerwärtigen Blutsmischungen entstehen". Und natürlich findet sich auch bei diesem Pastor die totale Identifikation von Deutschtum und Protestantismus. „Nur wenn der Ultramontanismus (also der papstgetreue deutsche Katholizismus) gebrochen wird, ist eine starke deutsche Politik möglich". Be-

---

20 Ich erinnere daran, dass zu dieser Zeit die Debatte um die angebliche ‚katholische Inferiorität' und über den Zusammenhang von Protestantismus, Kapitalismus, Modernisierung ihren Höhepunkt erreicht hatte: Weber, Ernst Troeltsch usw.

21 Alles im Archiv des EB in Bensheim.

wusst stellte sich das Komitee in Opposition zur Reichsregierung, schon deshalb, weil Bülow seit 1897 ja auch gestützt auf das katholische Zentrum im Reichstag operiert hat und weil damit *Rom* direkten Einfluss auf die deutsche Politik gewonnen zu haben schien. Wenn *Los-von-Rom* scheiterte, so meinten Braeunlich und Meyer und Hasse einmal, dann stehe der deutsche Protestantismus und damit Deutschland vor seinem Ende.

Deshalb stellte man sich also im *Evangelischen Bund* hinter die rassistischen *Alldeutschen* Schönerers, nicht nur in der Bewegung selbst, sondern auch in Bezug auf deren allgemeine deutsch-chauvinistische und antisemitische Politik. Wir haben ja eben gesehen, dass die Pastoren selbst von den weltanschaulichen Grundlagen Chamberlains aus argumentiert haben. Nachdem Schönerer aufgrund von Skandalen um seine Person unhaltbar geworden war, übertrug das Komitee des EB die Unterstützung auf die genauso völkisch-rassistischen österreichischen *Freiradikalen* (1907: 9 Sitze im Wiener Reichsrat).

Zur Soziologie der *Los-von-Rom-Bewegung* in Österreich: Wir finden gewerbetreibendes mittleres und oberes Bürgertum, niedere Beamte und freie akademische Berufe. Aufgrund der unterschiedlichen politischen und sozialen Bedingungen in Österreich unterschied sich diese Struktur also in einigen Punkten von der Struktur völkischer Bewegungen im kaiserlichen Deutschland! Völlig unterrepräsentiert war bezeichnenderweise die protestantische Geistlichkeit Österreichs! Regional, besonders in nationalen Übergangsräumen fand die Bewegung auch stärkeren Anklang in der Arbeiterschaft und im Bauerntum.

Erfolge:

1898/99	8.000 Konversionen,
bis 1913	70.000 Konversionen von der katholischen zu einer evangelischen Kirche.

Die Propagandatätigkeit des EB in der *Los-von-Rom-Bewegung* vollzog sich vor allem durch Versand von Literatur, was den größten Teil der insgesamt bereitgestellten 1.700.000 Reichsmark verschlungen hat, ohne welche aber die österreichische Bewegung fast ohne Agitationsmaterial dagestanden wäre. Die Verteilung ebenso wie verschiedene Erkundungsreisen wurden großenteils verdeckt bzw. im ‚Untergrund‘ durchgeführt. Außerdem ging man an die Herausgabe spezieller Periodika: darunter „Die Wartburg".

1908, mit dem Übergang des Vorsitzes des ADV von Hasse auf Heinrich Claß und in einer neuen Phase reichsdeutscher völkischer Politik, zogen sich die Vertreter des *Alldeutschen Verbandes* aus der Unterstützungsarbeit zurück, weil sie zunehmende diplomatische Spannungen zwischen dem Reich und der Habsburger Monarchie produzierte – und weil es der neuen Generation des ADV nun auch viel mehr um die Bekämpfung des Judentums denn um die der *Römlinge* ging[22].

Neuheidnische Gruppierungen an den Rändern des *Radikalen Nationalismus* im Deutschen Reich und in Deutsch-Österreich

Wenn ich hier von Randerscheinungen: im Wesentlichen von „Gesinnungsvereinen" (Breuer) des deutschen radikalen Nationalismus vor dem Ersten Weltkrieg spreche, dann ist damit keineswegs gemeint: isolierte Erscheinungen. Sie waren vielmehr in vielschichtiger Weise mit den großen radikalnationalistischen Gruppen, Verbänden, Bewegungen verbunden. Nur: ihr religiöses (in unserer Perspektive wohl pseudoreligiöses) zentrales Anliegen wurde noch nicht zu einem Kernmotiv radikalnationalistischer Politik. Ihre relative Attraktivität aber

---

22 Anders der *Antiultramontane Reichsverband* 1906-1925. Er war vom Exjesuiten Paul Graf von Hoensbroech gegründet worden, um eine schärfere antikatholische Linie in die deutsche Innenpolitik zu ziehen, als sie vom EB vertreten wurde. Hoensbroech war Ende des vergangenen Jahrhunderts mit ungeheuer aufregenden und weitverbreiteten ‚Enthüllungen' über die Amoralität des Katholizismus und seine antideutschen Planungen hervorgetreten. Das war von den antikatholischen Liberalen und von den Völkischen laut bejubelt worden; dass ihn auch Kaiser Wilhelm öffentlich beglückwünschen zu müssen glaubte, gehörte zu den Skandalen dieses Kaisers. Hoensbroech hat als Publizist und Agitator vor allem auch Einflüsse auf die Burschenschaften gewonnen. Vorsitzende des *Reichsverbandes* waren Honoratioren: Thankmar Freiherr von Münchhausen, dann (1907-1920) Admiral Eduard von Knorr. Geschäftsführer war der uns wohl bekannte Lorenz Wahl (1900ff.). Schwerpunkte: Berlin und besonders auch Baden. Mitgliedschaft: Offiziere, höhere Verwaltungsbeamte, Universitätsprofessoren. Auch der berühmte Ernst Haeckel. Es begegnen eben viele der schon bekannten Namen. Programmatisch im Vergleich zum EB viel mehr laizistisch ausgerichtet, völkisch-nationalistisch, aber im Vergleich zum ADV sozial-konservativer, was gewiss auch mit der sozial deutlich höher angesiedelten Mitgliedschaft zu tun hatte. Im Weltkrieg verband sich schärfster Katholikenhass mit rigorosem Expansionismus. So forderte der Verband „Belgiens Eindeutschung", zu welchem Zweck die katholische und „französisierte wallonische Bevölkerung mitsamt der katholischen Geistlichkeit allmählich (in fünf bis zehn Jahren) zu enteignen und auszuweisen" sei.

rührte daher, dass sie eine konsequente Antwort auf die Frage nach dem Verhältnis von Nation, Rasse und Religion angeboten haben. Das Christentum, so der erste Teil der Antwort, war jüdischen, semitischen Ursprungs, es durfte nicht länger die Religion der arisch-germanischen Deutschen sein. Die zukünftige Religion der Deutschen, so der zweite Teil, würde im Einklang mit ihrer Rasse und mit den ewigen natürlichen Rassegesetzen stehen. Es handelt sich um fanatisierte Sekten mit größtenteils aberwitzigen religiösen Lehren, abstrusen okkultistischen Praktiken und magischen Zeichen, belächelt vielleicht, aber, wie gesagt, im *mainstream* des radikalen Nationalismus als Fleisch vom eigenen Fleisch anerkannt und von manchen radikalnationalistischen Honoratioren kräftig gefördert, mehr noch, als Ansätze zur totalen Synthese von Nation und Religion: zur deutschen Nationalreligion, akzeptiert. Und gerade in diesen Randerscheinungen wurden die Keime noch weiterer Radikalisierung bebrütet, gerade in ihnen wurden die Symbole und Mythen verdichtet, welche zur mörderischen wahnhaften Mentalität von nationalsozialistischen Eliten gehören sollten. Manche dieser rassistisch-nationalistischen religiösen Sekten haben den Nationalsozialismus überdauert, denn sie waren vor und ohne ihn entstanden, einige von ihnen existieren noch heute, neuerdings begünstigt von gegenwärtigen sektiererischen religiösen Aufbrüchen. Die historische Auseinandersetzung ist schwierig, wegen der Sektenhaftigkeit, wegen ihrer Selbstmystifikationen, wegen der Verluste von Archivalien, wegen der Unzugänglichkeit von Materialien noch bestehender religiöser Gruppierungen dieser Art. Ein Schaubild im Anhang mag eine erste Vorstellung der Vernetzungen und Ausprägungen dieser Art *Unterwelt* vermitteln.

Blicken wir auf die Zeitschrift *Ostara*, seit 1905 (und bis 1931 in 101 Nummern) herausgegeben in Wien von Jörg Lanz von Liebenfels (eigentlich: Adolf Georg Lanz, 1874-1954), einem unter dem Einfluss der *Los-von-Rom-Bewegung* 1899 davongelaufenen Mönch, gelesen unter anderem vom jungen Adolf Hitler. 1901 hatte Georg Lanz den *Ordo Novi Templi* (O.N.T.) gegründet, sich zu dessen Prior gemacht, zugleich jenen merkwürdigen Adelstitel und obendrein einen Doktortitel beigelegt. 1907 wurde die Burg Werfenstein bei Grein in Oberösterreich mit Hilfe reicher Gönner erworben, dort wurde nun auch stets eine Hakenkreuzfahne aufgezogen. Der *Orden* kannte etliche Grade. Untereinander bezeichneten sich die Mitglieder als *Fra* (Bruder) und nannten sich bei eigens angenommenen Ordensnamen[23]. Einmal im Jahr versammelten sich alle auf dem Werfenstein, wo auch die sogenannten Ordensbücher aufbewahrt wurden: *Legendarum, Evangeliarum, Visionarum.* Zwischenzeitlich traf man sich zu Gralsfeiern: in weißen Gewändern, darauf das Templerkreuz. All dies Äußerliche erscheint uns als kindische Mixtur aus katholischen Klosterregeln, Artusrunde und Anknüpfung an Legenden um den historischen Templerorden, der bekanntlich zu Beginn des 14. Jahrhunderts vernichtet wurde und dem ebenso bekanntlich ungeheurer Reichtum und Kenntnisse urältester magischer Geheimlehren seit jeher nachgesagt worden sind. Halbwegs genaue Mitgliederzahlen lassen sich nicht eruieren (seriöse Schätzungen belaufen sich auf 300 bis 400 Mitglieder). Aber wir kennen die Namen etlicher prominenter Mitglieder, darunter Wiener Industrielle, Professoren, hochrangige Beamte und Offiziere Österreichs, aus dem deutschen und sonstigen Ausland (vielleicht August Strindberg, eher unwahrscheinlich, aber von Insidern genannt: Karl Kraus, Carl Peters, Lord Kitchener, Erzherzog Franz Ferdinand).

Was zog sie in diesen *Neutemplerorden?* Was lehrte Lanz von Liebenfels?

1905 ist Lanz' Hauptwerk erschienen, die *Theozoologie.* Ab 1905 auch erschienen (bis 1913) etwa siebzig Hefte der Zeitschrift *Ostara,* in deren Einführung er schrieb, es gehe darum

> „arische Artung und arisches Herrenrecht als Ergebnisse der Rassenkunde tatsächlich in Anwendung zu bringen, um die sozialistischen und feministischen Umstürzler wissenschaftlich zu bekämpfen und die arische Edelrasse durch Reinzucht vor dem Untergang zu bewahren".

Hinter diesen Worten verbarg sich ein regelrechter *Blutmystizismus.* Lanz zufolge stammen die Arier (*Asigen*) direkt von den Göttern ab. Diese *Blondblauen* allein trügen als *Erberinnerung* das *Götterelektron* im Blut. Ihnen gegenüber sah er die dunklen, götter- und deshalb wertlosen Mischlingsrassen der *Tschandalen, Sodomsschratten, Äfflinge, Tiermenschen,* welch letzterer Typus besonders im Juden manifestiert wäre, indessen das Wesen der *Tschandalen* (Gesindel) vor allem in den sozialistischen und feministischen Umsturzbewegungen zur Geltung käme. „Die Rasse ist Gott, der Gott ist gereinigte Rasse". *Ariosophie* nannte Lanz diese rassistische Theologie. Und weiter: „Die blonde heroische Rasse ist der Götter

---

23 Zum Beispiel: Fra Meinrad, Mont ad Werfenstein, i.e. Dr. jur. Karl Veit Reichsfreiherr von Seckendorff-Gudent.

Meisterwerk, die Dunkelrassen sind der Dämonen Pfuschwerk". Und schließlich:

> „Die Rasse muss entscheiden und muss Brücken schlagen über die politischen Grenzpfähle (zum Beispiel durch Vereinigung Deutsch-Österreichs mit dem Reich). Wo dies nicht möglich ist, da müssen wir entschlossen zur Umsiedlung ganzer Völker schreiten... So werden wir zum Beispiel die ganze tschechische Nation mit Kind und Kegel aus Böhmen und Mähren nach dem ausgemordeten Russland (*Ostara*, Nr. 12: Bezug auf die Revolution von 1905) umsiedeln können".

Daneben wurden Kastration und Sterilisation, Versklavung, Liquidierung als Mittel zum Zweck erwähnt. Im Übrigen rechtfertigte er die ewige Notwendigkeit, auch die blondblaue Frau zu unterdrücken: „Das Weib besitzt eine Vorliebe für den Mann niederer Artung".

Ließ sich das noch überbieten? Leider ja. Dafür haben Guido von List (1848-1919) und die von Lanz von Liebenfels angeregte, 1905 dann gegründete *Guido-von-List-Gesellschaft* gesorgt. List stammte aus einer Wiener Kaufmannsfamilie, war selbst im Handel erfolgreich, bevor er sich aus den Geschäften zurückgezogen und als dilettierender Privatgelehrter sowie als Verfasser von germanisch-pseudohistorischen Dramen und Erzählungen, aber auch als Mitglied in Schönerers *Alldeutscher Bewegung* hervorgetan hat. 1903 trat er als Förderer (*Familiar*) dem *Ordo Novi Templi* nahe, eben genesen von sehr schwerer Krankheit. Seitdem ging er ganz in ariosophen blutmythologischen Forschungen auf den von Lanz gewiesenen Wegen: Seine zahlreichen Schriften wurden von der *Guido-von-List-Gesellschaft* zum Druck befördert und nationsweit verbreitet. Sie waren auch darum viel bekannter als die des Lanz von Liebenfels. List hat mit der eben erwähnten Erfindung des Lanz voll ernst gemacht: mit der angeblichen *Erberinnerung* der mit dem *Götterelektron* begabten *Blondblauen*: Seine Werke schrieb er nämlich „ähnlich einem psychologischen Medium in einem Zuge, ohne Benutzung von Nachschlagewerken. Die Bücher schlug er erst später nach, um zu vergleichen, ob seine Erfindungen nicht schon von anderen aufgezeichnet worden wären", und zwar von anderen götterelektronischen Blondblauen mit derselben Erinnerung. Ein tolles Verfahren, zu so grundlegenden Werken wie *Geheimnis der Runen* (1905) und *Religion der Ariogermanen* (1908) voranzukommen! Und doch gab es viele Leute, die an die religiöse wie geschichtliche Wahrhaftigkeit der Findungen des Guido von List fest geglaubt haben. Mehr als das, sie gaben ihren honorigen Namen, ihre Beziehungen, ihr Geld. 1916 hatte die *Gesellschaft* 19 Stifter, 15 Ehrenmitglieder, 10 korrespondierende und 212 ordentliche Mitglieder. Darunter die Wiener Großindustriellen Wannieck, Wiens berühmter sozialkatholischer judenfeindlicher Bürgermeister (1887-1910) Karl Lueger, vielleicht Ernst von Wolzogen, Bruder des bekannten *Bayreuthers*, ein österreichischer Feldmarschall, die Schriftsteller Ernst Wachler und Karl Heise, der antisemitische Lexikograph Philipp Stauff.

Nach List also gibt es ein Urwissen, welches in grauer Vorzeit von den Esoterikern der Ario-Germanen im Wotanskult als der einzig wahren germanischen Religion bewahrt worden war. Dann musste das Urwissen unter der Herrschaft des jüdischen und jesuitischen Christentums versteckt werden: zum Beispiel in den Ornamenten von Profan- und Kirchenbauten und so fort. In dergleichen sah von List Variationen der *Urrune* des *Urwissens*, und diese Urrune war nach List eben das Hakenkreuz. Ihre Bedeutung und damit das Urwissen um die Göttlichkeit der Blondblauen enthüllte sich nach List einer *Armanenschaft*: einem Geheimbund der *Erberinnernden aus dem Blute*, und diese Armanenschaft war verpflichtet, alle *Echtblütigen* zur Vernichtung der Tschandalen und Mischlingsrassen zu führen, sie so zu retten. „Gottesvertiefung, Staatsgestaltung, Rechtswaltung und Geschlechtersinn sind die Heilmittel wider die Nöte der Zeit". Daraus erwuchs die Utopie einer rassisch erneuerten völkischen Gemeinschaft: Der völkische Staat der Echtblütigen musste ganz auf dem Geschlechtersinn der Sippen beruhen. Strengste Ehegesetze sollten Vermischung guten und schlechten Bluts verhindern, Reinzucht garantieren; der Staat selbst würde ein Ordensbund der echtblütigen Männer sein, ein Staat mit einem priesterlichen Haupt, wie ja auch nur den Männern bürgerliche Rechte zustanden. Jenes Oberhaupt war im Zauber eigener Weihehandlungen, so im *Sommer-Sonnwend-Feuerzauber*, zu finden. Heinrich Himmler, der Blut-und-Boden-Ideologe der SS, Walther Darré, beide aus dem *Artamanenbund*, zum Beispiel sind dann in den zwanziger Jahren begeisterte Leser von Werken Guido von Lists geworden und haben etliche seiner wahnhaften Ideen in den Orden der SS zu übersetzen versucht. Himmler zumal wurde obendrein zu einem Anhänger der im Kreise Lists gepflegten *okkultistischen* völkischen Praktiken.

Im Deutschen Reich fanden sich ähnliche Strömungen, es gab etliche dichte Kontakte – so besonders zum *Germanenorden*, der geheimen Filiale des 1912 von Theodor Fritsch gegründeten *Reichshammerbundes*, der wiederum enge Beziehungen zu Angehörigen des *Alldeutschen Verbandes* hielt. Fritsch (1853- Sept. 1933) gehört mit Sicherheit zu den dauerhaft wirkungsvollsten radikal-nationalistischen Antisemiten Deutschlands – was an der Karriere seines immer wieder aufgelegten Antisemitenkatechismus zwischen 1887 und 1945 sehr leicht zu sehen ist. Außerdem sorgte er an vorderster Front für die Verknüpfung von Radikalnationalismus und Antisemitismus mit der gerade um 1900 aufkommenden *Lebensreformbewegung*[24]. Vorform des *Germanenordens* waren die seit 1901 entstehenden *Hammergemeinden*, 1908 in der *Deutschen Erneuerungsgemeinde* zusammengefasst. Über den *Germanenorden* wissen wir bisher nur sehr wenig. Er sollte wohl nicht nur mit der Frage einer neuen Nationalreligion befasst sein und die Mitglieder mit den Schriften des Lanz von Liebenfels, Guido von Lists und verwandter Geister vertraut machen, sondern auch als *Heilige Vehme* (*Hammer*, 15. November 1912) zur Liquidierung von sozialistischen und rassistischen Volksschädlingen fungieren. Für die Aufnahme galt satzungsgemäß:

> „Arische Geburt ist die Grundvoraussetzung der Zugehörigkeit zum Orden. Aufgenommen kann daher nur werden, wer an Eidesstatt versichert, dass er deutscher oder sonstiger germanischer Abkunft und seines besten Wissens insbesondere von jüdischem und farbigem Bluteinschlag frei ist, auch seine Nachkommen aus gleichem reinen Geblüte hat oder haben wird und sie, soweit es in seiner Macht steht, darin erhalten will".

Im Weltkrieg zerfiel der *Germanenorden* wohl in zwei Richtungen. Aus dem Münchener Zweig ist 1916 die *Thulegesellschaft* entstanden, die 1918/19 wiederum an der Gründung der DAP, seit 1920 NSDAP genannt, beteiligt sein sollte. Indessen waren an den Rändern des *Germanenordens* zwischen 1911 und 1914 schon zwei weitere neuheidnische religiöse Gemeinschaften entstanden – die *Germanische Glaubensgemeinschaft* Otto Schwaners und Ludwig Fahrenkrogs und andererseits Otto S. Reuters *Deutschreligiöse Gemeinschaft*, wobei erstere mehr an der Wiederherstellung altgermanischer Religion im jetzt anbrechenden „altger-

---

24 Nämlich mit der von Willibald Hentschel und seinem *Mittgart-Bund zur Erneuerung der germanischen Rasse* entwickelten Variante: Vegetarismus, Abstinenzlertum, Freikörperkultur, Landkommunen und so fort wurden propagiert und teils auch schon praktiziert. Ariersiedlungen sollten entstehen: Je hundert *Ario-Heroiker* und tausend *Nordinnen*, um zusammen „eine neue völkische Oberschicht" zu produzieren. Vorformen dazu existierten in der sogenannten *Heimland-Bewegung*. Zeichen des *Mittgart* war übrigens das später von der SS monopolisierte Symbol: die *Siegrune*.

manischen Frühling" (Ernst Wachler: Über die Zukunft des deutschen Glaubens, 1906) und kultischer Praxis, letztere mehr an den ariosophischen (Er-)Findungen des Guido von List orientiert war. Reuter bezeichnete die Idee des Siegfried als die „urspünglichste und höchste Bewegung unserer (deutsch-germanischen - d. Verf.) Seele. Und das heißt: er ist Gott selbst". Im Übrigen mussten seine Gläubigen regelmäßig die isländische Edda lesen, einen Sippenwart akzeptieren – und eine antichristliche *deutsche Weihnacht* feiern, was dann im Dritten Reich größere Verbreitung gefunden hat. Aber genug davon.

Völkische Literatur

Was seit 1933 als nationalsozialistische Literatur gegolten hat bzw. in der Forschung gilt, das ist, wie Klaus Vondung gezeigt hat, schon in der Weimarer Republik etabliert gewesen – und dies in einem breiten, den Nationalsozialismus einschließenden kulturellen Horizont. Ein guter Teil dieser dann von der nationalsozialistischen Kulturpolitik beanspruchten Klassiker war aber schon im Kaiserreich erstmals verlegt worden. Klaus Vondung hat die soziale Herkunft dieser nationalistischen Autoren geklärt: Sie kamen zumeist aus bildungsbürgerlichen Familien und ihre Themen und Ressentiments spiegelten die Orientierung und Frustration des am Ende des 19. Jahrhunderts in Auflösung und relativen sozialen Abstieg begriffenen Bildungsbürgertums. Bei ihnen führten gesteigerte soziale Identitätsprobleme, aber eben auch kollektive Berufsängste im Alltag zu einer Radikalisierung des älteren *Kulturpessimismus* der Bismarckzeit, über den zu Beginn dieses Vorlesungsteils kurz gesprochen wurde. Diese bildungsbürgerliche Herkunft schlug sich bei den völkischen Literaten wie bei den völkischen politischen Publizisten, Mystikern und Pseudowissenschaftlern in einem ganz merkwürdigem Selbsttäuschungs- und Täuschungsprodukt nieder: Sie behaupteten, obgleich sie großenteils materialistisch, nämlich biologistisch argumentierten, in den Kontinuitäten des deutschen Idealismus und des idealen Deutschtums zu denken und zu schriftstellern. Bloß wurde jetzt Idealismus, die Bestimmtheit durch immaterielle Werte und Orientierungen, als Konsequenz biologischer Anlagen aufgefasst.

Also spreche ich über einige in der NS-Zeit so genannte völkische Autoren. Ich glaube, man kann und muss mit Felix Dahn beginnen, obwohl sein ‚Hit‘: der „Kampf um Rom", welcher die Kämpfe um das (italienische) Ostgotenreich bis zu dessen Untergang Mitte des 6. Jahrhunderts schildern sollte, zuerst 1876 erschienen ist. Hitler sagte einmal (in der Wolfsschanze, August 1942): „Es gibt

nicht einen Professor, der etwas Schöpferisches geleistet hätte. Halt, einen ausgenommen – den Felix Dahn, aber der war keiner". Weil er als Schöpfer nach
Hitlers Auffassung eben kein unschöpferischer Professor sein konnte. War der
studierte Rechtshistoriker aber doch einer – in Würzburg von 1863 bis 1872,
danach in Königsberg, Breslau! Dieses Ansehen geht lange zurück, noch vor
seinem Tod (1834-1912) stand er auf den Listen empfohlener Bücher des
„Deutschbundes" wie des „Germanenordens". Gewissermaßen bot Dahn
eine ,völkische' Germanenwelt, die nicht unähnlich den Schöpfungen Richard
Wagners von späteren *Germanomanen* als bare Realität genommen worden ist.
Der Roman: *Ein Kampf um Rom* lebte von der Entgegensetzung von Romanis-
mus und Germanismus (konkret: von Italiern und Ostgoten im sechsten Jahrhundert), wobei letzteres von sich aus den Sieg oder doch die Ehre im Untergang bedeutet, sofern der Germane nur an seinem Germanentum festhält: Helden aus wurzelfestem bäuerlichen Grund, unverbildet, treu, tapfer, sitten- und
sippenrein. Oder auch Sturköpfe, die wegen ihrer Selbstüberschätzung und unterlegenen Kriegsführung am Ende ehrenhalber mit Kind und Kegel in den Vesuv springen sollen, im letzten Moment aber in ihren Resten von Nord-
männern in eine bessere Welt gerettet werden.

Ich kann „es ertragen zu leben, nachdem ich mein Volk gestorben sehe. Ich
lebe der Menschheit: sie ist mein Volk", lässt Dahn einen jungen Römer-Italier
dem gotischen Freund Totila, der noch zum vorletzten König des bedrängten
Volkes aufsteigen wird, sagen. Der aber erwidert: „Das könnt' ich nimmer-
mehr. In meinem Volk allein kann und will ich leben". Was andere Goten an
vielen anderen Stellen verdichten – so durch Betonung der alle sozialen Schichten klammernden Volksgemeinschaftlichkeit, so durch Überhöhung „jenes
geheimnisvollen Kleinods, das in Sprache und Sitte eines Volkes liegt wie ein
Wunderborn", so durch Berühmung des „Drangs, der unaustilgbar in unserem
Blute liegt, der tiefe Drang zum Volk … zu denen, die sprechen, fühlen, leben
wie ich". Dabei kennt Dahn in völligem Gegensatz zu zu solchem sozusagen
gesunden totalen Volksbewusstsein einen wahnhaften, ins Teuflische verfüh-
renden Nationalismus: nämlich den des finsteren Cethegus, Verschwörer gegen
die Herrschaft der Goten schon vor dem Tod Theoderichs (526) wie auch gegen die Italien erobernden Oströmer Kaiser Justinians bis in die letzten Kämpfe beim Vesuv (552). Angesichts des eigenen Todes muss sich dieser „letzte
Römer" gestehen: „Alles kann der gewaltige Geist des einzelnen ersetzen, nur

nicht ein fehlendes Volk." Die ‚Italier' seiner Zeit sind schon längst nicht mehr ‚Volk', Italien kann nicht wieder frei werden.

Dahn blieb zeitlebens Nationalliberaler und Feind des katholischen Romanentums wie des romanischen *welschen* Katholizismus. In seinem Lebensabend hat er sich dann noch auf die andere Säule völkischen Denkens, die Judenfeindschaft, gestellt, indessen sein *Kampf um Rom* eher an Scotts *Ivanhoe* erinnernde sympathische Bilder eines jüdischen Vaters und seiner schönen Tochter geboten hatte. Germanenromane, dazu Romane über eine noch germanische urtümliche Welt des frühen Hochmittelalters und weiteren Mittelalters, wie im Werk Ludwig Ganghofers, das ist die eine thematische Linie.

Die andere Linie in der Zeit vor 1914, das ist die der ‚Heimatromane'. Sie war quantitativ noch viel umfangreicher, sie erreichte wie der durchaus noch in ihren Traditionen liegende ‚Heimatfilm' der 1950er Jahre auch ein viel breiteres, größeres Publikum! Aber diese Linie war natürlich motivisch mit der anderen des historischen Germanen- und Deutschtumsromans verknüpft. Beide bedeuteten Flucht aus der Gegenwart, Flucht vor der Moderne, der Industrialisierung, der Großstadt, den komplizierten Sozial- und Politikverhältnissen der Gegenwart in eine heile, heldische, eindeutige Welt der Bauern und Handwerker und des individuellen Kämpfertums – sei es im Abseits der eigenen Zeit, sei es in irgendeiner Vorzeit. Projektionen hier wie dort, hier wie dort ein gegengeschichtlicher Mythos! Diese beiden Projektionsebenen waren dann auch inhaltlich fest ineinander verwoben, die eine Richtung handelt sozusagen von den Ahnen, die andere von den *Ahnenerben*, Vergangenheit und Gegenwart wurden in der Abstammung, in der Gemeinschaft des Blutes eins. Das war ein mächtiger, sehr weit über das eigentlich völkische Lager hinaus wirkender literarischer Mythos in der modernen, nahezu gesamtgesellschaftlichen deutschen Identitätskrise der Jahrhundertwende. Zurück zu den Wurzeln, also zurück aufs Land, „aus grauer Städte Mauern" in den „Wandervogel", in Landkommunen, all das.

Die Namen: Rosegger und Hermann Löns, Ernst Wachler und Hermann Burte, Hermann Popert und Guido Kolbenheyer, Friedrich Lienhard oder Arthur Dinter (1918 mit seiner „Sünde wider das Blut"), Gustav Frenssen oder Walter Flex (mit dem wiedergewonnenen Heldentum des Ersten Weltkriegs) und Gorch Fock, solche und weitere Autoren, von denen einige ja im Dritten Reich noch manche Ehrung erlangen würden. Nehmen wir einmal Hermann Burtes „Wiltfeber, der ewige Deutsche" (1912): Der Held dieses Romans lehnte natürlich die bürgerlichen Werte seiner Zeit ab und er begann eine Suche nach den echten, im Keim ursprünglichen, deshalb wieder zu erweckenden Deutschen. Und die waren, wiederum natürlich, vor allem im bodenverwurzelten Bauerntum zu finden. Der Held wusste auch, dass das Christentum durch die Degeneration der Moderne endlich widerlegt ist: das jüdische muss durch ein germanisches Christentum ersetzt werden. Durchgehend wurden altgermanische Symbole behandelt. Schließlich erlebten Held und Anhänger ihre *Götterdämmerung* oder wie Teja mit den Goten eine andere Art Vesuv: heroisch im Untergang auf einem Felsen, Zeugen gegen das Dahinleben der Masse, *sauber* der Tod durch Blitz. Nehmen wir, zweitens, Poperts „Helmut Harringa" (1910), einer der meistgekauften Romane dieser Zeit überhaupt. Harringa hat alle äußerlichen Attribute des richtigen germanischen Deutschen, von ‚B' in diesem Falle wie ‚blonde Haare' bis hin zu ‚Z' wie ‚Zielstrebigkeit'. Natürlich ist er auch ein moralisch reiner junger Mann mit Blick für Menschen gleicher Rasse und Klasse. Als junger (Mit-) Richter plädiert er erfolgreich gegen die Beweise in einem Betrugsfall: „Nun, den Wingerson, den kenne ich auch. Nicht ihn persönlich, aber sein (friesisches) Volkstum". Das ist ein Argument! So seiner eigenen Artreinheit versichert und nach Beobachtung furchtbarer Folgen biologischer Fehltritte und Entgleisungen wird er zum fanatischen Rassehygieniker, ein „Idealist der Tat": immerhin stirbt der durch Saufen und außereheliche Vergnügen verseuchte Bruder zur Ehre und Reinheit der Familie und deshalb selbst wieder ehrenvoll noch von eigener Hand. Helmut Harringa macht's aber viel besser, auch wenn die verhüllenden Kleidermoden der Zeit die ‚Zuchtwahl' leider erschweren. „Es ist ein Roman (!) gewesen, was nun begonnen hat zwischen Helmut Harringa und Helga Ingwersen ... Zwei geradlinige norddeutsche Menschen haben sich gefunden. Die zusammen gehörten. Deren Seelen und Leiber sich gesucht seit dem Anfang des Seins. Die nun, zusammengeführt von allen guten Mächten ihrer Heimat, sich nicht mehr gelassen haben". Das Problem war, dass Popert als ‚Halbjude' entdeckt wurde, und dann verwarfen die Völkischen sein nur rassenhygienisches Konzept als jüdischen Trick, mit dem vom äußeren Rassenkampf abgelenkt werden sollte. Deshalb wurde er von der deutschen Jugendbewegung, deren Sauberkeitssehnsucht er einst genau auf den Punkt gebracht hatte, völlig ausgegrenzt. Und nehmen wir schließlich noch Dinters „Sünde wider das Blut" (1918), das angeblich in mehreren hunderttausend Exemplaren abgesetzt worden ist. Dinter ist später zum NSDAP-Führer in Thüringen auf- oder abgestiegen, wie man's nimmt, ist dann wegen seiner sagenhaften religiösen Anschauungen mit Hitler aneinander geraten und 1928 aus der Partei ausgetreten worden. In dieser ersten „Sünde", er hat noch andere verfasst, geht es um das beliebte Schmuddelthema: Ein reicher Jude schändet das rassereine deutsch-germanische Mädchen. Sie verlässt ihn, heiratet einen Arier – allein, ihre Kinder gleichen allesamt dem jüdischen Typ, i.e. Stereotyp. Dazu erklärte Dinter die Rassenfrage zu einer metaphysischen Frage: „Die Menschenrassen sind nichts anderes als die irdischen Erscheinungsformen höherer und niederer Geistertypen. Da der Geist sich seine Verkörperung zu ganz bestimmten Zwecken selber wählt, ist er also selber für die Rasse verantwortlich, und das Geschwätz, der Mensch könne für seine Rasse doch nichts dafür, hat eben so kurze und krumme Beine wie die Menschensorte, die alle Ursache hat, mit diesem Getöne Gimpel zu fangen". Thema von Dinters nächstem Roman war dann die praktische sexuell-soziale Konsequenz dieser Anschauung („Die Sünde wider den Geist", 1922): „Die Rassengleichheit ist die unerlässliche Voraussetzung für seelische Übereinstimmung, welche die Grundlage jeden Eheglücks ist", freilich nur Voraussetzung, nicht Garantie, wie die Protagonisten erleben, „da die Geistertypen, die sich in ein und derselben Rasse verkörpern, wiederum sehr verschiedenen Stufen angehören können". Dinter gelang es, mit den Geistern auch direkt in Kontakt zu treten – vermittels okkultistischer Methoden, die er schon in der Vorkriegszeit praktiziert hatte.

Und nun noch aufs saubere, ersehnte Land der stadtfeindlichen Städter. Also zum besonderen Beispiel Hermann Löns (geb. 1866, als Kriegsfreiwilliger im September 1914 gefallen), dereinst von Nationalsozialisten wenigstens so arg beansprucht wie Felix Dahn. Löns' „Wehrwolf" (1910) handelt im und nach dem Dreißigjährigen Krieg, handelt von Bauern, die Raub und Lynchmord als gutes Recht gegen die immer wieder durch die Lüneburger Heide ziehenden plündernden, quälenden, vergewaltigenden, brennenden und tötenden Söldner aller Parteien, der Marodeure und anderswo Geflohenen betreiben, jenseits der dünnen Tünche zivilisierter Menschlichkeit in stolzer Grausamkeit und gelassener Blutrunst. Dabei spielte die Nationalität der Abzuwehrenden keine Rolle. Deutsche oder nichtdeutsche Angreifer: das ist den ins Moor zurückgezogenen Bauern egal. Mit den „Tatern": Zigeunern, gehen sie ausgenommen gnadenlos um, weil die als Spione und Antreiber der beutesuchenden Soldaten und entwurzelten Banden gelten. Nur selten erwähnt, sind Juden nicht Teil dieser Welt wehrhaften Bauerntums, berühren sie nur punktuell am Rande, zum Beispiel als Altkleiderkäufer. Auf den Rest der Gesellschaft sehen die Bauern herab: „Ich bin der Baum und ihr seid die Blätter, ich bin die Quelle und ihr seid die Flut, ich bin das Feuer und ihr seid der Schein". So wenigstens könnte das Land sein, gäbe es nur den „Wehrwolf" oder eben jetzt in der wilhelminischen Moderne die richtigen nationalbewussten Abgeordneten im Reichstag. Im Grunde beschreibt Löns den totalen Zusammenbruch von Staatlichkeit, Recht und Gesetz, nackter Existenzsicherheit: und eben die Reaktion darauf, nämlich den Rückzug in eine gleichsam tribalistische bäuerliche Selbstverteidigungsgemeinschaft. Die ist moralisch nur ihren natürlichen Angehörigen verpflichtet, dies aber absolut, bis zur Selbstopferung. Jedoch wurde der Roman ja nicht als historischer Roman zu purem Lesevergnügen geschrieben, sondern in die wilhelminische Gesellschaft hinein als Baustein nationaler Selbtvergewisserung. Löns hat einmal erklärt: „Ich bin Teutone hoch vier". Vermutlich lag der Romantitel der Namensgebung für die im Winter 1944/45 angegangene Partisanenorganisation des untergehenden NS-Regimes *Werwolf* zugrunde.

Das Thema des jüdischen Bauernschinders fand sich besonders ausgeritten etwa bei Wilhelm von Polenz in „Der Büttnerbauer" (1895): Verschuldung beim Juden, der verkauft an den Industriellen, der baut eine Fabrik aufs Land, der Bauer erhängt sich: Dabei gelingt es ihm, „die Scholle, der sein Leben gegolten, der er Leib und Seele verschrieben hatte", anzustarren.

Unter solchen Umständen musste man auf die Zukunft hoffen. Löns konzipierte etwa zur Zeit des „Wehrwolfs" einen Roman mit dem Titel „Antichrist", woraus dann allerdings nichts mehr wurde. Glücklicherweise, wenn man liest: „Der Held ist ein Mann, der seines Volkes, seiner Blutsbrüder wegen nichts scheut: nicht Lüge, nicht Leiche, nicht Heuchelei, nicht Meuchelei, ein mitleidloser Bauer im Lack und Frack, ein Künstler, dessen Werk die Vorherrschaft des Blondblutes ist, vom Anfang bis Niedergang, ein Wiking in Bügelfalten, ein Bluthandmann in Glacés". Veröffentlicht wurden aber Zukunftsromane, in denen rassistische Bauerntümelei und Lebensraumexpansionismus konsequent zusammengeschlossen wurden, in denen die Reagrarisierung der deutschen Gesellschaft, das „Heim zur Scholle" (Maximilian Böttcher), durch die Eroberung von bäuerlichem Siedlungsraum thematisiert wurde. So bei Adolf Bartels und seinem Mitstreiter Friedrich Lienhard („Die Dithmarscher", 1898; „Heimatblätter für Literatur und Volkstum"). Bartels („Rassezucht", 1908): „Vielleicht stellt uns das Schicksal sehr bald vor eine große Aufgabe, vielleicht kracht der russische Koloss, revolutionszersetzt, einmal wirklich zusammen, und uns fällt die Aufgabe zu, Krieger und Kolonisten, wie schon einmal im Mittelalter, nach Osten zu senden..." Oder in Hanns Ludwig Roseggers Zukunftserzählung „Der

Golfstrom" (1913): „Unser Volk wurde wieder enthaltsam, stark, bescheiden arbeitsfreudig, es gesundete", so der Rückblick aus der Zukunft.

Jenseits solcher Belletristik mit großem Publikum und von gar nicht zu überschätzender ideologischer Tiefenwirkung erstreckte sich ein zweites, genauso weites Feld deutscher radikalnationalistischer Schriftstellerei – das Feld pseudowissenschaftlicher Sachliteratur. In diesem Feld stecken auch Machwerke, die wesentlich seriöser daherkamen, meist besser geschrieben waren und so ihren Weg in die Bücherschränke honoriger Bildungsbürger und bis hinauf in die höchsten Kreise des Reichs gefunden haben. Heinrich Claß, dann Vorsitzender des Alldeutschen Verbandes, zum Beispiel hat 1908 unter dem Pseudonym *Einhard* solch ein Buch über *Deutsche Geschichte* veröffentlicht. Den allergrößten Erfolg vor dem Ersten Weltkrieg hatte allerdings das Geschreibsel eines drittklassigen Malers, das 1890 zuerst herausgekommen war und dann an die fünfzig Auflagen (!) erlebte: *Rembrandt als Erzieher* von Julius Langbehn, der danach, weil das Buch ohne Verfasserangabe erschienen ist, landauf-landab als der *Rembrandt-Deutsche* bekannt wurde. Rembrandt als Erzieher der Deutschen? Wie denn das? Ganz einfach: Langbehn stellte den niederländischen Meister des 17. Jahrhunderts als Idealtypus der niederdeutschen Volksmenschen vor, das Niederdeutsche aber als notwendiges Modell für die gesamte deutsche Nation. Das Elaborat strotzt nur so von willkürlichen Behauptungen über solche postulierten Zusammenhänge, und auf solchen absurden Grundlagen wiederum hat Langbehn einen Flickenteppich von Behauptungen über eine kommende, wahrhaft völkische, also dem deutschen Wesen allein entsprechende Reorganisation der Gesellschaft wie des Staates zusammengestückelt. Auf das Bauerntum sollte sich das nationale Leben wieder gründen, alte Aristokratie, Bildungsadel bis hinab zu den männlichen Familienoberhäuptern müssten wieder zu Ordnungsprinzipien einer ständischen Gesellschaft werden, das Jüdische wäre als das Antideutsche schlechthin aus dem Volkskörper und Volksgeist auszuscheiden und so weiter und so fort. Das Ganze war obendrein in einem entsetzlich schwammigen Stil und mit bewusster Nichtachtung grammatischer Regeln geschrieben: das sollte wohl archaische Originalität suggerieren, so jedenfalls kam die Botschaft über Abertausende von Exemplaren wohl bei Millionen und gerade sehr, sehr vielen jugendlichen Lesern an. Hingegen erreichte Houston Stewart Chamberlains: Die *Grundlagen des 19. Jahrhunderts*, erschienen in zwei Bänden 1899/1901, zunächst nur Zehntausende von Lesern, dafür aber ganz oben, in den gesellschaftlichen Eliten. Die *Grundlagen des 19. Jahrhunderts* boten vor allem eine Deutung antiker und mittelalterlicher Universalgeschichte, drangen nur über die Behandlung von ein paar großen Geistern an das 19. Jahrhundert heran, aber das genügte ja auch, um Chamberlains Auffassung des geschichtlichen Prozesses darzutun: Geschichte, getrieben vom Gegensatz zwischen Ariern und Semiten, Germanen und Juden, Deutschen als bester arischer Rassemischung gegen das niedrigste Semitentum, gegen die Juden. Jetzt stand nach Chamberlain der Schlussakt dieses welthistorischen Kampfes bevor, er musste, so der Wahldeutsche, blutig geschlossen werden. Nebenher empfahl er den Deutschen völkische Aufzuchtmethoden, die sich schon in der Veredelung von Pferden bewährt hätten, oder er erläuterte des längeren, dass Jesus unmöglich ein Jude gewesen sein könnte, weil die Juden eben einen so edlen Menschen niemals hervorbringen könnten.

Chamberlains Erfolg hatte sicher auch damit zu tun, dass er mit einer Tochter Richard Wagners verheiratet war, also zum sogenannten *Bayreuther Kreis* um die Witwe Wagners, Cosima, gehörte. Ich habe meine Ansichten zum alten Streit um die Rolle Wagners und seines Werks in einem Aufsatz dargelegt[25], so dass ich mich hier damit begnügen kann, zweierlei zu sagen: Erstens waren die Angehörigen des *Bayreuther Kreises* und dessen Organ, die *Bayreuther Blätter*, entschiedene Propagandisten rassistischer Weltanschauung und insbesondere des Antisemitismus, dazu genauso entschiedene Gegner von Sozialismus und Katholizismus, Parteien und Parlamenten, Demokratisierung. Zweitens wurden in den 1890er Jahren Wagners Werke und die zuvor nicht besonders erfolgreichen *Bayreuther Festspiele* von den neuen deutschen Radikalnationalisten als höchstrangiger künstlerischer Ausdruck und erhebende Manifestation der germanisch-deutschen Seele entdeckt, und so wurden Bayreuth und die Festspiele zum gesellschaftlichen Höhepunkt des Jahreslaufs der völkisch Gesinnten.

Kurz nach der Jahrhundertwende hörte Adolf Hitler in Linz zuerst Aufführungen von Werken Wagners. Er würde einmal über fast zwei Jahrzehnte der prominenteste Gast der Festspiele sein. Er würde versuchen, sein Leben dem des bewunderten Meisters nachzubilden.

---

25 Wagner, der „Bayreuther Kreis" und die Entwicklung des völkischen Denkens, in: Wolfgang Altgeld (Hg.): Liegengebliebenes, Abgelegenes. Zur Geschichte des 19. und 20. Jahrhunderts, Bonn 2014 (zuerst 1984), S. 85-112.

2. Großbritannien

Radikaler Nationalismus war, wie ich das ja schon betont habe, auch ein massives Phänomen der britischen Innenpolitik vor dem Ersten Weltkrieg. In etlichen Grundzügen ähnelte er durchaus dem ausführlich besprochenen deutschen Fall. Und solche Ähnlichkeit drängt sich insbesondere dann auf, wenn man die beiden Fälle in den Perspektiven abstrakter Begriffe miteinander vergleicht. *Militarismus* zum Beispiel kennzeichnete den radikalen Nationalismus hüben wie drüben. Dennoch eignete dem britischen radikalen Nationalismus um 1900 ein eigener, ein anderer Charakter. Um dies vorweg klar zu sagen: Die Radikalität der britischen Radikalnationalisten blieb doch bei weitem hinter der der reichsdeutschen und deutschösterreichischen radikalen Nationalisten zurück. Zu solchen Perversionen, wie ich sie am deutschen Fall schildern musste, verstieg sich kaum ein britischer radikaler Nationalist und keiner der politischen und publizistischen Wortführer. Vor allem aber hat sich in Großbritannien der radikale Nationalismus anders als im deutschen Raum nicht zu einem geschlossenen gesellschaftlichen und kulturellen Subsystem ausbilden und verfestigen können – zu einem solchen Subsystem, in dem Zeitschrift und Buch, die Kunst, der Berufsverband, der politische Verein und dabei ein System von Symbolen immer die *eine* Botschaft vermittelt haben. Und eben auch deshalb ist in Großbritannien der radikale Nationalismus nach dem Weltkrieg als massives soziales und politisches Phänomen verschwunden, also *nicht* nur deshalb, weil das Land diesen Krieg am Ende siegreich bestanden hat und radikaler Nationalismus sich sozusagen im Triumph dieses Sieges erschöpft hätte. Sir Oswald Mosleys faschistische *Schwarzhemden* konnten, als sie kurz nach 1930 auftraten, anders als die Deutschnationalen und die Nationalsozialisten oder auch die italienischen Faschisten also nicht an ungebrochene eigene, *britische* ideologisch-programmatische und organisatorische Kontinuitäten des radikalen Nationalismus vor dem Ersten Weltkrieg anknüpfen. Die im Oktober 1932 entstandenen *Schwarzhemden* wurden in der weiteren britischen Öffentlichkeit der 1930er Jahre folglich als bloße Ableger des italienischen Vorbilds empfunden. Und deshalb wiederum konnte dieser britische Faschismus des Sir Oswald Mosley: Sohn eines Baronets, einst gerade wegen der Untaten der *Black and Tans* in Irland aus den Reihen der Konservativen geschieden, dann vor 1930 *der* junge Star der sozialistischen Labour- bzw. Independent Labour-Party, keinen bedeutsamen Masseneinfluss und vor allem auch keine nennenswerten Verbündeten in den konservativen politischen Eliten des Landes gewinnen. Offensichtlich hatte der britische politische Körper die radikalnationalistische Infektion in der Katastrophe des Ersten Weltkriegs überwunden.

Betrachten wir nun zuerst die wesentlichen weltanschaulichen Grundüberlegungen radikaler britischer Nationalisten vor 1914. In oberflächlicher Betrachtung scheinen, wie gesagt, sie denen der deutschen Radikalnationalisten sehr zu ähneln. Das bekannte Muster begegnet wieder: *Sozialdarwinismus* als Deutungsmodell des geschichtlichen Prozesses und der aktuellen internationalen Politik, *Imperialismus* als logische Konsequenz der sozialdarwinistischen Weltanschauung und konkrete ideologische Untermauerung britischer Herrschaft und Vorherrschaft im weltumspannenden Empire, *Militarismus* als nationales Umgestaltungsprinzip und das Vokabular um das Zauberwort *Rasse*.

Es muss jetzt darauf ankommen, dieses oberflächliche weltanschauliche Muster zu differenzieren und zu spezifizieren. Und eine erste Differenzierung ergibt sich schon im einfachen ideologiegeschichtlichen Zugriff. Einerseits erscheint der *Sozialdarwinismus* bei den britischen radikalen Nationalisten im Vergleich mit denen in Deutschland als noch prägenderes, bestimmenderes ideologisches Grundmotiv, andererseits waren die daraus entwickelten programmatischen Schlussfolgerungen ungleich weniger aggressiv. Woran lag das? In ideologiegeschichtlicher Betrachtung lautet die Antwort: An der regelmäßig anderen Bedeutung des Begriffs und politischen Vorstellungsfeldes *Rasse* im Denken britischer Radikalnationalisten. Die Idee der Rasse wurde von ihnen eben nicht ins rein Biologistische gewendet. Wenn sie von britischer Rasse sprachen oder, darüber hinaus, sogar von der Rasse der Angelsachsen, dann bezog sich das nur einesteils auf die Abstammungsgemeinschaft der Briten beziehungsweise Angelsachsen daheim und in der weiten Welt, aber andernteils und gewichtiger auf deren Geschichts- und Kulturgemeinschaft. Es wurde also an einem älteren Begriff von Rasse festgehalten, der unverwechselbare sozialkulturelle Gruppen beschrieben hatte[26] aufgrund von Kriterien, in denen biologische Herkunfts- als Lebensgemeinschaft nur eine Bedingung unter anderen ausmachen konnte[27]. Das bedeutete, dass die britischen radikalen Nationalisten allerdings vom Prinzip natürlicher Kämpfe zwischen Völkern und Staaten um Herrschaft und Vorherrschaft ausgegangen sind (so prominent im 1894 erschienenen Werk des Soziologen Benjamin Kidd: *Social Evolution*), aber sie verstanden diese Kämpfe

---

26 So zum Beispiel die Bezeichnung einer bestimmten Arbeiterschaft als eigenartige *Rasse*.

27 Ähnlich der Begriffsgebrauch der italienischen radikalen Nationalisten und noch der Faschisten.

nicht als Vorgänge physischer rassischer Selektion. Es ging ihnen um Behauptung und Durchsetzung des *Engländertums* als *zivilisatorisches Modell*, nicht um die Vernichtung irgendwelcher Rassen. Sie wollten durchaus *anglisieren*, dies etwa ganz im Unterschied zu den deutschen radikalen Nationalisten, welche ja Germanisierung unbedingt abgelehnt haben, weil man doch aus Angehörigen fremder Rassen niemals Deutsche machen könnte und obendrein Verbastardisierung des edlen deutschen Bluts drohte.

Aufschlussreich ist die Differenz in der sogenannten Judenfrage: Judenfeindschaft wurde phasenweise wohl ziemlich massiv artikuliert, bei den britischen radikalen Nationalisten spielte sie aber niemals eine zentrale Rolle oder bildete gar wie bei den völkisch gesinnten Deutschen den Mittelpunkt des gesamten Denkens. Abgesehen von einer kleinen katholischen, schon deswegen marginalen Gruppe um den Historiker Hilaire Belloc und die Brüder Chesterton kam kein prominenter britischer Radikalnationalist auf die Idee, den britischen Juden die bürgerlichen Rechte nehmen oder diese auch nur beschränken zu wollen. Und vor allem wiederum gab es keinen bedeutenden (rassistischen) Antisemitismus, demzufolge es bei den deutschen Radikalen ja egal war, ob ein Jude Glaubensjude blieb oder er zu einer christlichen Konfession sich bekannte, auch wenn seine Vorfahren vielleicht schon vor längerer Zeit die Konversion vollzogen hatten.

Es ist für meine nächste Argumentation aber interessant, das Hauptmotiv der politischen Artikulation von gelegentlich manifester Judenfeindschaft im *mainstream* des britischen radikalen Nationalismus herauszustellen. Dieses Motiv war die relativ massive Zuwanderung armer russischer Juden auf der Flucht vor dem wirtschaftlichen Elend in vielen osteuropäischen Gegenden und infolge zweier Wellen mörderischer Pogrome im zaristischen Russland, und dieses Motiv wiederum erschien eingebettet in eine massive radikalnationalistische Polemik gegen die unkontrollierte Einwanderung von kontinentaleuropäischen Habenichtsen überhaupt und gegen solche aus Osteuropa, Juden wie christliche Slawen, insgesamt. *Schutz der nationalen Arbeit*, lautete die Parole, Schutz der britischen Arbeiter und kleinen Gewerbetreibenden vor der billigen Arbeit und dem Ramschhandel solcher Wirtschaftsflüchtlinge.

Schutz der nationalen Arbeit oder, weitläufiger gesagt, Schutz der britischen Wirtschaft, diese Parole bezeichnet aber leitmotivisch überhaupt eines der beiden hauptsächlichen Politikfelder des britischen radikalen Nationalismus. Dieses zentrale Anliegen mündete in den späten 1890er Jahren in die Bewegung zugunsten einer *Imperial Tax- and Tariffreform*, das hieß: zugunsten der Einführung eines weitmöglichst *einheitlichen Steuersystems* im weiten britischen Empire und dessen umfassender Abschottung gegen fremde wirtschaftliche Konkurrenz durch Einführung von *Schutzzöllen* gegen die sonstige Welt. Die Bewegung reagierte, was die Nationalökonomie anging, auf zwei große aktuelle Herausforderungen, zum einen auf den relativen Bedeutungsverlust industriell erzeugter britischer Waren in der Weltwirtschaft (trotz noch weiter steigender absoluter Produktionsziffern), auf einen relativen Bedeutungsverlust infolge des Aufkommens massiver neuer Konkurrenz besonders der USA und Deutschlands, die selbst schon zu einer wirtschaftsprotektionistischen Zollpolitik übergegangen waren. Sie reagierte zum anderen auf die Ausprägung wirtschaftlicher Sonderinteressen der großen, politisch schon semiautonomen Mitglieder des Empire: der *Dominions* wie besonders Kanada schon seit 1867 oder neuerdings Australien (1901).

Zu einem in der britischen Innenpolitik politisch höchst wirksamen populistischen Faktor wurde diese Bewegung kurz nach der Jahrhundertwende (1903) und dann über ein gutes Jahrzehnt, als sich Joseph Chamberlain, früher Mayor von Birmingham und zuletzt, von 1895 bis 1903, britischer Kolonialminister und als solcher Verfechter einer erstrangigen Verständigung mit dem Deutschen Reich, an ihre Spitze gestellt hat[28]. Chamberlain, ein begnadeter Demagoge, machte nämlich die volkswirtschaftliche Frage zu einer erstrangigen nationalpolitischen Frage, indem er sie ins Zentrum sämtlicher radikalnationalistischer Themenstellungen gerückt und sie zugleich zum Ausgangspunkt eines fulminanten Generalangriffs eben nicht nur auf den freihändlerischen, antiprotektionistischen Wirtschaftsliberalismus á la Adam Smith, sondern auf den Liberalismus schlechthin umfunktioniert hat, also auf den Liberalismus als politisches System zwischen Parteienpluralismus und Parlamentarismus. Britischer Liberalismus und britisches liberales politisches System waren nach Chamberlain und seiner publizistischen und politischen Gefolgschaft schlicht nicht mehr in der Lage, den immensen Herausforderungen der Moderne zu begegnen, wie es sich in seiner Sicht gerade auch in der Blindheit gegenüber den Bedürfnissen einer empireweiten geschlossenen Wirtschafts- und Finanzpolitik zugunsten der weltweiten *british race* erwies. Angesichts des liberalen Wahlsieges von 1906 wurden die *Imperial Tax-and Tariffreform*-Aktivitäten nochmals gestei-

---

28 Nicht verwandt mit dem im letzten Vorlesungsteil besprochenen Houston Stewart Chamberlain. J.C. war der Vater von Austen (Außenminister 1924 bis 1929) und Neville Chamberlain, Premierminister von 1937 bis 1940.

gert und nun auch durch die 1903 eigentlich nur zur direkten Unterstützung Chamberlains gegründete *Tariff Reform League* eigenständig forciert, getragen nicht zuletzt ja gerade auch von wirkungsvollen Meinungsmachern, von etlichen hervorragenden Schriftstellern, Journalisten und großen Zeitungsherausgebern, darunter der altangesehenen Londoner *Times*[29].

Die alles umgreifende und andauernde Attraktivität ausgerechnet dieses Themas: der *Imperial Tax- and Tariffreform*, im politischen Denken und Handeln der britischen radikalen Nationalisten hatte jenseits seiner objektiven nationalökonomischen Bedeutung und jenseits des Faktors Chamberlain zwei entscheidende Gründe. Erstens erwarteten sie, gerade an diesem Thema und mit dem Kampfruf: *Schutz der nationalen Arbeit*! an die britische Arbeiterschaft heranzukommen, diese nationalpolitisch integrieren und so endlich dem Aufstieg einer klassenkämpferischen sozialistischen Arbeiterbewegung entgegenwirken zu können. Aber dieser Motivkomplex ist von eigener Wichtigkeit und später in weiterem Zusammenhang aufzugreifen. Zweitens bot das Thema: dieses Programm einer empireweiten einheitlichen und protektionistischen Steuer- und Zolltarifreform, die sozusagen materielle Ausfüllung einer schon seit den 1890er Jahren von radikalen Nationalisten unter Führung von Angehörigen der administrativen Elite wie Alfred Lord Milner oder schriftstellernden Politikern wie John Buchan[30] propagierten Zielsetzung eines *constructive imperialism* und eines *Greater Britain*.

Milners persönlicher imperialistischer Wahlspruch lautete: „Limited expansions, but unlimited tenacity", was hier etwa zu übersetzen ist mit: „Begrenzte Expansion, aber unbedingtes Festhalten". Es ging also im Wesentlichen nicht um Ausdehnung. Das Motto meinte: Festhalten des Empires ganz und gar, Behauptung *aber* durch dessen inneren Um- und Aufbau in Kooperation aller Briten überall, der in Großbritannien und der in den weißen, halbautonomen

---

29 Die *Tariff Reform League* hatte zudem die Unterstützung etlicher Stahl-, Eisen-, Maschinenbau- und Elektroindustrieller, also derjenigen, die von Schutzzöllen im Unterschied zu anderen profitieren würden. Um 1910 bekannten sich rund 200 zumeist, aber nicht nur konservative *Members of Parliament* zu ihr. Um 1905 hatte die *Tariff Reform League* bereits 250 lokale Zweigstellen, darunter nebengeordnet auch eigene Frauen- und Jugendabteilungen, 1913 waren es dann ca. 800 Zweigstellen in 13 Bezirken. Über genaue Mitgliederzahlen lässt sich nur wenig sagen. Aber 1913 meldete z.B. der Bezirk Lancashire allein 62.500 Mitglieder.

30 Unterhausabgeordneter, 1914 Kriegsberichterstatter in Frankreich, Verfasser früher Spionageromane: *Die 39 Stufen* u. a.

Commonwealth-Nationen: Australien und Neuseeland (Dominion 1907), Süd-afrika (1910) und Kanada sowie in den verschiedenen eigentlichen Kolonien, Um- und Aufbau durch Entwicklung eines allbritischen *Empirepatriotismus* und ganz besonders durch Errichtung zentraler entscheidungsbefugter *Empire-Insti-tutionen*. Damit würde zugleich die Macht des heimischen Liberalismus und des Londoner *verrotteten* Parlamentarismus begrenzt oder, noch besser, zerstört werden. Es ging, auf den Punkt gebracht, um das „ideal of a United British Empire"[31], und da war es natürlich absolut unerträglich, dessen Basis, das *United Kingdom*, durch seit 1885 auf der Londoner Tagesordnung stehende Konzes-sionen an die irische *Home-Rule*-Bewegung (sprich: Autonomie-Bewegung) zer-rütten zu lassen: Alle britischen radikalen Nationalisten waren entschiedene Gegner der irischen Emanzipationsbestrebungen, waren *Unionisten*, ja, gerade die irische Frage füllte ihre Reihen und sorgte dafür, dass auch zahlreiche Libe-rale, unzufrieden mit der ziemlichen Konzessionsbereitschaft der liberalen Par-tei-Elite und liberalen Regierung seit 1906, zu ihnen gestoßen sind. Und in kei-nem anderen Thema erwiesen sich die Aggressivität und Militanz auch des bri-tischen Radikalnationalismus so sehr, wie eben in der irischen Frage, denn hier ging es, wie gesagt, um die Grundlage einer globalen Empirevision, eines wirkli-chen Weltreichs, in einem einheitlichen, in sich gefestigten Mutterland.

Dem gesamten Ansatz schließlich lag die sozialdarwinistisch gefärbte Gewiss-heit zugrunde,

> „dass die Tendenz unserer Zeit dahingeht, alle Macht in den
> Händen der großen Reiche (greater empires) zusammenzuballen,
> und dass die kleineren Königreiche und besonders diejenigen, die
> nicht fortschrittlich sind, auf zweite und untergeordnete Plätze
> zurückfallen werden"[32],

wie das Joseph Chamberlain 1897 einmal formuliert hat. Und allein durch Auf-bau eines integrierten Empire, eines globalen *Greater Britain*, aus dem bisherigen Konglomerat von Großbritannien, Commonwealth-Nationen und Kolonien unterschiedlichen Status würde, so Lord Milner, „die Einheit der großen bri-tischen *Rasse* bewahrt und sie dadurch in die Lage versetzt werden können, sich frei in ihren eigenen Linien zu entwickeln und ihre besondere Mission in der Welt zu erfüllen". Dazu war, das ist die Warnung in den vorhin zitierten Aus-

---

31 *Times Weekly Edition*, 19. April 1904, Supplement I.

32 Charles W. Boyd: Mr. Chamberlain's Speeches, 2 Bde.., London 1914, Bd. 2, S. 4.

führungen Joseph Chamberlains gewesen, das Machtpotential Großbritanniens allein schon nicht mehr ausreichend.

Schutz der nationalen Arbeit, deshalb Kampf für eine empireweite Steuer- und Zolltarifreform zur Abschottung Großbritanniens wie des Empires vor fremder wirtschaftlicher Konkurrenz, dies wiederum zur Grundlegung eines politisch vereinigten Weltreiches der *britischen Rasse* (im eingangs erläuterten Sinne): das war das *eine* hauptsächliche, mobilisierende Politikfeld der britischen radikalen Nationalisten. Ihr *anderes* hauptsächliches Feld politischer Aktivität war der Versuch, die britische Gesellschaft gründlich zu *militarisieren*, wobei sich manche der Wortführer mehr oder minder explizit am zugleich gefürchteten und bewunderten preußisch-deutschen Modell oder, genauer gesagt: an dem, was sie für preußisch-deutsch gehalten haben, orientierten[33]. Damit ist nicht gesagt, dass dieses Feld allein von radikalen Nationalisten bearbeitet worden wäre. Das Thema aktivierte tatsächlich Engagement in sämtlichen politischen Lagern, aber sie arbeiteten mit dem konsequentesten Konzept, arbeiteten am entschiedensten und dauerhaftesten – und dies brachte die radikalen Nationalisten nicht nur auf diesem Aktionsfeld in die Vorhand, sondern vergrößerte ihre Anhängerschaft auch im allgemeinen nochmals.

Auslösend für den organisatorischen Prozess waren zwei Krisenmomente in der britischen öffentlichen Meinung: Zuerst die Zuspitzung der kolonialpolitischen Konfrontation mit Frankreich zu Beginn der 1890er Jahre[34], welche auf Unzulänglichkeiten der eigenen *Flottenrüstung* und der britischen Flottenleitung aufmerksam machte. Dabei kam die Angst vor der Möglichkeit einer erfolgreichen *Invasion* der Insel auf, eine weitverbreitete Angst, die dann mit Beginn der deutschen modernen Flottenaufrüstung Ende der 1890er Jahre neue Höhepunkte erreichen sollte[35]. Danach kam der Schock des sogenannten

---

33 Ein spannendes Dokument dieser besorgten Bewunderung bietet der erste große Spionageroman der Literaturgeschichte: Erskine Childers, Das *Rätsel der Sandbank* (1903), geschrieben vor dem Hintergrund hysterischer Invasionsfurcht der britischen Öffentlichkeit. Childers hatte eine erstaunliche Karriere: Sekretär im Unterhaus, Kriegsfreiwilliger im *Burenkrieg*, republikanischer Partisan im irischen Bürgerkrieg. 1922 fiel er einem Attentat irischer politischer Gegner zum Opfer, aber sein Sohn würde noch Premier Irlands werden.

34 Einmündend in den sogenannten Faschodakonflikt von 1898, der zugleich den entscheidenden Wendepunkt in den britisch-französischen Beziehungen brachte.

35 In diesem Zusammenhang war das Werk des amerikanischen Admirals Alfred Thayer Mahan: *The Influence of Sea Power on History, 1660-1783* (1890) und *The Influence of Sea Power upon the French Revolution and the Empire* (1892) in den Debatten von gar nicht zu über-

(zweiten) *Burenkrieges*, *als* die aus allen Weltgegenden in Südafrika zusammengezogenen Einheiten der regulären, kleinen und seit jeher und bis dahin in der britischen Öffentlichkeit ziemlich missachteten Berufsarmee drei Jahre, von 1899 bis 1902, brauchten, um den Unabhängigkeitswillen der freien Burenrepublik, also der Nachfahren niederländischer und niederdeutscher Siedler unter ihrem Präsidenten Oom Krüger, militärisch und terroristisch zu unterdrücken, *als* die dort von England her eingesetzten Verbände der freiwillig-feierabendmäßigen Truppen der britischen *Territorialverteidigung* eine Abfolge von Desastern erleiden mussten, *als* die in Großbritannien laufenden Rekrutierungen von Freiwilligen körperliche Untauglichkeit in geradezu erschreckendem Ausmaß offenbarten (gelegentlich über 65 Prozent).

Der erstgenannten Krisenerfahrung entsprach die Gründung der *Navy League* (Marineverein), von Marineoffizieren wie Admiral Lord Charles Beresford und einflussreichen Publizisten wie besonders Spenser Wilkinson gegen Ende des Jahres 1894 initiiert, offiziell erst seit dem 10. Januar 1895 aktiv. Über die nächsten beiden Jahrzehnte versuchte sie, in drei Richtungen zu wirken. Die britische Regierung sollte dahingehend beeinflusst werden, die Marineorganisation und -strategie entsprechend der neuen Kriegsschifftechnologie und Waffentechnik zu modernisieren; ab 1906 waren die radikalnationalistischen Mitglieder der Führungsriege, also nicht die *League* insgesamt (mit der Folge einer radikalen Absplitterung im Jahre 1908), in heftige Auseinandersetzungen mit den liberalen Regierungen verwickelt, weil diese nach ihrer Auffassung nicht genug für solche Modernisierungen taten. Die zweite Wirkungsrichtung galt der Beeinflussung der britischen öffentlichen Meinung, um diese einerseits für die gewaltigen finanziellen Opfer zu gewinnen, die die Schaffung moderner Schlachtschifflotten kosten würden, um andererseits eine Woge öffentlicher Flottenbegeisterung zu erzeugen, auf deren Rücken Vorstände und Publizisten der *Navy League* überhaupt erst extraparlamentarischen Einfluss auf Regierungen ausüben konnten. Dazu verfügte die *League* über eine eigene Zeitschrift (*The Navy League Journal*, ab 1910: *The Navy*) und gab spezielle Broschüren, Kalender und dergleichen mehr heraus. Aber ihre Zwecke wurden natürlich auch in der individuellen Publizistik der zahlreichen journalistischen und schriftstellernden Mitglieder befördert (z.B. Spenser Wilkinson, *The Brain of the Navy*, 1895). Die dritte Wirkungsrichtung, welche alsbald sogar die wichtigste Aktionsrichtung wurde, aber zielte auf die Erzeugung von Flottenbegeisterung in

---

schätzendem Einfluss.

der heranwachsenden Generation. Deshalb ging man direkt in die Schulen hinein, schuf 1905 eine eigene Frauenabteilung, gründete in den Küstenstädten und sonst, wo immer möglich, *Boys' Naval Brigades*, Vorläufer der *Sea Scouts*, beschäftigt mit einschlägiger Lektüre, Segelturns und paramilitärischen Übungen. Allen Mitgliedern galt die wahrhaft radikalnationalistische Parole: „Vergesst Eure Parteiinteressen für den Tag. Seid weder Konservative noch Liberale, sondern etwas Größeres und Besseres: Seid Engländer!"[36] Um 1900 hatte die *Navy League* etwa 45 regionale Abteilungen mit 15.000 zahlenden Mitgliedern, 1914 ungefähr 100.000 zahlende Mitglieder, darunter Berühmtheiten wie der imperialistische Schriftsteller Rudyard Kipling, darunter über 100 Mitglieder des Parlaments (um 1908: Konservative und Liberale ungefähr im Verhältnis 4 : 1), Bürgermeister, Würdenträger der anglikanischen Kirche, Angehörige des Adels, Seeoffiziere, Zeitungsmacher und Bildungsbürger, aber nur wenige Industrielle, gar Rüstungsindustrielle. Die *Navy League* war, was die Mitgliedschaft anbelangt, ähnlich dem *Alldeutschen Verband* eine Sache sozialer Eliten, blieb aber im Gegensatz zu ihm ein *single issue*-Verein, war als solcher jedoch wiederum viel weniger massenwirksam als sein deutsches Gegenstück, der *Flottenverein*.

Der Krisenerfahrung des Burenkrieges entsprang indessen die Gründung der *National Service League* (übersetzt: Wehrpflichtverein) 1901, dahin bezweckt, eine zuvor in Großbritannien nicht einmal angedachte allgemeine Wehrpflicht einzuführen. Wegweisend war die Veröffentlichung von George F. Shee *The Briton's First Duty* im selben Jahre 1901. Seit 1904 sorgte u. a. der Club der *Compatriots* für eine dementsprechende beständige propagandistische Befeuerung. An die Spitze traten Angehörige der aristokratischen konservativen Elite, so namentlich der mit einigen schlechten Erfahrungen aus dem Burenkrieg heimgekehrte Feldmarschall Lord Frederick Roberts. Anders als in der *Navy League* gab es in den hohen und mittleren Führungsgremien praktisch keine Liberalen. Die *National Service League* wurde zum größten politischen Verband der britischen Vorkriegszeit mit ungefähr 220.000 Mitgliedern im Jahre 1914. Programmatisch wandte sie sich an alle diejenigen jenseits aller Parteibindungen,

> „welche der physischen und moralischen Dekadenz der industriellen Zivilisation entgegen wirken wollen... und an die Bestimmung der britischen Rasse in ihrer Anlage zum Guten glauben,

---

36 *Navy League Pamphlet*, C1, 1895.

darum auch an die Erforderlichkeit ihrer beständigen Führerschaft unter den Nationen"[37].

Vorläufige Minimalziele waren die Einführung von Sport und vormilitärischem Training in allen Schultypen (auch für Mädchen!), sodann für die 18 bis 22jährigen Männer, die nicht in der regulären Armee oder in der Navy freiwillig dienten, eine zweimonatige militärische Ausbildung in eigenen Lagern. Das militärische Potential Großbritanniens würde damit wesentlich erhöht werden, und nichts könnte den Frieden mehr sichern als der damit verbundene Abschreckungseffekt. Paramilitärische sportliche Dienstpflicht würde aber auch dazu beitragen, die in den Musterungen zur Zeit des *Burenkrieges* und nachherigen Enquêteberichten für so schlecht befundene Gesundheit der jungen Männer zu verbessern.

An diesem Punkt ist es nun nötig, zwei ineinander verschränkte eigentümliche Motivationsstränge zu betrachten, welche sich durch das gesamte Denken und Handeln britischer Radikalnationalisten in allen bisher dargestellten Aktionsebenen gezogen haben. Das ist erstens die fundamentale Überzeugung, dass die Briten eigentlich noch gar keine Nation seien, jedenfalls keine Nation im modernen Sinne des Wortes, anders gesagt: keine Nation, wie sie besonders die Deutschen schon ausgebildet hatten. Dieses Grundgefühl einer vergleichsweisen Rückständigkeit im modernen Nationswerdungsprozess kam beständig im großen radikalnationalistischen Beitrag zur allgemeinen innerbritischen Diskussion um die Entwicklung der „national efficiency", der „nationalen Effizienz"[38], zum Ausdruck. Die Rückständigkeit aber sahen die britischen Radikalnationalisten vor allem, ja, entscheidend in der mangelnden sozialen Integration der abhängig arbeitenden Unterschichten und besonders der Industriearbeiterschaft durch das liberal-kapitalistische England begründet. *Sozialreform* war deshalb ein originäres Ziel der radikalen Nationalisten, ein zentraler Aspekt ihrer radikalnationalistischen Programmatik. Sie war deshalb keineswegs bloß ein Manipulationsmittel zur Bekämpfung der sozialistischen Gewerkschaftsbewegung und der ab 1906 neu antretenden Labour-Partei. Soziale und nationale Integration wurden ganz bewusst als Kehrseiten derselben britischen Problematik angegangen.

Joseph Chamberlain hatte seine politische Laufbahn als liberaler Politiker und dann als liberaler Bürgermeister von Birmingham begonnen, als *Mayor* einer der

---

37 *The National Service Journal*, November 1903, S. 3.

38 Dazu unter anderem W. Mark Hamilton, The Nation and the Navy... British Navalist Propaganda, 1889-1914, London 1986.

großen englischen Industriestädte, mit allen sozialen Folgekosten eines hemmungslosen *Manchesterkapitalismus* in seinen alltäglichen Amtsgeschäften konfrontiert. Und schon damals, in den 1880er Jahren, war *pushful Joe*, so sein Spitzname, war der *rührige Joe* in der englischen besitzenden Oberschicht für seinen sozialpolitischen Radikalismus berüchtigt geworden, so zum Beispiel wegen seiner *Lösegeld-Rede*, in der er den Besitzenden gesagt hatte, sie müssten den arbeitenden Armen beständig Lösegeld für das Privileg zahlen, ihren Reichtum behalten zu dürfen, so zum Beispiel wegen seiner Idee eines *Gemeinde-Sozialismus*, begründet auf massiven, heute sogenannten Transferleistungen der örtlichen reichen Schichten zwecks Einrichtung ausreichender lokaler Sozialsysteme. Er blieb ein sozialpolitischer Radikaler auch nach seinem Übertritt zu den Konservativen um 1890, ja, dieser Übertritt entsprach genau seiner Frustration über die sozialpolitische Gleichgültigkeit gerade der Liberalen, bekanntlich nicht nur im damaligen Großbritannien. Nun als Konservativer im Londoner Parlament und dann als Minister einer konservativen Regierung war er der erste britische Politiker von Rang, der in Auseinandersetzung mit dem bewunderten deutschen Sozialversicherungsmodell Bismarcks entschieden und dauerhaft für die Einführung von Alters- und Krankenversicherung der Arbeiter eingetreten ist und sogar auch schon für eine staatliche Festsetzung von Minimallöhnen[39].

Und um die soziale und damit zugleich um die in Großbritannien *so* noch nie thematisierte nationale Integration der Arbeiter, ohne die es gar keine mächtige britische Nation geben würde, ging es Chamberlain und seinem ganzen intellektuellen und politischen Anhang, als sie sich in den Kampf für die finanz- und wirtschaftspolitische Integration des Empire und namentlich für die Einführung von massiven Schutzzöllen gestürzt haben[40]. *Schutz der nationalen Arbeit*, Arbeitsplatzsicherung, Entwicklung einer Wohlstands- als Wohlfahrtsgesellschaft, Aufbau eines wirtschaftsinterventionistischen Sozialstaats und darüber endlich die einige, allen äußeren Problemen geschlossen gegenüberstehende Nation: darum ging es hinter den unmittelbaren wirtschaftspolitischen Zielsetzungen der radikalnationalistischen *Tariff Reform League* seit 1903. Auf deren

---

39 „I represent Labour... which thinks not of itself as a class [...], but as responsible for the obligations of the country and the Empire to which it belongs". Joseph Chamberlain, 15. 5. 1903.

40 „After all, the Empire belonged to the working classes just as much as to any class. Their grandsires spilt their blood to gain and keep it. Were they going to say them that... they deliberately threw away the greatest inheritance that had ever been left to any people". Parliamentary Debates, S. 4, Bd. CXLIII, S. 1490, 28. 3. 1905.

Flugblättern fanden sich solche Parolen: „Every Vote for Free Trade means Work for the Foreigner and Want for British Workman!" Oder: „Free Trade means more Taxes and less Wages – Tariff Reform means British Work for British Workmen!" Oder im direkten Bezug auf konkret stillgelegte Fabriken: „What killed them? Foreign Competition! What ought you to do? Keep the foreigner out; and once again happiness, prosperity, employment"[41]. Mit nur noch leichter Akzentverschiebung gelangte man vom wirtschaftlichen und sozialen Nationalismus, allezeit die sicherlich mächtigsten Motive eines Massennationalismus überhaupt, direkt zur Propaganda des politischen Nationalismus. So fragte etwa ein Flugblatt der *Tariff Reform League* 1903: Warum müsste der britische Arbeiter den Import fremder Produkte viel mehr als den Zustrom von fremden Arbeitsemigranten fürchten? „Weil die fremde Arbeit in England wenigstens doch dem Ausbau der Navy zugute kommt", das importierte Produkt aber zum Beispiel dem „Aufbau der deutschen Marine"!

Eine ganz ähnliche Durchmischung von sozialpolitischen und nationalistischen Motiven, besser gesagt: ein solches schier unauflösliches Ineinander von originären, echten sozialreformerischen und radikalnationalistischen Zwecken, findet sich aber auch in den Konzeptionen der skizzierten militaristischen Verbände. Gewiss, sie sollten schon als solche Großbritanniens militärische Macht stärken. Gewiss, ihre weiten politischen Zwecke liefen auf die Schaffung einer unüberwindlichen Flotte und auf eine *nation in arms* hinaus. Aber der so gesicherte globale Wirtschaftsraum des Empire sollte den Aufbau eines *modernen Wohlfahrtstaates* ermöglichen, und der wiederum sollte in erster Linie den arbeitenden Klassen zugute kommen. So der führende intellektuelle radikale Nationalist und Imperialist Milner, seit der Jahrhundertwende eng mit Joseph Chamberlain zusammenarbeitend. Mehr noch, alle radikalnationalistischen Verbände und Vereine sollten die zukünftige reformerische nationale Integration der Arbeiterschaft beispielhaft vorwegnehmen und so schon vorbereiten. Deshalb gründete Chamberlains *Tariff Reform League* alsbald, nämlich bereits 1904, eine eigene Arbeiterabteilung, die *Trade Union Tariff Reform Association,* und das mit einigem Erfolg auch in der freigewerkschaftlich organisierten Arbeiterschaft zu-

---

41 „Jede Stimme für den (liberalen - d. Verf.) Freihandel bedeutet Arbeit für den Ausländer (Fremden) und Not für den britischen Arbeiter." – „Fair Play für Britische Arbeiter!" (*Wortspiel*: Fair tax). „Freihandel bedeutet höhere Steuern und geringere Löhne - Schutzzoll bedeutet britische Arbeit für britische Arbeiter!" „Was hat die Fabriken erledigt? Ausländischer Wettbewerb! Was sollet Ihr tun? Den Ausländer draußen halten; und es gibt wieder Glück, Wohlstand, Beschäftigung."

mal im Gebiet Lancashire. Deshalb stellte die *Navy League* Stipendien für Arbeiterjungen bereit, damit wenigstens einige an den aufwendigen Seeübungen teilnehmen konnten. Deshalb setzte die Führung der *National Service League* den Jahresbeitrag auf ein paar Pennies fest und zog tatsächlich viele Arbeiter an. Sie propagierte eine „wirklich radikale Sozialreform, welche die Lasten der nationalen Verteidigung gerecht auf alle Klassen verteilt und welche es nicht mehr zulässt, dass sie allein vom Proletariat getragen werden". Man scheute sich keineswegs, das politische Fernziel mit den Worten des deutschen marxistischen Sozialdemokraten August Bebel kurz und bündig zu bezeichnen, nämlich: „Keine stehenden Heere, sondern eine Nation in Waffen", eine „nation in arms", aber orientiert weniger am wirklichen Modell des deutschen Kaiserreichs, sondern an dem des Schweizer Bürgersoldaten.

Anders als in Deutschland gab es für die britischen Radikalnationalisten keinen Gedanken daran, die Labour-Party gewaltsam beseitigen zu wollen, es gab nicht einmal Berührungsängste. Wenn Labour-Führer dazu bereit waren, dann kooperierten radikale Nationalisten durchaus auch mit Führern der Arbeiterbewegung, so besonders mit dem famosen Publizisten und Schriftsteller Robert Blatchford[42]. Denn sie waren völlig überzeugt davon, die Arbeiter mitsamt ihren meisten Führer gänzlich nationalisieren zu können – sobald die nötigen Sozialreformen durchgesetzt wären. Tatsächlich waren in Großbritannien die Arbeiter sowieso in besonderem Maße bereit, sich freiwillig militärisch zu engagieren. Das stellte sich nicht erst 1914 heraus, sondern zum Beispiel auch schon in der Teilnahme von Arbeitern an der Territorialverteidigungstruppe, an der *Volunteer Force*: Ihr Anteil betrug 70%!

Der Antiliberalismus, die damit einhergehenden Aversionen gegen Parteien an sich und gegen das Parlamentstreiben rührten wesentlich hierher, aus diesem sozialreformerisch-nationalistischen Syndrom. Und solche Aversionen galten auch dem Parteiestablishment der Konservativen, obwohl die meisten britischen Radikalnationalisten weiter in der konservativen Partei blieben und tätig waren – ausgenommen solche *radikalen* Radikalen wie Lord Milner. Allerdings gesellten sie sich zu eigenen Zirkeln, etwa im *National Reveille Movement*, geführt von Lord Willoughby de Broke nach 1910, nach dem Rückzug Chamberlains infolge eines Mitte 1906 erlittenen Schlaganfalls. Willoughby de Broke zufolge

---

42 Verfasser von *Merry England*, Herausgeber des *Clarion*, als Sozialist Kritiker der Labour-Führung wegen deren Nähe zu den Liberalen: „We were Britons first and Socialists next". „When England is at war, I'm English" (1899).

hatte eben die gesamte soziale Oberschicht und die gesamte politische Klasse des Landes, ausgenommen nur der eigene Anhang und die Gesinnungsgenossen, vollkommen versagt – versagt angesichts der imperialistischen Aufgaben im Empire, angesichts der heimischen sozialen Integrationsprobleme und angesichts der Unfertigkeit der britischen Nation als moderne politische Nation: es sollte an der Zeit sein, dass die sozialen und politischen Führungsschichten sich wieder auf ihre Pflicht besännen, die Nation zu führen und nicht um kleinlicher Eigeninteressen willen länger spalten zu lassen. Er wie die anderen britischen Radikalnationalisten empfanden sich demnach als Speerspitze des Fortschritts; vergeblich sucht man bei ihnen traditionalistische Verklärungen vormoderner Verhältnisse, wie sie in den Bandbreiten des deutschen radikalen, des *völkischen* Nationalismus so massiv begegnen. Und in Anbetracht ihrer Zielsetzungen: Sozialreform, Aufbau von Sozial- und Wohlfahrtsstaat, in Anbetracht ihrer rückhaltlosen Bejahung von Industrialisierung, Urbanisierung und so weiter, waren sie zweifellos nach den Maßstäben ihrer Zeit entschiedene Modernisierer, in etlichen Punkten eher noch entschiedener als die Führer der britischen gewerkschaftlichen und politischen Arbeiterbewegung. Bei alledem waren die Radikalnationalisten, selbst die aus dem Adel, keine Verteidiger der heiligen Kuh *Eigentum*, ja, manche von ihnen befürworteten massive Eingriffe in die bestehende Eigentumsordnung, um so zugleich die Integration der Nation und den Aufstieg einer neuen politischen Klasse, rekrutiert allein nach den jeweils individuellen Verdiensten um die Nation, wesentlich zu erleichtern. Die von ihnen als pragmatische Briten nur vage umrissenen Ideen einer zukünftigen nationalen Demokratie verdeutlichten sich aktuell in der Forderung, die sterile, machtklüngelnde Parteipolitik im traditionellen parlamentarischen System durch die Einführung von Plebisziten und Aufhebung der (männlichen) Wahlrechtsbeschränkungen aufzubrechen und dadurch die Massen permanent zu politisieren und intensiv zu nationalisieren.

Die *nation in arms* als Grundlage moderner *nationaler Demokratie*: Zwischen 1910 und 1914 entwickelte sich ein konkretes Modell radikalnationalistischer politischer Umgestaltungsideen, und zwar ganz naturwüchsig in den Zuspitzungen der *irischen Frage* im Vorfeld des Bürgerkriegs ab 1916. Die liberale Regierung unter Premierminister Asquith fand sich 1912 nämlich bereit, den Autonomieforderungen der irischen katholischen Nationalisten zu entsprechen: *home rule*. Die radikalen britischen Nationalisten waren sich sicher, dass der Premier nur deshalb bereit war, die Einheit des United Kingdoms zu opfern, um mit den Londoner Parlamentariern der irischen Nationalisten sich selbst und die Liberalen an der Regierungsmacht halten zu können. Im Unterschied zum konservativen Parteiestablishment lehnten sie jeden Kompromiss mit Asquith und den Iren ab und sie taten alles, um England vom Arbeiter bis zum Offizierskorps aufzuwiegeln; einige von ihnen erwogen die Möglichkeit bewaffneten Widerstands, sollte es zur Autonomie Irlands kommen. Solcher Widerstand wurde möglich, wenngleich nur in Irland selbst, wo sich mit aktiver Unterstützung und Beteiligung von führenden Radikalnationalisten der Widerstandswille der protestantischen *Unionisten* im *Ulster Volunteer Movement* organisierte: Über allen sozialen Gruppen und Schichten, alle als treue Briten erfassend, die aristokratischen Grundbesitzer, ihre Pächter, die kleinen Bauern, die Industriellen, ihre Angestellten und Arbeiter, die Pastoren, Frauen und Jugendlichen, alle eben ohne Unterschied. Und alle waren gleich kompromisslos entschlossen, die Zugehörigkeit zu Großbritannien und also die Nation bis zum letzten zu verteidigen. Die *Nation in Waffen*, wennschon nur in Irland – vorerst nur in Irland: Es war das verwirklichte Ideal aller britischen radikalen Nationalisten. *Home Rule* wurde durch das regelkonforme, aber politisch höchst brisante Veto der Mehrheit im House of Lords von 1912 bis 1914 verzögert, dann wegen des Krieges ausgesetzt. Der Ausbruch eines Bürgerkriegs in Irland und eine äußerste innenpolitische Verschärfung in Großbritannien wurde nunmehr nur noch durch eben den Ausbruch des Ersten Weltkriegs bzw. durch Dauer und Erschöpfung des vierjährigen Weltkriegs verzögert. 200.000 Iren haben für Großbritannien freiwillig in diesem Krieg gekämpft, 60.000 sind gefallen. Aber der Versuch, 1918 die Wehrpflicht auch der Iren einzuführen, fachte die Freiheitsbestrebungen an. Der vom Deutschen Reich unterstützte einwöchige Dubliner Osteraufstand des April 1916 kostete 500 Tote, fast 3.000 Verletzte, 3.500 Verhaftete, 90 Todesurteile gegen die irischen Patrioten, von denen 15 gleich im Mai vollstreckt worden sind. Vorgeschmack auf die bürgerkriegsgleichen Brutalitäten seit 1919, in denen sich die in den Schlachten Flanderns enthemmten britischen *Auxilaries* und die *Black and Tans* und die *Irish Republican Army* ähnlich radikal aufführen werden wie die *Freikorps* in Deutschland.

III. Vorlesung
Radikaler Nationalismus in Europa
vor dem Ersten Weltkrieg
Fallstudien: Frankreich und Italien

1. Frankreich

Vermutlich ist in der Auseinandersetzung mit dem deutschen und dann mit dem britischen Fall bewusst geworden, wie sehr verschieden sich *radikaler Nationalismus* im Europa der beiden Jahrzehnte vor dem Ersten Weltkrieg dargeboten hat. Der britische radikale Nationalismus kannte Momente politischer Judenfeindschaft, aber keinen Antisemitismus als zentrales Motiv. Er gebrauchte beständig den Begriff *Rasse*, genauer gesagt: den ziemlich pragmatischen Begriff der britischen oder der angelsächsischen Rasse, aber sein Rassebegriff war viel mehr historisch und kulturell geprägt denn biologistisch. Die britischen Radikalnationalisten waren fast durchwegs überzeugte Sozialdarwinisten und sie legitimierten die Realität des Empires und ihren Empire-Imperialismus, darüber hinaus Kriegsvorbereitung und den Krieg an sich wesentlich auch sozialdarwinistisch. Aber darum reduzierten sie die Idee des geschichtlichen Prozesses keineswegs auf krude, tendenziell massenmörderische Ideen natürlicher, darum notwendiger Auslese. Sie bejahten die *Moderne*, sie verlangten die Forcierung moderner *Nationswerdung* in Großbritannien durch soziale Integration der Arbeiterschaft einerseits, andererseits durch Modernisierung des politischen Systems und damit einhergehende Massenmobilisierung. Sie waren entschiedene Gegner des klassenkämpferischen Sozialismus. Was sonst als radikale Nationalisten? Aber ganz anders als die deutschen radikalen Nationalisten gingen sie nie davon aus, die politische und gewerkschaftliche Arbeiterbewegung gewaltsam unterdrücken zu müssen. Sie plädierten für eine Militarisierung der britischen Gesellschaft: dem galten ihre meisten organisatorischen Aktivitäten. Aber sie waren weit davon entfernt, die völlige Preisgabe der Individualität zugunsten einer militärisch-militant mobilisierten und autoritär disziplinierten Gesellschaft zu verlangen. Ich glaube nicht, dass ein deutscher radikaler Nationalist im Jahre 1914 hätte schreiben wollen und können, was der vielleicht bekannteste politische Führer der britischen Radikalnationalisten nach Joseph Chamberlain, Richard Greville Verney, neunzehnter Baron und Lord Willoughby de Broke, in diesem europäischen Katastrophenjahr eben geschrieben hat: „Freiheit muss jeden sozialen Fortschritt durchdringen, ohne Freiheit ist keine soziale Reform etwas wert". Und hierbei ist zu bedenken, dass für Willoughby de Broke soziale Reform immer zugleich nationale Reform bedeutete. Oder: „Die Wohlfahrt der Menschen ist das letzte und wahre Ziel der Regierung".

Wenn wir jetzt auf die Verhältnisse in Frankreich blicken, dann soll vorweg gesagt werden, dass einander hier wie sonst oft gerade diejenigen ähneln, die sich am heftigsten befeinden. Im französischen radikalen Nationalismus spielte der Antisemitismus eine wenigstens ebenso zentrale Rolle wie im deutschen Radikalnationalismus. Die Religion wurde in ähnlicher Weise politisch funktionalisiert. Die konkrete Gewaltbereitschaft gegen den innenpolitischen Gegner und gegen den rassistisch definierten Feind war eher noch größer. Viele französische Radikalnationalisten gaben sich mit ähnlich wahnhaften Praktiken ab wie etliche Völkische rechts des Rheins und besonders jenseits des Inns, mit Okkultismus, Hellseherei, Handleserei und dergleichen. *Erbfeinde* als radikale Nationalisten sozusagen, aber ideologisch und mental einander ungleich näher als dem Denken der britischen Nationalradikalen vor 1914.

Das Problem des französischen radikalen Nationalismus lässt sich insofern einfacher angehen als der deutsche oder britische Fall, weil es im Wesentlichen in der Auseinandersetzung mit einer einzigen Organisation: mit der *Action Française*, ihren Ideologen, politischen Führern, ihren Filialgründungen, behandelt werden kann. Nicht dass das Problem völlig in der *Action Française* aufgegangen wäre, bei weitem nicht. Wollte man es vollständig ausloten, dann müssten wir uns mit partiellen Phänomenen in rechten katholischen Kreisen, im Militär, auch bei bürgerlichen demokratischen Chauvinisten à la Poincaré und so weiter beschäftigen. Aber in der *Action Française* ging es seit ihrer Gründung an der Jahreswende 1898/99 darum, alle radikalnationalistischen Kräfte zu sammeln und auf ihre spezifische ideologische Ausrichtung hin zu verpflichten. Und dies gelang ihr bis zum Weltkrieg hin in so hohem Maße, dass sie tatsächlich zum Brennpunkt des radikalen Nationalismus in Frankreich vor 1914 überhaupt geworden ist – und zum wirklichen Ausgangspunkt eigentlich sämtlicher französischer rechtsradikaler Entwicklungen in der Zwischenkriegszeit und noch der *Kollaboration* mit dem nationalsozialistischen Deutschland von 1940 bis 1945. So viele französische Intellektuelle sind in der *Action Française* oder doch in bestimmten Momenten von ihr geprägt worden: Georges Bernanos, Agathon, Romain Rolland, Montherlant, Drieu La Rochelle, Brasillach, Jacques Maritain, der seltsame Pazifist, Deutschlandfreund und Judenfeind Céline (eigentlich: Destouches), Proust, auch André Gide und André Malraux, die später mit der marxistischen Linken sympathisieren würden, der bekannte Historiker Pierre Gaxotte. Oder bedeutende Militärs und Politiker, der General Weygand und der Marschall Pétain zum Beispiel.

Frankreich ist das Land der kontinentaleuropäischen bürgerlichen Freiheitsrevolution gewesen, aber auch das erste Land des konterrevolutionären Denkens und der politischen Reaktion. Ich will das hier gar nicht ausführen, nur darauf hinweisen, dass am Ende des 19. Jahrhunderts also ein seit der Französischen Revolution gewachsenes und ausdifferenziertes ideologisches System gegen die modernen Freiheits- und Gleichheitsideen und gegen alle Ableitungen aus ihnen, so zum Beispiel gegen den Republikanismus, im nationalen Traditionsraum zur Verfügung gestanden hat. Der zweite Hinweis zu den tiefen geschichtlichen Voraussetzungen des heutigen Themas gilt dem anverwandten Umstand einer fundamentalen Spaltung des Landes, seiner Kultur, seiner Menschen in der Abfolge der Generationen durch die gesamte Geschichte des 19. Jahrhunderts, ja, noch bis in die Zeit Charles de Gaulles. Letztlich resultierte diese Spaltung aus dem sozialen wie politischen Grundkonflikt zwischen Revolution und Nichtrevolution beziehungsweise Gegenrevolution, aber fundamental war sie, weil sich an jenen Grundkonflikt so überaus zahlreiche andere schwere Konfliktlinien haben anlagern können, zwischen 1789 siegreichem Bürgertum und 1814/1815 mit den Bourbonen zurückgekehrtem Adel, zwischen industrieller und agrarischer Gesellschaft, säkularisiertem und antiklerikalistischem Bürgertum einerseits und zutiefst katholischer Bevölkerungsmehrheit in den Provinzstädten und auf dem Land andererseits, zwischen der *Metropole* Paris und eigentlich dem ganzen Rest Frankreichs und so immer weiter.

Der Fundamentalität der Spaltung entsprach die Brutalität, mit der die aus ihr entstehenden aktuellen Konflikte jeweils ausgefochten worden sind. Die erste, die revolutionäre Republik von 1793 beging hunderttausendfachen Genozid, als die bäuerliche Bevölkerung der Vendée unter Führung ihrer Pfarrer und Landadeligen gegen die Revolution aufgestanden ist. Oder: 1871 bot die Regierung Thiers Truppen gerade aus den ländlichen Regionen auf, um in Paris die revolutionäre *Commune* niederwerfen zu lassen und den Geist der Revolution ein für allemal im Blut tausender Opfer von nachherigen Massenerschießungen zu ersticken. Nach diesen nur zwei Beispielen kurz gesagt: Im Grunde standen *zwei Frankreich* unversöhnlich einander gegenüber, ein Frankreich der Revolution, ein anderes Frankreich der vormodernen Traditionen und der Gegenrevolution, und das Frankreich der *Dritten Republik* insgesamt war in einem im zeitgenössischen Deutschland oder England ungekannten Maße an Gewalt als innenpolitische Methode gewöhnt. Deshalb war Ernest Renans Rede des 11. März 1882 in der Pariser Sorbonne: „Was ist eine Nation?", heutzutage häufig als Wegweisung in einen modernen, offenen, staatsbürgerlichen Patriotismus zitiert, doch aktuell gerade auch ein Aufruf in die zerrüttete Gesellschaft Frankreichs: ein Aufruf gegen die aufkommenden mannigfachen nationalistischen Radikalisierungen im eigenen Land – und keineswegs nur eine Klage über feindliche Nationalideen im neuen Deutschen Reich.

Diese *Dritte Republik*[43] war schon im ersten Vierteljahrhundert ihres Bestehens wiederholt von systemfeindlichen Oppositionen bis in die Grundfesten erschüttert worden – zuerst durch die eben erwähnte sozialistische Pariser *Commune* von 1871, in den 1870er Jahren durch die monarchistischen umstürzlerischen Bestrebungen des berühmten Marschalls Mac Mahon, in den 1880er Jahren durch eine enorme katholische und konservative republikfeindliche Sammlungsbewegung, provoziert zunächst durch den Laizismus und die Kirchenfeindlichkeit der bürgerlichen Republik, um 1890 durch die chauvinistische und rechtspopulistisch-kleinbürgerliche Massenbewegung des Generals Boulanger. Vor dem Hintergrund der katholisch-konservativen antirepublikanischen Sammlungsbewegung und der populistischen Boulangerkrise, also seit Mitte der 1880er Jahre, wurde zudem Judenfeindschaft zu einem zentralen Motiv der republikfeindlichen Rechten und besonders der konservativen Katholiken in ihren Reihen, nachdem sie bis dahin fast ausschließlich Sache der radikalen, kapitalismusfeindlichen Linken in Frankreich gewesen war. Dieser neuartige rechte republikfeindliche Antisemitismus beruhte auf einer Synthese alter christkatholischer sowie kleinbürgerlicher kapitalismusfeindlicher und moderner biologistischer judenfeindlicher Argumentation, eine Synthese, die bahnbrechend vom mittelmäßigen Journalisten und dann auch Abgeordneten Édouard Adolphe Drumont (1844-1917) formuliert worden ist[44]: Die Republik, sie galt hier nunmehr insbesondere als Judenrepublik!

Die Kette der Krisen riss dann keineswegs ab. Es folgten der sogenannte *Panama-Skandal*, ein riesiger Anlagebetrug und eine außenpolitische Blamage, und dann die das Land zerreißende Affaire um den jüdisch-gläubigen Hauptmann Alfred Dreyfus, begonnen 1894, militärgerichtlich beendet erst 1906, nur dass diese Affäre als Motiv fortwährender politischer Spaltung der Nation das Leben der *Dritten Republik* bis zu ihrem Ende vergiften würde. Nicht zuletzt ist die

---

43 Nach der ersten Republik von 1792/93 und der zweiten Republik von 1848/49.

44 *La France juive* (1886); *Le Testament d'un Anti-Sémite* (1891). Herausgeber der antisemitischen Zeitung: *La Libre Parole* (1892ff.).

Action Française im Zusammenhang der alles und dauerhaft polarisierenden Dreyfus-Affäre entstanden, führte eben dieser *eine* Krisenmoment unter so vielen anderen in die permanente Organisation des radikalen Nationalismus in Frankreich.

Im Lauf des Jahres 1894 war im französischen Generalstab das Verschwinden höchstgeheimer Dokumente bemerkt worden: gewisse Spuren verwiesen auf die Botschaft des Deutschen Reiches als Empfänger des gefährlichen Materials. Nach oberflächlicher interner Untersuchung wurde jener jüdische, aus den früheren östlichen, 1871 von Preußen-Deutschland annektierten Provinzen stammende Hauptmann Dreyfus verhaftet und alsbald von einem Militärgericht unter Verwendung von nur den Richtern vorliegenden Dokumenten zur Ausstoßung aus der Armee und lebenslanger (eigentlich: lebenskurzer) Haft in Cayenne verurteilt. 1898 kochte der Fall wieder auf, zum einen aufgrund der energischen Wiederaufnahmebestrebungen der Familie Dreyfus, zum anderen aufgrund von Untersuchungsergebnissen eines unabhängig und rechtlich gesinnten Offiziers im Generalstab, welche auf einen anderen, obendrein weiterhin verräterisch arbeitenden Schuldigen, auf den Major Walsin-Esterhazy, hindeuteten und die Unregelmäßigkeiten des ersten Verfahrens gegen Dreyfus belegten – Untersuchungsergebnisse, die an die Öffentlichkeit gelangten. Aber Esterhazy wurde außer Verfolgung gestellt und Dreyfus erneut verurteilt, diesmal 1899, wegen versuchter Spionage und nur noch zu zehn Jahren Haft. Es vergingen nochmals sieben Jahre, bis die tatsächliche Schuld Esterhazys, der sich längst schon ins Ausland abgesetzt hatte, von der politischen und militärischen Führung akzeptiert und Dreyfus rehabilitiert worden ist. Bis dahin wurden die skandalösen Umstände der ersten und zweiten Verurteilung von 1894 beziehungsweise 1899 bekannt, darunter die Fälschung von Beweismitteln durch einen Offizier der Militärjustiz, Oberst Hubert Henry, der daraufhin Selbstmord beging und so weiter und so fort.

Warum wurde ausgerechnet diese Sache zum Ausgangspunkt neuartiger radikalnationalistischer Organisation in der *Action Française*?

Dreyfuß war also Jude. Aber seine Ankläger und Richter im ersten Militärjustizverfahren von 1894 hatten ihn keineswegs aus irgendwelchen judenfeindlichen Motiven so schnell und hart verurteilt, sondern waren aufrichtig von seiner Schuld überzeugt. Und dann war von der Militärjustiz wie von den politisch Verantwortlichen über beinahe zwölf Jahre ein starrsinniger Kurs gefahren worden, teils weil man von der Schuld des Dreyfus überzeugt blieb, aber vielmehr deshalb, weil man die Ehre und Geschlossenheit der französischen Armee für gefährdet hielt, wenn man Verfahrensfehler und Fehlurteil eingestand. Und letzteres war ein Motiv, das immer schwerer wog, weil man jetzt tatsächlich schlimme Manipulationen des Beweismaterials vornahm, um den Hauptmann nicht freisprechen zu müssen. Dieses Motiv der Wahrung von Ehre und Geschlossenheit der Armee durch Behauptung des Urteils über Dreyfus wog indessen dreifach schwer, weil der Fall sich schon seit 1894 und erst recht seit 1898/99 zum zentralen Thema im Kampf der beiden Frankreich entwickelt hatte.

Angefangen hatte es mit einem Artikel des erwähnten Drumont 1894, in dem die Verhaftung Dreyfus' analog seiner Hetze im sogenannten Panama-Skandal[45] als neuer, nur noch viel schlimmerer Beweis einer jüdischen Absicht dargestellt wurde, Frankreich und die französische Nation zu vernichten, nunmehr schon in direkter Zusammenarbeit mit dem allergrößten äußeren Feind, mit dem Deutschen Reich. Nahezu die gesamte Rechte übernahm und vertrat eben diese Interpretation. Sie steigerte sich geradezu in antisemitische Raserei[46] und entfesselte in den ländlichen Regionen einen archaischen Antisemitismus, als 1898 die Rehabilitation Dreyfus' zu drohen schien. Denn in diesem Augenblick sind demgegenüber die republiktreuen bürgerlichen und linken politischen Kräfte angetreten, indem sie einen direkten Zusammenhang zwischen den offenkundigen Fragwürdigkeiten der Militärgerichtsverfahren und der antisemitischen Hetze herstellten, die erste wie zweite Verurteilung Dreyfus als antisemitische Machenschaft republikfeindlicher Militärs interpretierten und folglich zur Verteidigung der Humanität und Rechtsstaatlichkeit, der Republik und der menschheitlichen Mission der französischen Nation am Fall des jüdischen Hauptmanns überhaupt aufriefen. Auch waren diese liberalen und linken Republikaner zutiefst davon überzeugt, dass die katholische Kirche das Fundament all dieser Republik- und Judenfeindlichkeit sei und deshalb radikal aus der politischen Öffentlichkeit verdrängt werden müsse: 1899 an die Regierung gewählt, sorgten sie für die europaweit radikalste Trennung von Religion, Kirche und Staat, deren historische Konsequenzen auch in unserer Gegenwart, also nach mehr als einhundert Jahren vielfach zu beobachten sind.

---

45 Die Handhabe bot die Verstrickung zweier eingewanderter jüdischer Finanziers.

46 Drumont rief in seiner *Libre Parole* zum Beispiel offen zum Pogrom gegen alle Juden Frankreichs auf. Und Anfang 1898 erlebte Frankreich eine sehr heftige Welle judenfeindlicher Ausschreitungen! In Frankreich lebten ungefähr 70.000 Juden, davon 45.000 in Paris.

Gründeten die prodreyfusardischen Linken und Liberalen eine *Liga zur Verteidigung der Menschenrechte* nach dem Appell Émile Zolas mit seiner Streitschrift *J'accuse*, so antwortete die Rechte mit Putschplänen übriggebliebener *Boulangisten*, mit der Gründung etlicher antisemitischer Bünde, darunter einer *Liga des französischen Vaterlandes*, angeführt von dem national sozialistischen, judenfeindlichen philosophierenden Publizisten der nationalistischen Rechten: Maurice Barrès: als Feind des Dreyfus prominent geworden, und vom neuen Star der Rechtsradikalen, Charles Maurras, der gerade mit einer ehrenden Würdigung des Selbstmörders Oberst Henry als Opfer jüdisch-republikanischer Verfolgung und seiner ehrenhaften Motive bei der Fälschung von Dokumenten gegen Dreyfus hervorgetreten war. Den wirklich radikalen Nationalisten genügte diese Antwort allerdings nicht. Auf Initiative vor allem des Publizisten Maurice Pujo und des früheren Gymnasialdozenten Henri Vaugeois gründeten einige von ihnen im Sommer des Jahres 1898 ein *Comité de l'Action Française*, das sich zur *Action Française* verfestigte, als im folgenden Jahr Barrès und Maurras mitmachten und mit ihnen weitere Anhänger kamen.

Im November 1899 veröffentlichten Maurras und Vaugeois im ersten Heft der *Revue de l'Action Française* endlich ein vorläufiges Programm der neuen Gruppe.

> „Die Dreyfus-Affaire hat uns gerade das Wesen des Übels, an dem wir sterben, offenbart. Es ist nötig, eine neue Partei zu schaffen, indifferent sowohl, was die sich anschließenden Personen angeht, als auch hinsichtlich der zu ergreifenden Mittel... Wir wollen die Avantgarde dieser zukünftigen neuen Partei sein. Unser besonderes Ziel ist es, die Ideen der neuen Partei zu entwickeln und ihre Organisation vorzubereiten"[47]

Und tatsächlich ging es in den ersten sechs Jahren fast ausschließlich darum: um die Fixierung der programmatischen Ideen, oder, in anderer Perspektive gesagt, um die völlige Durchsetzung gerade der Ideen Charles Maurras'. So setzte er den zukünftigen radikalen Monarchismus und die durchgängige Politisierung des Katholizismus als zentrales Prinzip französischer Nationalität durch, und es war vor allem auch Maurras, der die anfänglich beabsichtigte Durchbildung zu einer eigentlich politischen Partei verhindert hat, um die *Action Française* als quasi *didaktisches Zentrum* (Eugen Weber) der gesamten französischen Rechten zu etablieren.

---

47 Zitiert nach E. R. Tannenbaum, The Action Française, New York 1962, S 42.

Also die Ideen zuerst!

Entscheidend für die Doktrinen des Charles Maurras und damit, es sei nochmals gesagt, für die Ideologie der *Action Française* war dessen absolut pessimistisches Menschenbild. Ihm zufolge konnten Zivilisationen nur entstehen und überleben, wenn die *Masse Mensch* in einer *stupeur bonheureuse* gehalten werde. Die Ideen von Freiheit und Gleichheit waren demnach absurd, das auf ihnen gründende politische System der Demokratie eine Fahrkarte in den Untergang nationaler Zivilisation. Zivilisation brauchte, so Maurras, Ordnung und Disziplin als unabdingbare Voraussetzungen, *sie* aber waren nur in den natürlichen Ordnungen, in den Familienverbänden, in den überschaubaren Heimaten, in den traditionellen Provinzen Frankreichs, zurückzugewinnen. Gar nicht unähnlich vielen *völkischen* Ideologen drüben im deutschsprachigen Raum verherrlichten darum Maurras und seine Anhänger Bauerntum und ländliches Leben als Kraftquelle der Nation, womit eine der zentralen Parolen des Vichy-Regimes von 1940: Retour au pays! schon jetzt vorbereitet worden ist. Und wie hier zur Gesundung der Nation an die vorrevolutionären Ordnungsgrößen und -werte neu angeknüpft werden müsste, so sollte nach Maurras auch das gottbegnadete erbliche Königtum als absolute politische Zentralgewalt und zur Verknüpfung der an sich autonom-natürlichen Ordnungen rekonstruiert werden. Zugleich würde dieses Königtum die natürliche Ungleichheit und Abhängigkeit der Individuen symbolisieren. Maurras war *Monarchist* aus seinen radikalnationalistischen Motiven, aber er war kein *Royalist* – das heißt, er hütete sich und die *Action Française* davor, mit dem Anspruch eines wirklichen Thronprätendenten der royalistischen Republikfeinde identifiziert zu werden, auch wenn man deren Subsidien gern annahm. Dasselbe lässt sich auch von Maurras' Katholizismus sagen: Katholizismus war ihm ein nationalfranzösisches Prinzip, er fasste ihn als Wesenskern der französischen Nation, personifiziert in der *Johanna von Orleans*, an deren nationalistischer Umdeutung er und die Leute der *Action* natürlich kräftig mitgewirkt haben. Kirche und katholischer Glaube aber interessierten ihn ansonsten herzlich wenig, und er war durchaus bereit, gegen beide zu polemisieren, wenn sie seine nationalistische Politisierung der Religion nicht länger mittrugen[48]. Solcher nationalistischer Katholizismus diente bei Maurras

---

48 Im Vatikan hatte es zunächst manches Wohlwollen für die *Action Française* gegeben, weil es gegen dieselben Gegner ging. Aber schon vor dem Weltkrieg begann eine Distanzierung, die zum Bann des Jahres 1926 führte. Die Jeanne D'Arc ist in der französischen Weltkriegspropaganda zur nationalen Ikone stilisiert worden. Zur Freude der französischen und zur Erzürnung der deutschen Nationalisten ist Jeanne nach Abschluss eines

namentlich zur schroffen Abgrenzung gegen die großen protestantisch-germanischen Nationen, gegen Deutsche und Engländer, die er im Grunde zeitlebens gleichermaßen gehasst hat, und gegen die Juden in der Welt wie in Frankreich, welche mit dem Wesen der kapitalistisch-bourgeoisen republikanischen Moderne identifiziert und als deren Hauptnutznießer verabscheut wurden. Im übrigen ging es gegen Freimaurer, Sozialisten und gegen die sogenannten Metöken (mit einem altgriechischen Begriff), also gegen die in Frankreich lebenden Ausländer. Bei alledem ist es doch ein wenig erstaunlich, in welchem Ausmaß der Ordnungsfanatiker Maurras bereit war, Frankreich ins Chaos zu stürzen nach dem durchaus öffentlich ausgesprochenen Motto: Es müsse alles äußerst schlecht gehen, bevor es besser werden könne, und zwar Chaos nicht zuletzt durch die Entfesselung von Gewalt gegen die politischen und rassischen Feinde, zu dessen Beendigung dann eines Tages der ersehnte Umsturz der Republik, etwa durch einen Putsch rechtsgerichteter Militärs, möglich werden sollte. Maurras rechtfertigte diese Diskrepanz zwischen dem Ruf nach Ordnung und der Provokation von Unordnung aus der Unterscheidung zwischen einem *pays réel* und einem *pays légal*, zwischen dem wirklichen (und ordentlichen) Frankreich und dem zwar legalen, aber unnationalen Frankreich der Republikaner, der Bourgeoisie, der Sozialisten, der Juden, welches also aufgrund höheren, weil nationalen Rechts ins Chaos gestürzt werden durfte, ja, ins Chaos gestürzt werden musste.

Maurras' Denken, die Ideologie der *Action Française* waren entschieden und umfassend antimodernistisch[49], ja, im schlichten Sinn des Wortes *reaktionär*. Ich würde deshalb doch zögern, in der *Action Française* einen direkten Vorläufer von Faschismus und Nationalsozialismus zu sehen und sie alle zusammen in eine Dimension *Faschismus* einzuordnen, wie dies Ernst Nolte und Nachfolger getan haben, denn weder italienischer Faschismus noch deutscher Nationalsozialismus können im Begriffsfeld von *Reaktion* auch nur annähernd zutreffend beschrieben werden. Wirklich vorausweisend und, so verstanden, modern war die *Action Française* aber in diesem Punkt: In der Organisation von *terroristischer Propaganda* und *propagandistischem Terror*. Aber das enthüllt sich nur begrenzt in der

---

an der römischen Kurie schon vor dem Krieg eingeleiteten Verfahrens von Papst Benedikt XV. im Mai 1920, beinahe ein halbes Jahrtausend nach ihrer Verbrennung, heiliggesprochen worden.

49   Erst später wurden korporativistische Ideen zur Organisation der modernen Arbeitswelt vorgestellt.

Auseinandersetzung mit der Ideologie, dazu müssen wir vielmehr die Aktionen der *Action Française* näher betrachten.

Bis 1905 war die *Action Française* eigentlich nichts anderes als eine ziemlich kleine Gruppe von rechtsradikalen Pariser Intellektuellen, die alleweil im *Café de Flore* rumhockten und debattierten und ansonsten nur über eine auflagenschwache *Revue d'Action Française* verfügten, um in die rechte Öffentlichkeit zu wirken. Mit anderen rechtsnationalistischen und antisemitischen Grüppchen hatte sie nur einen einzigen Abgeordneten im französischen Parlament, Gabriel Syveton. Und der starb 1905 unter mysteriösen Umständen: Die republikanische Linke behauptete, er sei von eigener Hand gestorben; die Rechte indessen war sicher, dass er von den Gegnern umgebracht worden war, weil er deren Pläne zur Säuberung der Armee von nationalistischen und judenfeindlichen Offizieren vor dem Hintergrund der Dreyfus-Affäre ans Licht gebracht hatte. Syveton wurde von der *Action Française* sogleich als Märtyrer der eigenen Sache reklamiert: Sein Begräbnis war eine ihrer ersten großen Demonstrationen, hinfort wurde sein Todestag Anlass ähnlicher jährlicher Rituale, wie sie die Nationalsozialisten zum Gedenken ihrer Toten vom Tag des *Münchener Putschversuchs* 1923 an jedem 9. November inszenieren würden.

Das bezeichnete aber auch schon eine neue aktivistische Phase der *Action Française*. Im selben Jahr 1905 wurde die *Ligue d'Action Française* ins Leben gerufen, mittels derer die Leute um Charles Maurras nunmehr darangegangen sind, die zahlreichen, im innenpolitischen Klimawandel nach 1899 versprengten rechten Grüppchen in einem Netzwerk von *Sektionen* einzusammeln. Am Vorabend des Weltkriegs gab es allein in Paris 44 Sektionen der *Ligue*, die jederzeit an die 5.000 Leute für spontane Kampfdemonstrationen und bis zu 30.000 Anhänger anlässlich der großen nationalistischen Festtage mobilisieren konnten, so beispielsweise zum Tag der Johanna von Orleans am 24. Mai 1914. 1906 wurden gleich zwei Organisationen für weibliche Anhänger geschaffen: die *Dames de l'Action Française* und die *Jeunes Filles Royalistes*. Letztere Organisation für Mädchen unter achtzehn Jahren (in der Regel) hatte 1910 ca. 4.000 Mitglieder in etwa 70 Sektionen. Ebenfalls im Jahre 1906 wagte man einen Schritt, den keine andere radikalnationalistische Bewegung im Europa der Vorkriegszeit riskiert hat, für den es aber Vorbilder auf der Seite der sozialistischen Linken gegeben haben mag: die *Action Française* gründete ihre eigene Bildungsstätte, mit einem Begriff der zeitgenössischen deutschen Sozialdemokratie sozusagen ihre eigene *Parteihochschule*: das *Institut d'Action Française* mit Lehrstühlen zu den doktrinären Zentralthemen, mit Kursen in Politik, Sozialwissenschaft, internationaler Politik, Nationalismus, Regionalismus, besetzt mit Führern und Intellektuellen der *Action*, aber auch mit eigens berufenen Hochschuldozenten. Von hier aus auch ließen sich die in der Folge massiven Vortragsreihen über die Sektionen organisieren bzw. abrufen. 1908 wurde zur *Revue* die Tageszeitung *Action Française* ins Leben gerufen. Als Finanzier und später Herausgeber fungierte der brillante Journalist Léon Daudet, Vaugeois agierte als politischer Direktor, Maurras schrieb den täglichen Leitartikel – und Madame Daudet sorgte für den Modeteil[50].

Dasselbe Jahr 1906 sah noch eine weitere organisatorische Neugründung: die der *Camelot du Roi*, zunächst entstanden aus rechtsgerichteten Pariser Studentengrüppchen im Zusammenhang mit von ihnen inszenierten Vorfällen zur Sache Dreyfus im Justizpalast, von Seiten der *Action Française* dann koordiniert und von Maurice Pujo geleitet. *Camelot*, das übersetzt sich in diesem Zusammenhang: Zeitungsverkäufer, genau, Zeitungsverkäufer im direkten Straßenhandel, wie man sie hierzulande jetzt eigentlich nur noch aus alten Filmen kennt. Und genau dies war in vordergründiger Betrachtung die Hauptfunktion der *Camelot du Roi*: als *Straßenhändler des Königs* die Tageszeitung *Action Française* in der Öffentlichkeit zu *verhökern*. So ließ sich deren Auflage steigern. So gab man dem Aktivismus junger radikaler Nationalisten einen praktischen Propagandazweck. So gewann man aber auch jugendliche Anhänger, indem man sie am Gewinn beteiligte. Das war interessant für Arbeitslose gerade aus den unteren Mittelschichten. Und das wiederum änderte das soziale Erscheinungsbild der *Camelot du Roi*. Geführt wurden sie von Studenten, es gab eigene studentische Sektionen. Aber die Masse setzte sich aus jungen Leuten in kaufmännischen Berufen und in der sonstigen Angestelltenschaft zusammen[51]. 1909 gab es nationsweit bereits 65 Sektionen, in Paris allein mit gut 600 Mitgliedern. Allerdings produzierten Bezweckung und schnelles Wachstum alsbald Disziplinlosigkeiten, außerdem traten allzu viele Opportunisten ein. Deshalb führte die *Action Française* schon Mitte 1909 eine Säuberung und danach eine statutenmäßige Reorganisation durch. Von jetzt an wurden Herkunft, politische Zuverlässigkeit und ordentliche Lebensführung vor der Aufnahme rigide geprüft, Arbeitslose hatten ihre Bemühung um Arbeit nachzuweisen. Außerdem fand eine Binnendifferenzierung der *Camelots* statt durch Einrichtung einer speziellen Mitgliederelite, nämlich der *Commissaires*. Die Commissaires galten hinfort als „Ka-

---

50 Als nächstes Presseorgan kam eine Zeitschrift für Literaturkritik hinzu.

51 Auch wurden Leute, die wegen radikalnationalistischer Aktivitäten etwa aus dem öffentlichen Dienst entlassen worden waren, als *Camelots* (zwischen-)beschäftigt.

dertruppe zur Verwendung in allen denkbaren Eventualitäten"; sie führten *Wehrsportübungen* auf einer Seine-Insel bei Paris durch, übten dort auch den Gebrauch von Schlagwaffen für Demonstrationen und für den Einsatz als, ja, *Schutzstaffel* bei Veranstaltungen der *Action Française*.

Die *Camelot du Roi* und besonders die *Commissaires*, zu denen auch der junge Georges Bernanos gehört hat, waren die Träger, die Exekutoren quasi-faschistischer Gewalt, gleichsam vorweggenommener faschistischer Gewaltkonzeptionen der *Action Française*. Wieso faschistisch? Sie haben ja bereits bemerkt, dass ich mich ansonsten vor ahistorischen Begriffstransfers sehr, sehr hüte. *Faschistisch* oder besser: faschistoid, weil sie in ähnlicher Weise wie die Gewaltanwendung in der allerdings späteren faschistischen Bewegung in Italien und dann auch in der nationalsozialistischen Bewegung stets zwei vorrangige, miteinander verbundene Zwecke verfolgt hat – die *Demütigung*, Entwürdigung des konkret betroffenen Opfers und die *propagandistische Verwertung* exemplarischer Gewaltanwendung, aufgrund derer die Einzeltat erst *allgemeine terroristische Wirkung* erzielen kann.

Camelots attackierten mit Radau und Schlägen renommierte Sympathisanten und Verteidiger des mittlerweile militärjuristisch rehabilitierten Oberst Dreyfus. So zum Beispiel 1910 den späteren Außenminister und Verhandlungspartner Stresemanns, Aristide Briand, mit ihm Träger des Friedensnobelpreises. Diese Ohrfeige war der Führung der *Action* eine Goldmedaille für den Täter wert: Ehrenzeichen für den *Helden des Jahres*. Sie attackierten Politiker, Publizisten, Wissenschaftler, welche irgendeinen Wert oder eine Ikone des radikalen französischen Nationalismus in Frage stellten oder auch nur in Frage zu stellen schienen. So zum Beispiel im November 1908, als sie den Professor Thalamas am *Lycée Condorcet* so lange prügelten und am Unterricht durch Krawall hinderten, bis der Skandal in ganz Frankreich Tagesgespräch war. Warum Thalamas? Nun, der hatte es gewagt, die *Jungfrau von Orleans* wissenschaftlich-kritisch zu behandeln. Sie griffen unfranzösische Künstler an, am heftigsten, wenn sie obendrein geborene jüdisch-gläubige Künstler waren. So sollte im Februar 1911 ein Stück des jüdischen Franzosen Henri Bernstein am berühmten Théatre Français aufgeführt werden, indessen *Camelots* und *Action* der Ansicht waren, dass jüdische Dichter in keinem französischen Theater etwas zu suchen hätten. Sie störten Proben und Aufführungen und griffen Schauspieler solange tätlich an, bis die Theaterleitung das Stück entnervt zurückzog. Verhaftungen und Haftstrafen wurden gern in Kauf genommen, denn das bot der Presse der *Action Française* Gelegenheit, die Republik erneut anzuklagen – diesmal dafür, dass sie echte Patrioten wie gemeine Verbrecher behandelte. Maurras drohte politischen Gegnern und seinen Feinden des Öfteren öffentlich Mord und Totschlag an. Kein Wunder, dass das andere Frankreich ihn verdächtigt hat, er hätte die Ermordung des großen sozialistischen Pazifisten Jean Jaurès am 31. Juli 1914 initiiert. Die Strategie der öffentlichen Gewalt aber spiegelte sich in der von den intellektuellen Führern und Publizisten der *Action Française* verfolgten anderen, einer zweiten Strategie der bewussten öffentlichen Lüge oder Halbwahrheit. Den Grundton hierzu hatte Charles Maurras bereits 1898 in einem Aufsatz zur Ehrung jenes schon erwähnten Oberst Henry angestimmt – des einstigen Anklägers des Hauptmanns Dreyfus, dessen Fälschung von belastenden Dokumenten man auf die Schliche gekommen war, der ganz kurz vor einer Anklageerhebung gegen ihn selbst und schon inhaftiert tot aufgefunden worden ist, vermutlich ein Selbstmord. Aber die gesamte Rechte glaubte, dass Dreyfus-Anhänger diesen Patrioten umgebracht hätten. Und Maurras verstärkte nun diesen Glauben, indem er finster vom „ersten vergossenen Blut" in der Affäre Dreyfus schrieb. Und dann fuhr er fort, Henrys einziger Fehler sei gewesen, dass er sich habe erwischen lassen.

> „Kraft, Entschiedenheit, Kühnheit, nichts fehlte Dir (Henry – d. Verf.) als ein wenig Glück. In allen Situationen hast Du überlegene Anlagen bewiesen. Du hast sie bis zu dem Punkt angewendet, Deine Vorgesetzten, Freunde, Kameraden, Mitbürger zu täuschen, jedoch, und dies ist die Wahrheit, Du hast es zum Guten und zur Ehre aller getan".

Die Anhänger Maurras' versicherten später, mit diesem Artikel wäre der Anfang zur *Action Française* gemacht worden. Richtig ist jedenfalls, dass sie diese eigenartige nationalistische Moral strikt beherzigt hat. Wenige Jahre später, anlässlich des Selbstmordes des ebenfalls schon erwähnten rechtsradikalen Abgeordneten Gabriel Syveton, eines ganz besonders schlimmen Volksverhetzers, wiederholten die Publizisten der *Action* das Henry-Spiel: Wieder wurde von Mord gesprochen, wieder wurde ein höchst zweifelhafter Charakter zum Märtyrer gemacht, sein Grab Schauplatz hinfort alljährlicher ritualisierter Aufmärsche. Selbstverständlich behaupteten Maurras und all die anderen zeitlebens, dass Dreyfus ein deutscher Spion war, all den vielen gegenteiligen Beweisen zum Trotz. Die Zahl der Beispiele ist Legion, von ihnen allen erzähle ich nur noch eines: 1911 wurde die *Mona Lisa* von einem Italiener aus dem Louvre gestohlen. Die Presse der *Action Française* indessen behandelte den Kriminalfall als Paradigma der großen jüdischen Verschwörung gegen Frankreich, nachdem sie entdeckt hatte, dass der Direktor des Louvre sich einst zu der Überzeugung bekannt hatte, dass Dreyfus unschuldig wäre. Jetzt sollte er seinen Judenfreunden den Gefallen getan haben, die Bewachung des Louvre so schlecht überhaupt nur möglich durchführen zu lassen. Es gab Zeiten, da saßen immer gleich mehrere Publizisten der *Action* mehr oder minder lange Haftstrafen wegen solcher Lügengeschichten ab, sofern sie der Regierung oder höheren Beamten gegolten hatten. Privatleute waren nicht selten auf einen anderen, damals noch möglichen Weg, sich Genugtuung zu verschaffen, angewiesen: auf ein Duell mit dem durch Lüge beleidigenden Publizisten. Die Leute der *Action* waren ja geschult, sie schnitten also recht gut ab.

Wenden wir uns einer letzten Frage zu. Woher kam die Anhängerschaft der *Action Française?* Und mit dieser Frage kann auch eine Antwort auf die andere Frage gesucht werden: Wie finanzierte sie so kostspielige Aktivitäten, die Presse, ein eigenes hochschulartiges Institut, Vortragsreihen, Massendemonstrationen, Feiern und so weiter?

Die Masse der Anhänger und Mitglieder entstammte bildungsbürgerlichen Mittelschichten und, noch mehr, was die bloßen Zahlen angeht, aus der kleinbürgerlichen Mittelschicht: Kaufmannsgehilfen, Handwerker, Händler und kleine Gewerbetreibende, dazu aber auch aus der Arbeiterschaft. Regelmäßig waren das keine sozialen Gruppen, die auf der Gewinnerseite des Modernisierungsprozesses standen. Das gilt auch für die vielen Pfarrer, die vor dem Weltkrieg die *Action Française* unterstützt haben, arm in einem seit 1905 radikal laizistischen Staat, verhöhnt von den antiklerikalen Republikanern in der Traditionen des französischen Jakobinismus von 1793. Das gilt aber auch für die vielen hochadeligen und vor allem für die noch zahlreicheren landadeligen Unterstützer und teils auch Mitglieder der *Action*, nur dass diese Gruppe über Einfluss und, insgesamt gesehen, auch Geld zur Unterstützung der *Action Française* verfügte. Spenden und Nachlässe aus dieser letzten Gruppe vor allem scheinen die Umformung der *Action Française* von einer elitären Intellektuellenrunde zu einer binnendifferenzierten aktiven Massenbewegung zwischen 1905 und 1908 ermöglicht zu haben. Das heißt, die *Action* wurde umso erfolgreicher, je mehr es ihr gelang, das Potential des *anderen Frankreichs*, des traditionalistischen, konservativen und kirchentreuen katholischen Frankreich, des vormodernen und antimodernen ländlichen Frankreich, des seit jeher genauso antirepublikanischen wie antibourgeoisen Frankreich auf sich selbst zu konzentrieren. Nach 1905 traten ganze lokale Zweige katholisch-konservativer, royalistischer oder antisemitischer Ligen zu ihr über, einfach schon in Ermangelung von Alternativen. Und aus diesem zweiten Grund: Ideologisch und programmatisch entsprach die *Action Française* den durchschnittlichen antimodernen und reaktionären Orientierungen dieses klassenübergreifenden *anderen Frankreich*. Aber als Organisation war sie im Gegenteil hochmodern und modern-effektiv und genau deshalb attraktiv für jenes bisher auch organisatorisch rückständige und zudem vielfach zerstrittene andere Frankreich. Nach 1908 wurde der Erfolg der *Action* zum Selbstläufer, der Zulauf brachte noch mehr Spenden, Beiträge, Geld von den zunehmenden Käuferschaften der Presseprodukte, Abzeichen, Bilder.

„Von all den Verbänden der Opposition", schrieb gegen Ende des Jahres 1909 ein Agent der Sûreté, „ist nur die *Action Française* keinen Moment lang inaktiv. Im Unterschied zu den anderen Gruppen sind ihre Hauptquartiere so belebt und aktiv wie immer". Die *Camelots du Roi* aber wurden von der Polizei als gefährlichste rechtsnationalistische Organisation gesehen, die in Frankreich jemals aufgetreten war. Sie sangen:

> „Vivent les Camelots du Roi, ma mère,
> Vivent les Camelots du Roi!
> Ce sont des gens que se fichent des lois,
> Vivent les Camelots du Roi."

2. Italien

Einige Historiker, so trotz genereller Einschränkungen auch Ernst Nolte in seinem Werk über den *Faschismus in seiner Epoche*, haben gemeint, dass der präfaschistische italienische Radikalnationalismus deutliche Impulse aus der Auseinandersetzung mit der *Action Française* empfangen habe. Allerdings haben radikale italienische Nationalisten und dann auch Mussolini zum Beispiel im Oeuvre des Charles Maurras herumgelesen und hieraus möglicherweise dankbar Material zur Begründung ihrer Verachtung Frankreichs als parlamentarische Republik übernommen. Aber Frankreich verachteten sie so oder so, weil sie die Nachbarnation als Haupthindernis italienischer machtpolitischer Ambitionen einerseits und als Mutter der gleichmacherischen europäischen liberalen und demokratischen Revolution andererseits sahen beziehungsweise deuteten. Der Hinweis auf solche Lektüre und dann auf ein paar ideologische oder programmatische Ähnlichkeiten vermag die Abhängigkeitsthese aber ohnehin nicht hinreichend zu stützen, weil sie Ähnlichkeiten im Wesen aller europäischer radikaler Nationalismen waren und weil sich der italienische vom französischen Radikalnationalismus in zentralen Punkten eindeutig unterschieden hat: So waren zum Beispiel die italienischen radikalen Nationalisten unbedingte *Modernisten*, waren es mehr noch als die Geistesverwandten in Großbritannien, indessen bei ihnen zum anderen Beispiel der Antisemitismus *gar nicht* vorkam, so dass ihr Rassebegriff auch noch viel mehr als bei den Briten auf die Nation als Geschichts- und Zivilisationsgemeinschaft und kaum noch als Abstammungsgemeinschaft abhob[52]. Im Übrigen bewunderten die italienischen radikalen Nationalisten am meisten das Modell des wilhelminischen Deutschland, so wie sie es eben wahrgenommen haben: die autoritären politischen Strukturen und die soziale Disziplin, die rasante Industrialisierung und die wissenschaftliche Leistungsfähigkeit, die militärische Kraft und den raschen Aufstieg zur dritten Kolonialmacht in der Welt. So sollte Italien werden, dieses Land, das doch zur selben Zeit: zwischen 1860 und 1870, wie Deutschland zum Nationalstaat vereint worden war.

Was war seither, in nur einer Generation aus Deutschland geworden! Und wie weit war demgegenüber Italien zurückgeblieben.

Ich glaube, es muss ein wenig über die Situation Italiens um 1900 gesagt werden, um dann die Eigenartigkeit des dortigen radikalen Nationalismus richtig zu verstehen.

Zuerst das *Politische*: Italien war seit der Einigung de facto, allerdings nicht unbedingt verfassungsgemäß[53] eine parlamentarische konstitutionelle Monarchie und insofern fortschrittlicher als das Deutsche Reich, wo die Regierung nicht aus dem Reichstag, sondern aus prinzipiell absoluten Entscheidungen des Kaisers hervorging. Aber dieses Parlament in Rom spiegelte nur den politischen Willen einer winzigen besitzenden Aktivbürgerschaft, denn der Anteil der aufgrund ihrer Steuerleistung Wahlberechtigten an der Gesamtbevölkerung betrug 1892 nur 9,4 Prozent und fiel in den nachherigen Jahren sogar noch stark ab (1900: 6,6 Prozent, 1909: 8,3 Prozent), bevor 1912 das fast allgemeine (Männer-) Wahlrecht eingeführt wurde: Dann waren ca. 8,5 Millionen Menschen in einer Gesamtbevölkerung von nicht ganz 40 Millionen wahlberechtigt. Mehr noch: um 1900 nahm nur die knappe Hälfte der Berechtigten an den nationalen Parlamentswahlen teil! Die Masse der Nichtwähler stellten die kirchen-

---

52 Das war noch offensichtlicher, wenn sie gelegentlich den Rassebegriff von dem der Nation abgelöst und übernational verwendet haben, so in Bezug auf eine *lateinische Rasse*.

53 Das *Statuto Albertino* von 1848, zuerst in Piemont, ab 1860 und bis 1945/1948 Verfassung Italiens.

treuen Katholiken: Für sie galt immer noch die päpstliche Vorschrift, nicht am politischen Leben dieses Nationalstaats teilzunehmen, der nur durch die Einverleibung vordem päpstlicher Territorien und besonders des päpstlichen Roms hatte geschaffen werden können.

Demzufolge wurde die Politik gemacht von einer schmalen liberalen politischen Klasse, sozial im mittleren und großen Bürgertum sowie in der verbürgerlichten und seit jeher urbanisierten Aristokratie beheimatet. Diese politische Klasse zerfiel in linke, mehr demokratische und rechte Liberale, die sich gelegentlich in der Regierung abwechselten. Sie kam ohne weiteres mit klassischer Honoratiorenpolitik aus, sie brauchte keine modernen Parteien oder andere Instrumente moderner Massenpolitisierung. Politische Konflikte löste sie mit der Methode des *trasformismo*: das ist die Ausschaltung eines politischen Gegners oder Unruhestifters durch Einbindung ins Herrschaftskartell, also regelmäßig durch Beteiligung an der Vergabe politischer Machtpositionen und an der Verleihung von Pfründen. Bis zum Weltkrieg funktionierte diese Methode sogar noch gegenüber den Führern des aufkommenden Sozialismus und der anfangenden Christdemokratie. Folglich wiederum konnte von moderner Massenpolitisierung in Italien noch kaum die Rede sein, und das bedeutete, dass der Nationswerdungsprozess kaum schon die unteren Mittelschichten und Unterschichten erreicht hatte.

Die politische Kultur: Unnötig zu betonen, dass es auch noch keine nationale Massenpresse gab. Infolge des mangelhaften Schulsystems konnten sowieso nur zwei von drei Italienern wenigstens ein wenig lesen und schreiben, wenn schon oft nicht mehr als den eigenen Namen. 1915, beim Kriegseintritt Italiens, wussten viele der im ländlichen *mezzogiorno* rekrutierten Soldaten wirklich kaum etwas mit dem Wort *Italien* anzufangen. Nun, 1918, nach 650.000 Gefallenen war dieses Problem allerdings ansatzweise gelöst: Kein Wunder, dass nationalistische italienische Historiker Italiens Teilnahme am Ersten Weltkrieg als vierten *Risorgimentokrieg*, also als vierten nationalen Einigungskrieg (nach denen von 1848/49, 1859 und 1866) dargestellt haben. Überdies standen sich in Italien zwei Kulturen: die papsttreue katholische und die liberale *laizistische Kultur*, unversöhnt gegenüber, was nur deshalb kein solches aktuelles politisches Problem wie in Frankreich war, weil erstens die Massen kaum in die Politik einbezogen waren und weil zweitens jenes katholische Italien eben nur ganz allmählich an der nationalen Politik teilzunehmen begann. Das hieß auch, dass gesamtitalienische Politik grundsätzlich in dieser laizistischen politischen Kultur angesiedelt war, der Liberalismus natürlich, der Sozialismus und dann genauso der radikale

Nationalismus. Um 1900 erst mehrten sich die Anzeichen zukünftiger Massenpolitisierung: durch das Aufkommen der sozialistischen Parteien, durch neuartige katholische Laienorganisationen im Umfeld der *Katholischen Aktion*.

Das Wirtschaftliche: Die Bevölkerung wuchs wie in anderen europäischen Nationen enorm an: von ca. 26 Millionen im Jahre 1861 auf gut 36 Millionen im Jahre 1911, wobei der Zuwachs ab 1900 größer war als der Zuwachs bis zur Jahrhundertwende. Er wäre noch wesentlich größer gewesen, hätte die italienische Nation nicht die *insgesamt* größte Zahl an Wirtschafts-, ja Elendsemigranten unter allen europäischen Nationen gestellt: Bis 1880 verließen rund 150.000 Menschen jährlich Italien, bis 1895 jährlich im Durchschnitt ca. 200.000, bis 1900 jährlich rund 300.000; 1901 gingen 540.000, 1906 fast 800.000, 1912 rund 900.000 – 900.000 in einem einzigen Jahr! Ich füge noch hinzu, dass das Pro-Kopf-Einkommen um 1900 sogar sank, wie Sie es zweifellos schon vermutet haben, als ich eben den Rückgang des Anteils der Wahlberechtigten zwischen 1892 und 1900 erwähnte. Alles zusammen verweist natürlich auf die Rückständigkeit der wirtschaftlichen Entwicklung: Die Industrialisierung setzte wirklich erst kurz vor der Jahrhundertwende voll ein, wodurch das Bruttosozialprodukt bis 1914, also innerhalb von 15 Jahren, um etwa 50 % gewachsen ist. Der Anteil des industriellen Sektors am Bruttosozialprodukt stieg in dieser Zeit von ca. 19 auf 25 Prozent, wobei Italien von ausländischen Investoren sehr stark abhängig blieb; der Anteil des landwirtschaftlichen Sektors sank von über 49 auf 43 Prozent. Aber 1911 waren immer noch rund 56 Prozent aller berufstätigen Italiener in der Landwirtschaft beschäftigt und nur 27 Prozent in der Groß- und in der weit überwiegenden Kleinindustrie. Italien war noch längst keine Industrienation.

Die Politik. Es ist ohne weiteres klar, dass in der Schere zwischen Bevölkerungswachstum und gerade erst beginnender wirtschaftlicher Modernisierung soziale Verelendung wucherte und das politische Radikalisierungspotential wuchs. Nur, in diesem politischen System war der soziale Protest kaum politisch zu repräsentieren. Folglich wurde das Land um 1900 durch Ketten von sozialistischen Streiks und anarchistischen Anschlägen so schwer erschüttert, dass das System und die politische Klasse für einige Zeit auf eine Politik der *institutionellen Reaktion*, besser gesagt: Repression, durchgeführt von einem General als Ministerpräsident, zurückgegriffen haben, um dann zur bewährten Methode des *trasformismo* zumal gegenüber den gemäßigten Sozialisten zurückzukehren. Es ist schließlich auch ohne weiteres klar, dass dieses Land nicht über die wirtschaftliche Potenz verfügte, um eine großmächtige Außenpolitik zu führen, wie es die

Führer der italienischen Nationalbewegung einst erträumt hatten. Gegenüber dem Hauptkonkurrenten Frankreich begab sich Italien deshalb in ein Bündnis mit dem Deutschen Reich und dem verhassten Österreich. Ein früherer Mitarbeiter des Nationalhelden Giuseppe Garibaldi, Francesco Crispi, versuchte es trotzdem, große Kolonialpolitik zu machen, als er zuerst 1887, dann wieder 1893 Ministerpräsident geworden ist: Die Italiener setzten an, das große Äthiopien zu erobern, bezogen aber am 1. März 1896 eine furchtbare und unvorstellbar demütigende Niederlage in der Schlacht von *Adua* gegen die Stammeskrieger des *Negus*[54]. Gerade, dass ein Zipfel, Eritrea, als Kolonie behauptet werden konnte. Und Crispi verlor sein Amt in Schimpf und Schande. Nur die radikalen Nationalisten würden ihn als ihren Vorläufer ehren, und mit der Parole: Rache für Adua! konnte Mussolini noch 40 Jahre später die italienische Öffentlichkeit mobilisieren.

1912 wurde Italien, nach dem skizzierten Aufbruch zur Industrienation und nun auch sozialimperialistisch motiviert, doch noch zu einer kleinen Kolonialmacht, indem man in einem einjährigen Krieg dem geschwächten *Osmanischen Reich* Libyen und einige schöne Inseln in der Ägäis; den Dodekanes, hatte wegnehmen können. Hierbei spielte dann auch der radikale italienische Nationalismus erstmals eine gewisse Rolle in der öffentlichen Unterstützung des Krieges.

Dieser radikale Nationalismus war ein vergleichsweise ebenso verspätetes Phänomen wie die wirtschaftliche und damit soziale Modernisierung Italiens, wie es ja zu erwarten ist, wenn man erst einmal begriffen hat, dass *radikaler Nationalismus* an sich ein modernes Phänomen ist. In Italien beginnt die Entwicklung also nicht um 1890, sondern im Wesentlichen erst einige Jahre nach der Jahrhundertwende; ein organisatorischer Rahmen wurde gar erst im Jahre 1910 geschaffen. Anregungen aus dem ideologischen Reservoir französischer radikaler Nationalisten sind vielfältig zu spüren. Das ändert aber nichts an der Feststellung einer wesentlich eigenständigen italienischen Ausrichtung und Entwicklung. Fassen wir die Gesamtentwicklung des italienischen radikalen Nationalismus bis zum Ende des Ersten Weltkrieg insgesamt ins Auge, so ist deutlich zu erkennen, dass in ihm drei unterschiedliche Strömungen zusammengeflossen sind, aber doch nicht ganz eins wurden, sondern für differierende Akzentuierungen gesorgt haben.

---

54 Es war die einzige Schlachtniederlage, die weiße Truppen je in Kolonialkriegen vor 1945 erlitten haben. Fast 8.000 Italiener und Hilfstruppen sind bei *Adua* gestorben.

Die erste Strömung resultierte aus dem kulturellen Aufbegehren einer *jungen* intellektuellen und künstlerischen Elite, die sich enthusiastisch als Avantgarde einer neuen Synthese von Ästhetik und Politik gebärdete und die sowohl einen neuartigen individualistischen Heroismus als auch einen modernen nationalen Kollektivismus forderte, getragen von einer absoluten Technikbegeisterung und rückhaltlosen Verherrlichung der Moderne, erst recht einer zukünftigen Moderne. Diese Strömung ist einerseits untrennbar mit dem Namen Gabriele D'Annunzio verbunden: des weltweit bekanntesten italienischen Dichters seiner Zeit, in der bürgerlichen Gesellschaft berüchtigt für die schockierend freizügige Behandlung sexueller Themen oder für seinen Wechsel als Parlamentsabgeordneter von der äußersten Rechten zur äußersten Linken im Protest gegen die erwähnte Repressionspolitik des Jahres 1900 und überhaupt für seinen Aktionismus um der Aktion willen. Und sie ist untrennbar verbunden mit der Geschichte des ersten *Futurismus* – mit seinem Aufruf von 1909, die Welt der alten Weltanschauungen, der alten Normen und Ordnungen radikal zu zerstören und eine durch und durch moderne, technische und nationalistische Welt aufzubauen, ist verbunden mit Namen wie Marinetti, Sant'Elia, Boccioni, Sironi[55]. Sie traten seither für eine entschieden imperialistische Politik ihres Landes auf: für den Krieg gegen das Osmanische Reich 1911, für Italiens Kriegseintritt 1914/15 – und zugleich gegen die Monarchie, das Papsttum, die Kirche und so fort.

Die andere Grundströmung im italienischen radikalen Nationalismus kam von der Linken her, gespeist aber aus zwei Quellen. Die eine Quelle war der demo-

---

55 Aus dem *Manifest des Futurismus* vom 2. Februar 1909, formuliert von Filippo Tommaso Marinetti: „Wir preisen die angriffslustige Bewegung, die fiebrige Schlaflosigkeit, den Laufschritt, den Salto mortale, die Ohrfeige und den Faustschlag... Wir erklären, dass sich die Herrlichkeit der Welt um eine neue Schönheit bereichert hat: die Schönheit der Geschwindigkeit. Ein Rennwagen... ist schöner als die Nike von Samothrake... Schönheit gibt es nur noch im Kampf... Warum sollten wir zurückbleiben, wenn wir die geheimnisvollen Tore des Unmöglichen aufbrechen wollen? Zeit und Raum sind gestern gestorben... Wir wollen den Krieg verherrlichen – diese einzige Hygiene der Welt – den Militarismus, den Patriotismus, die Vernichtungstat der Anarchisten, die schönen Ideen, für die man stirbt, und die Verachtung des Weibes... Wir werden die großen Menschenmengen besingen, die die Arbeit, das Vergnügen oder der Aufruhr erregt... die vielfarbige, vielstimmige Flut der Revolutionen in den modernen Hauptstädten..., die Arsenale..., Bahnhöfe..., Fabriken..., die Dampfer..., die Lokomotiven ... und den gleitenden Flug der Flugzeuge...". D'Annunzios Hymnen an eine zukünftige italienische Nation: *Canzoni del gesta d'oltremare, La nave*. Sein Roman *Forse che sì, forse che no* (1910) gilt als erster Fliegerroman der Weltliteratur.

kratische und sozialistische *Irredentismus* in den Traditionen der demokratischen Nationalbewegung des 19. Jahrhunderts, des sogenannten *Risorgimentonationalismus*, von dem ich in der allerersten Vorlesung gesprochen habe. *Irredentismus*, so wird jene Bewegung genannt, die in Opposition zur offiziellen italienischen Politik bis zum Weltkrieg für die Befreiung und den Anschluss der Italiener in solchen Gebieten kämpfte, die nach 1866 im Habsburger Reich verblieben waren: im Trentino, in Triest und Istrien, im Friaul. Diese Quelle sprudelte in den Schriften und Aktionen eines Scipio Sighele und eines Cesare Battisti, mit dem der junge Benito Mussolini um 1910 im damals noch österreichischen Trient zusammengearbeitet hat, damals als einer der radikalsten Sozialisten Italiens[56]. Die andere Quelle aus der politischen Linken findet sich im sogenannten *Syndikalismus*, das heißt: in der Idee, den bürgerlichen Staat von den gewerkschaftlichen Zusammenschlüssen der Arbeitenden her revolutionär umzugestalten, ja, diese berufsspezifischen Assoziationen zur Grundstruktur des zukünftigen sozialistischen Staats aufzuwerten – eine Idee, wie sie in den 1890er Jahren im südeuropäischen und französischen Sozialismus aufkam und dem Etatismus der marxistischen deutschen Sozialdemokratie entgegengestellt worden ist. Eingebracht wurde die syndikalistische Idee in den radikalen Nationalismus besonders von Giuseppe Prezzolini und Giovanni Papini, geboren 1882 beziehungsweise 1881, also von ganz jungen Leuten, die dann 1914/15 keinerlei Probleme hatten, mit den bis dahin zweitführenden Mann des italienischen Sozialismus, mit Benito Mussolini in dessen *fasci di azione rivoluzionaria*[57] und dessen Tageszeitung *Popolo d'Italia*[58] zugunsten eines italienischen Kriegseintritts zusammenzuarbeiten. Sie sahen wie der Sozialist Mussolini, der dafür allerdings schließlich aus der sozialistischen Partei ausgestoßen wurde[59], im Krieg die Chance einer revolutionären Umgestaltung Italiens, voneinander unterschieden nur durch eine mehr nationalistische Akzentuierung hier, eine mehr sozialistische dort.

---

56 1914 wurde Battisti zum österreichischen Militär eingezogen. Er desertierte, als Italien in den Krieg gegen Österreich eintrat. Gefangengenommen, wurde er 1916 in Trient mit anderen zum Tode verurteilt und erschossen. Nationalisten und Faschisten erhoben ihn zum Märtyrer der heiligen Sache Italiens. Das Risorgimentomuseum in Trient setzt diese Martyriologie noch stets fort.

57 Übersetzt: *Revolutionäre Aktionsbünde*.

58 *Volk Italiens*, 1914/15 und 1918-1922 herausgegeben von Benito Mussolini, 1922-1931 von seinem Bruder Arnaldo, 1931-1943 von seinem Neffen. Zentralorgan der faschistischen Bewegung ab März 1919.

59 Nachdem die sozialistische Parteiführung ihm zuerst nur die Chefredaktion des Parteiblatts *Avanti* (: *Vorwärts*, nach deutschem Vorbild) genommen hatte.

Der nationale sozialistische *Syndikalismus* indessen würde in pervertierter Weise noch zur Grundlegung des faschistischen *korporativen Staats* taugen.

Im radikalen italienischen Nationalismus dominierte bis 1914 jedoch eine ursprünglich dritte mehr konservativ und ursprünglich entschieden antisozialistisch ansetzende Linie, aber derartig durchsetzungsfähig wurde sie doch nur durch bestimmte Anpassungen an die beiden anderen revolutionären Linien und dabei gerade an die bezeichnete syndikalistische Strömung – was eben auch deren Stärke unterstrich. Dieser Ansatz und diese anpassende Entwicklung, die 1910 in die Gründung der *Associazione Nazionalista Italiana* mündete, ist entscheidend mit der Biographie Enrico Corradinis (1865-1931) verbunden gewesen.

Corradini hatte bereits eine erste unscheinbare Karriere als Hochschuldozent der Literaturwissenschaft und Verfasser höchst mittelmäßiger Dramen hinter sich, als ihm mit der Niederlage von Adua das alles entscheidende Erweckungserlebnis zum radikalen Nationalisten widerfuhr. Er gehörte zu den ganz wenigen Intellektuellen, die jetzt Crispi als „Helden", als den „einzigen echten Italiener" gegen das „Italien der kleinmütigen Männer" verteidigt haben. Später sorgte er für jährliche aufputschende Gedächtnisfeiern zum 1. März, Tag der Demütigung von Adua. 1902 dann kam sein einziges erfolgreiches Theaterstück heraus: *Giulio Cesare*, *Julius Caesar*, das die Italiener an die große Vergangenheit erinnern, aber noch viel mehr auf einen einst kommenden Reichsgründer vorausweisen sollte. Im folgenden Jahr gründete er mit den schon erwähnten Syndikalisten Papini und Prezzolini die erste radikalnationalistische Zeitschrift Italiens: *Il Regno* (*Das Reich*), die nach wenigen Jahren wieder eingegangen ist, vor allem weil Corradini mit dem dezidierten Modernismus und sozialistischen Syndikalismus als Inbegriff eines „neuen Nationalismus" der beiden jungen Kollegen nicht länger zurecht gekommen ist, diese aber nicht mehr mit Corradinis erst später etwas überwundenem literarischem Bombast. Trotzdem bot *Il Regno* bis 1905 eine erste Synopse italienischer radikalnationalistischer Weltanschauung: Unbedingt antiparlamentarisch und antiliberal, was angesichts des skizzierten Zustandes des damaligen liberalen Parlamentarismus in Italien ja ein allgemeiner Punkt sämtlicher Opposition sein musste, unbedingt gegen den klassenkämpferischen Sozialismus, aber auch gegen klassenkämpferische Bourgeoisie, für staatliche massive Unterstützung der weiteren Industrialisierung, massive Exportoffensiven, um vor allem auch dem Verlust an Volkskraft durch immer größere Emigration vorzubeugen, für eine neue Auffassung der Bedeutung von machtvoller Außenpolitik hinsichtlich der innenpolitischen

Probleme Italiens. Und in *Il Regno* wurde auch das radikalnationalistische Vokabular erprobt: italienische oder lateinische Rasse, heroisches Schicksal, Fetisch des Parlamentarismus und so weiter.

Bis etwa 1908 blieb Corradini ein strikt konservativer radikaler Nationalist, der sich zum einen dem Entwurf literarisch-historischer Reminiszenzen einstiger italienischer Größe widmete, zum anderen dem Kampf gegen den politisch und gewerkschaftlich organisierten Sozialismus und gegen dessen fahrlässig-feigen Wegbereiter, gegen den liberalen Parlamentarismus. Aber in diesem Jahr 1908 hatte Corradini sein besonderes Damaskuserlebnis: und zwar anlässlich von Österreichs Annexion Bosnien-Herzegowinas, einer Annexion des ungeliebten italienischen *Dreibundpartners* ohne jede Rücksicht auf die Interessen Italiens in der Adria und auf dem Balkan, was nicht nur in Corradinis Anschauung erneut die Drittklassigkeit im europäischen Mächtesystem bewies. In dieser Situation bestand er allerdings auf der alten nationalistischen Formel aus der Zeit des *Il Regno*: „Innerer Friede um des äußeren Krieges willen!" Aber nunmehr sah auch Corradini ein, dass man zu diesem Zweck die Arbeiter für die Nation gewinnen müsste, sollte Italien je einig und so zu einer wirklichen Großmacht werden, dass es also nicht ausreichte, einfach nur den Sozialismus abzulehnen und zu bekämpfen. Er forderte die Arbeiter auf, nicht den Klassenegoismus der Bourgeoisie nachzuäffen, sondern sich zum größeren Kollektiv: zur Nation zu bekennen. Und daher definierte er Nationalismus „als die Doktrin all jener, die die Nation als die größte Einheit des kollektiven Lebens verstehen, als ein wahrhaftig und wörtlich größeres individuelles Leben". Er griff die syndikalistischen Ideen Prezzolinis und Papinis auf, formte sie aber zu einem sogenannten *nationalen Syndikalismus* um, das heißt zur Vorstellung eines politischen Neuaufbaus der modernen italienischen Nation aus den berufsständischen Vereinigungen aller Schaffenden in ihren jeweiligen Wirtschaftszweigen. Und er schloss an Ideen an, die Scipio Sighele schon in den 1890er Jahren ansatzweise vorgetragen hatte: Gewiss gab es ein Proletariat *in* den Nationen, aber ebenso gewiss gab es proletarische Nationen in der internationalen Gemeinschaft, *Habenichtsnationen* sozusagen im Vergleich mit den imperialistischen Mächten. Und das nationale Proletariat könnte auf keine Besserung seiner Lage hoffen, wenn es nicht durch Mobilisierung aller Kräfte gelingen würde, dieses Italien aus seiner *proletarischen* internationalen Rolle zu befreien. Ob diese programmatischen Schlagworte für Arbeiter tatsächlich attraktiv werden konnten? Vorläufig wohl nicht. Aber im Zeichen der radikalen Debatte von 1914/15 um einen italienischen Eintritt in den Ersten Weltkrieg würden sie auch im norditalienischen

Proletariat erste Wirkungen erzielen, vor allem aber auf ein paar Arbeiterführer und, wie bekannt, ganz besonders durchschlagend auf Benito Mussolini[60].

Aber zunächst einmal taugte Corradinis Ansatz dazu, eine Plattform für die Sammlung radikaler Nationalisten abzugeben, für die Sammlung radikaler Nationalisten etwa auch der von Prezzolini oder dem Futuristen Marinetti vertretenen Richtungen. Und solche Sammlung entsprach nun auch der zeithistorischen Situation: der Zunahme nationalistischer Ressentiments infolge der inferioren Rolle Italiens in der internationalen Politik, augenfällig seit 1908, dem erreichten Stand des Industrialisierungsprozesses und des damit einhergehenden *Nationswerdungsprozesses*. Sie entsprach zudem der kommenden Modernisierung des politischen Systems durch die relativ weitgehende Wahlrechtsreform des Jahres 1912, die erstmals auch einen Machtaufstieg des marxistischen klassenkämpferischen und internationalistischen Sozialismus ermöglichen konnte.

Im Dezember 1910 also trafen sich Radikalnationalisten jedweder Couleur im ehrwürdigen Palazzo Vecchio zu Florenz, eingeladen zur Gründung eines eigenen Verbandes von Corradini und anderen, eines Verbandes, der dann *Associazione Nazionalista Italiana* (ANI) genannt worden ist. Nahezu alle prominenten radikalnationalistischen Intellektuellen waren anwesend, mehr noch, unter den Versammelten finden sich etliche Namen von Radikalen, die noch das Gesicht des Faschismus und des faschistischen Italiens mitgestalten würden. Zu jedem Hauptthema referierte sozusagen ein Fachmann: Enrico Corradini über *Proletarische Klassen: Sozialismus. Proletarische Nationen: Nationalismus*, Luigi Federzoni über *Italienische Bündnispolitik*, Maurizio Maraviglia über die *Nationalistische Bewegung und politische Parteien*, Filippo Carli über *Wirtschaftspolitik*, Scipio Sighele über *Irredentismus und Nationalismus*, Luigi Villari über *Nationalismus und Emigration*. Dieses Vorgehen mutet ganz systematisch, beinahe wissenschaftlich an, und tatsächlich wurden alsbald die gehaltenen Referate in der Form eines dokumentierenden wissenschaftlichen Kongressberichts veröffentlicht[61]. Aber natürlich kam es auf die ideologisch-politische Dezision an und darauf, den Zusammenschluss radikalnationalistischer Einzelner und recht kleiner Grüppchen zu einer einzigen breiten Strömung öffentlich zu manifestieren – einer neuen italienischen Strömung mit dem gewaltigen, ja, totalen Anspruch, alle Verhältnisse der Nation umzugestalten. Einige Zitate mögen zum Beleg hier genügen.

---

60 Und keineswegs auf ihn allein, sondern auf manche jüngere Sozialisten, so im ersten Moment selbst auf die in Zukunft berühmtesten Kommunisten Italiens, auf Antonio Gramsci und Palmiro Togliatti!

61 *Atti del congresso di Firenze*, herausgegeben von G. Castellini, Frorenz 1911.

Maraviglia, der frühere Sozialist, brachte das Credo des radikalen Nationalismus direkt auf den Punkt:

> „Die Idee der Nation hat somit ihren ganz eigenen Wert, der sich nicht in anderen, minderen Werten auflösen lässt; ihre Interessen sind weit davon entfernt, sich mit anderen Interessen zu identifizieren oder mit ihnen zu verschmelzen, und sie können berechtigterweise die Aufopferung jedes anderen menschlichen Interesses verlangen bis zu dem des Lebens selbst".

Oder Corradini, dessen zentrale These lautete, man müsse alle innenpolitischen Probleme außenpolitisch anpacken, so zum Beispiel das Problem des Elends und der Rückständigkeit Süditaliens:

> „Wäre Afrika (gemeint ist konkret: Tunesien - d. Verf.) vielmehr unter italienischer statt unter französischer Herrschaft, glauben sie, das hätte Sizilien und den Süden und Italien unter denselben Bedingungen gelassen, unter denen sie geblieben sind? [...] Das ganze Leben der Insel und des Südens und der Halbinsel wäre neu durchglüht worden, und gewiss wären viele innere Fragen [genauso] gelöst worden, hätte man sie als äußere Fragen betrachtet".

Corradini fährt fort:

> „Wenn ich eine übertriebene Sprache sprechen wollte, so würde ich sagen, dass für einen echten Nationalisten [...] innere Fragen der Nation nicht existieren. Da ich aber gemäßigt sprechen will, sage ich nur, dass der größte Teil der sogenannten inneren Fragen ... sich immer in äußere umwandeln" lässt.

Sodann trug Corradini zum Begriff der *proletarischen Nation* vor:

> „Es gibt eine einfache Klassenausbeutung: die des Proletariats [...] durch die Bourgeoisie, und es gibt eine vielschichtige Klassenausbeutung, oder besser, eine durch internationale Verbindung, durch unsere Emigration, durch die Eroberung und die Kolonien *anderer* komplizierte Ausbeutung".

Daraus folgerte er:

> „Wie der Sozialismus das Proletariat den Wert des Klassen-
> kampfes lehrte, so müssen wir Italien den Wert des internationa-
> len Kampfes lehren. Aber internationaler Kampf bedeutet Krieg?
> Nun dann, so sei Krieg!"

Der Krieg sei schließlich eine „moralische Ordnungskategorie", anders gesagt:
„eine Methode, um den großartigen und einzigen Grund zur Notwendigkeit nationaler Disziplin zu schaffen".

Der radikalnationalistische Gegenentwurf zum liberal-bürgerlichen System einerseits, zum konkurrierenden Gegenentwurf des marxistischen Sozialismus
andererseits war mit diesen Florentiner Vorträgen und Diskussionen allerdings
hinreichend umrissen. Die programmatische Konkretion ist aber erst in den
kommenden vier, fünf Jahren geleistet worden, und zwar ganz wesentlich
durch den 1913 zur *Associazione Nazionalista Italiana* gekommenen Professor für
Wirtschaftsrecht und früheren Sozialisten Alfredo Rocco. Rocco entwickelte
nämlich in etlichen Büchern, Aufsätzen, zahlreichen Vorträgen die *Prinzipien eines ökonomischen Nationalismus*, die auf dem dritten Kongress der *Associazione*
1914 im wesentlichen angenommen worden sind, weil sie alle Weltanschau-
ungspunkte in ein kohärentes und damit aktionsfähiges System übersetzt haben. Fundamental war Roccos These,

> „dass das italienische Wirtschaftsproblem ein Problem der Pro-
> duktion und nicht der Distribution des Reichtums ist und dass
> sich das ganze Problem der Produktion seinerseits nicht mit einer
> rein inneren Konzeption lösen lassen kann, sondern nur mit einer
> internationalen und weltweiten Konzeption des italienischen
> Wirtschaftslebens".

Damit waren alle Methoden eines Kampfes um den Platz an der Sonne gemeint, so in wörtlicher Übernahme der von Bülow geprägten Parole wilhelminischer Weltpolitik, aber besonders auch die Methode kriegerischer Eroberung:

> „Wir müssen unser Volk an die Idee gewöhnen: dass in bestimm-
> ten Augenblicken [...] die friedliche Emigration nicht mehr ange-
> messen sein kann, und dass man auf eine andere Form der Emi-

gration zurückgreifen muss: auf die bewaffnete Emigration, d. h. auf den Krieg [...] Ein Volk von 42 Millionen Einwohnern, dem bloß ein enges und armes Gebiet zur Verfügung steht, hat das Recht, sich [...] notgedrungen mit allen Mitteln, auch mit gewalttätigen Mitteln auszubreiten".

Soviel zu dieser speziellen, sich am Begriff der proletarischen Nation entlang hangelnden italienischen Variante eines sozialdarwinistischen Imperialismus. Es wurde damit zugleich ein Programm innerer Systemveränderung verfolgt. Denn die Absage an den ökonomischen Individualismus sowohl liberaler wie sozialistischer Konzeption der wirtschaftlichen Produktion führte logisch zur Idee eines autoritären Staates, der sowohl für die Disziplinierung der Produzenten (bei weiterbestehender privatwirtschaftlicher Produktionsordnung) wie für die Vorbereitung und Durchführung nationaler und nationalökonomischer Expansion jenseits aller parteipolitisch organisierten Partikularinteressen zu sorgen haben würde. Insofern konnte Rocco dann mit Recht sagen: „Der Nationalismus ist revolutionär und ist nichts für Skeptiker und Schüchterne". Fürs erste musste sich Rocco allerdings noch mit einer heftigen Kampagne zur Einführung von Schutzzöllen zugunsten der italienischen nationalen Arbeit begnügen, so dass man mit etwa zehnjähriger Verspätung an dem Punkt ankam, von dem her der britische Radikalnationalismus einst ausgegangen war. Halten wir auch noch fest, dass biologistischer Rassismus, Judenfeindschaft und rassistischer Antisemitismus in der Formierung des italienischen Radikalnationalismus keinerlei Rolle gespielt hat.

Schüchtern waren die Leute der *Associazione Nazionalista Italiana* bestimmt nicht, und die Vereinigung selbst war gerade rechtzeitig ins Leben gerufen worden für die Zuspitzung der europäischen Krise seit 1911, womit auch die italienischen Radikalnationalisten genügend Gelegenheit erhielten, permanente Propaganda an einem akuten Fall nach dem anderen zu treiben. 1911 und 1912 konnten diese Radikalen den imperialistischen Krieg des immer noch liberalen Italiens gegen das schon längst so schwache Osmanische Reich freilich nur von politischen Randpositionen, aber mit gewaltigem Getöse begleiten, und dieser Krieg und die daraus resultierenden Annexionen im Mittelmeer: Tripolitanien und die Cyrenaica (i.e. das heutige Libyen), Rhodos, die Inseln des Dodekanes, änderten natürlich auch gar nichts an ihrer Ablehnung des liberalen Systems. 1914 aber trug die propagandistische und politische Aktion schon in die Mitte der öffentlichen Entscheidungsprozesse, zuerst durch die Beteiligung von Anhängern der *Associazione* an der Bekämpfung streikender und demonstrierender sozialistischer Arbeiter im Juni 1914, dann durch die Entfesselung einer massiven Propaganda für einen italienischen Kriegseintritt ab dem August 1914, welche tatsächlich wesentlich zur Paralysierung der liberalen politischen Klasse, zur Durchsetzung der am meisten nationalistisch eingestellten Liberalen und somit zum Kriegseintritt Italiens beigetragen hat. Dabei hatten die Leute der *Associazione* zunächst auf die Seite der *Mittelmächte* gewollt und erst ab dem Herbst 1914 auf die Seite der *Entente*, weil Österreich-Ungarn zu keiner Lösung des irredentistischen Problems (Abtretung des Trentinos vor allem) bereit war. Und überhaupt: Hauptsache, dass Italien in den *großen Krieg* eintrat!

Bis dahin war die innere Entwicklung der *Associazione Nazionalista* aber auch deutlich fortgeschritten. Seit 1911 verfügte sie über eine eigene Wochenzeitschrift: die *Idea Nazionale*, redigiert von Corradini, Federzoni, Maraviglia und Francesco Coppola, einem Freund Roccos. Seit Herbst 1914 kam sie als Tageszeitung heraus, was durch allmählich reichlicher (aber niemals reich oder gar bestimmend!) fließende Zuwendungen unter anderem aus einigen industriellen Kreisen ermöglicht wurde. Zur Sammlung von Geldern wurde im Laufe des Jahres 1914 eine eigene Gesellschaft, die *Italiana*, geschaffen. Andererseits war ein ganz wesentlicher Schritt während des zweiten Kongresses der *Associazione* im Dezember 1912 getan worden: nämlich der zur Umformung des Verbandes hin zu einer Partei, die sich mit eigenen Kandidaten an den kommenden Wahlen des Jahres 1913 beteiligen würde, den ersten Wahlen nach der großen Wahlrechtsreform; freilich zu einer Partei des damaligen italienischen Typs der lockeren, auf Honoratioren ausgerichteten Art, so dass das eigentlich konsequente Verbot der Mitgliedschaft auch in anderen Parteien erst auf dem dritten Kongress 1914 ausgesprochen wurde. Immerhin saßen seit 1913 sechs führende Radikalnationalisten in der Abgeordnetenkammer.

Warum so ausführlich über die *Associazione Nazionalista Italiana*? Weil sie ganz eindeutig und direkt die Weltanschauung und in mancher Beziehung sogar die Programmatik des *Faschismus* vorausgebildet hat. Der Faschismus wird dem Prinzipiellen fast nichts hinzuzufügen haben, am ehesten noch abgesehen von der ideologischen Verortung des *Duce-Kults*, der als solcher aber von D'Annunzio herkommt. Diese ganz unmittelbare ideologische Kontinuität ging einher mit der personalen Kontinuität von der *Associazione* hin zum späteren Faschismus, nachdem der frühe Faschismus von 1919 bis 1922 zuerst mehr an einem Seitenstrang des radikalen Nationalismus, am nationalen Syndikalismus, angeknüpft hatte, aber doch vor allem eine ziemlich theorielose Kampfbewegung geblieben war. Diese personale Kontinuität hin zum Faschismus vollzog sich auf zwei Wegen, zum einen durch individuelle Eintritte in die frühe faschistische Bewegung, zum anderen durch die Verschmelzung von *Associazione* und faschistischer Partei im Jahre 1923. Alfredo Rocco und Francesco Coppola arbeiteten schon seit 1919 eng mit Mussolini zusammen, Corradini, Federzoni, Maraviglia, um nur die Häuptlinge zu nennen, stiegen nach der Vereinigung 1923 in hohe Ränge der faschistischen Partei auf, so ins Zentrum der Macht, in den *Faschistischen Großrat*, und überdies in wichtigste Positionen des faschistischen Staates, so Federzoni als Innenminister, Rocco beim Aufbau des korporativen Systems und so weiter.

IV. Vorlesung
Radikaler Nationalismus in Europa
vor dem Ersten Weltkrieg
Fallstudien: Russland und Serbien

In dieser Vorlesung verzichte ich auf die bisherige detaillierte, wenngleich abgestuft detaillierte Darstellungsweise. Stattdessen geht es zum einen darum, die Normalität des Phänomens *radikaler Nationalismus* in der europäischen Geschichte vor dem Ersten Weltkrieg durch Ausweitung der Perspektiven auf zwei ost- beziehungsweise südosteuropäische Fallbeispiele einzuprägen. Und zum anderen geht es darum, an diesen beiden Fällen aus einem wiederum anderen europäischen Kultur- und Zivilisationskreis unsere allgemeine Ansicht des Phänomens *radikaler Nationalismus* vor 1914 zu vertiefen. Auf Einzelheiten wird also nur insofern eingegangen, als dies zur Veranschaulichung der allgemeinen Problemstellungen erforderlich ist. Im Übrigen fehlt die Zeit zur weitläufigen Ausleuchtung der damaligen russischen und serbischen Geschichte.

Die beiden Staatsbezeichnungen aber müssen noch kurz, also auch oberflächlich erläutert werden. Relativ einfach ist dabei der historische Begriff *Serbien* zu fassen, welches in zwei Zügen in den 1870er Jahren als Nationalstaat ungefähr in den Grenzen des heutigen Serbien entstanden ist, aber nach den beiden Balkankriegen von 1912/13 und 1913 auch die heutzutage wieder entrissenen und selbständig gemachten Länder Makedonien und den Kosovo(-Albanien) umfasst hat. Zum Kosovo muss man wissen, dass es das mittelalterliche Kernland des serbischen Volkstums gewesen ist, auf dem auch das von den Serben im

19. Jahrhundert modern nationalistisch mythologisierte Amselfeld als Schauplatz der größten und verlorenen Abwehrschlacht gegen die Balkaneroberung der Türken am Sankt-Veits-Tag (28. Juni) 1389 liegt. Ab dem späteren 17. Jahrhundert sind hier dann muslimische Albaner unter allmählicher Rückdrängung der Serben eingewandert. Die von einigen EU- und NATO-Staaten kürzlich erzwungene Abtrennung des Kosovo von Serbien steht natürlich im Widerspruch zu den jetzt von denselben Mächten für die Ukraine verfochtenen Prinzipien.

Der hier verwendete Begriff Russland meint das Zarenreich der Romanows in seiner ganzen, bis zum Ausbruch des Ersten Weltkriegs erreichten Größe, also das heutige Russland mit den elf Staaten der *Gemeinschaft unabhängiger Staaten* (ehemalige Sowjetrepubliken), aus der die Ukraine, Georgien und Moldawien derzeit mit aller Gewalt sozusagen: womöglich um den Preis des Verlustes von Energieversorgungssicherheit im Westen und gar eines größeren europäischen Krieges definitiv heraus wollen und, so die USA, NATO und EU, auch sollen, dazu Finnland und die drei heutigen baltischen Staaten, die Hälfte des jetzigen Polens, endlich die gegenwärtigen kaukasischen und mittelasiatischen Staaten. Der Begriff *Russland* steht also für ein Komposit äußerst komplexer Natur, gekennzeichnet von komplizierten historischen Hintergründen („Russland" z.B. ist in und um das heute eben ukrainische Kiew entstanden) und religiösen, damit kulturellen Verschiedenheiten, wobei die orthodoxe Kirche als Staatskirche privilegiert blieb, gekennzeichnet des Weiteren von mannigfachen ethnischen Durchkreuzungen und vielschichtigen Machtbeziehungen. Die ethnischen Russen machten ungefähr 45 Prozent in der Gesamtbevölkerung aus, die nahverwandten Ukrainer und Weißrussen nicht ganz 20 bzw. 5 Prozent, Polen 6 Prozent und so weiter. Rund 4 Prozent wurden separat als Juden gezählt, ein sehr hoher Anteil im europäischen Vergleich (Deutsches Reich etwa 0,5 Prozent). Wir konzentrieren uns auf radikalnationalistische Ansätze im staatstragenden russischen und anverwandten weißrussischen und teils ukrainischen Kern des zaristischen Vielvölkerstaats. Russifizierungspostulate galten den fremden Ethnien an den Rändern des Reiches, besonders dem ewig rebellischen katholischen Polentum und, zuletzt noch mehr, dem ansässigen, vorwiegend evangelischen Deutschtum im Baltikum.

1. Russland

In der Auseinandersetzung mit dem radikalen Nationalismus im zaristischen Russland bestätigt sich eine schon in der zweiten Vorlesung entwickelte und seither weiterverfolgte These auf Anhieb. Mit den Worten Hans Roggers, der einige sehr gute Beiträge zum russischen Radikalnationalismus vor 1914 geschrieben hat:

> „Alte, vormoderne Regime sind für rechtsradikale Bewegungen und Ideologien unzugängliches Terrain. Sie brauchen die freie Luft der politischen Herausforderung und der politischen Auseinandersetzung genauso, wenn nicht in noch höherem Maße als ihre Gegner auf der Linken".

Anders gesagt: Der europäische radikale Nationalismus zur Zeit der Jahrhundertwende war ein durch und durch, war ein *wesentlich modernes Phänomen*. Und selbst wenn sich seine Ideologen und Vorkämpfer als unbedingt reaktionäre Feinde der Moderne dargestellt haben, so besonders in Frankreich und zum Teil auch in Deutschland, dann brauchte er doch immer zu seiner Entstehung und Entwicklung genau jene modernen Bedingungen, welche nicht von allen, aber von solchen *reaktionären* Radikalnationalisten rigoros abgelehnt wurden: den gesellschaftlichen Wandel und Pluralismus infolge von Industrialisierung und sozialer Mobilisierung, Demokratisierung und Massenpolitik, ja, sogar den Aufstieg von linken Parteien als notwendigen Gegnern.

Demnach kann es nun nicht erstaunen, dass radikaler Nationalismus in Russland überhaupt erst seit 1905 aufgetreten ist, also nach der Revolution, genauer: nach dem Revolutionsansatz dieses Jahres. Es kann auch nicht erstaunen, dass seine eigentliche Vorgeschichte nicht weiter zurückreichte als in die letzten Jahre des 19. Jahrhunderts und dass der russische radikale Nationalismus als politische Bewegung eine bedeutsame Rolle nur solange hat spielen können, als die liberalen Auflockerungen des zaristischen Systems infolge der halben Revolution von 1905 gewährt haben, das heißt: ungefähr bis 1909 oder 1910.

Über die allgemeine Rückständigkeit des Zarenreichs in der europäischen Geschichte des 19. Jahrhunderts muss wohl kaum etwas gesagt werden. Erinnert sei lediglich daran, dass die Leibeigenschaft der meisten Menschen auf dem russischen Land erst in den 1860er Jahren aufgehoben worden ist. Im Westen erschien die allgemeine Rückständigkeit des Zarenreichs so groß, dass immer weniger Intellektuelle Russland noch zu Europa rechneten, sondern es als *asia-*

tische, despotische und unzivilisierte, aber umso gefährlichere Macht gegen Europa zu begreifen lernten. Politik war in diesem Russland des 19. Jahrhunderts allein Sache des *Autokrators*, des selbstherrschenden, niemandem als Gott verantwortlichen Zaren. Mehr noch, es gab in diesem autokratischen Selbstverständnis im Grunde gar keine Politik als öffentliche Angelegenheit wie winziger sozialer Eliten auch immer, sondern nur administrative Exekution des undiskutierbaren Zarenwillens. Politisches Denken und Schreiben prinzipiell unbefugter Untertanen wurden darum von der zaristischen Beamtenschaft in Regierung und nachgeordneter Verwaltung als tendenziell oppositionelles Verhalten verdächtigt, und zwar grundsätzlich jedes politischen Denken, ob liberal oder national, ob konservativ. Wer gar politische Ideen in politische Praxis zu übersetzen versuchte, war ohne weiteres in Gefahr, der administrativen Normalrepression zum Opfer zu fallen und in den Weiten Sibiriens zu verschwinden.

Bis in die beiden letzten Jahrzehnte des 19. Jahrhunderts politisierten nur recht winzige intellektuelle Minderheiten in der kleinen russischen Oberschicht, allerdings prominent vertreten von großen Schriftstellern wie Turgenjew, Tolstoi und Dostojewski. Die zu allermeist analphabetischen Volksmassen zumal auf dem Lande wurden davon nicht erreicht. Umgekehrt erreichte lokal durchaus vorhandener sozialer Protest nicht die Ebene dieses elitären politischen Diskurses, selbst wenn sich solcher Protest seit den frühen 1880er Jahren in barbarischen antijüdischen Ausschreitungen entladen hat, von den Behörden vor Ort teils gesteuert, teils wenigstens für eine gewisse Zeit geduldet als Ventil zur systemneutralen Ableitung zunehmender sozialer Spannungen. Fehlten somit die Voraussetzungen moderner Massenpolitisierung, so stagnierte auch der Prozess der *Nationswerdung* auf einem Niveau, das im deutschen Raum schon zu Beginn des 19. Jahrhunderts durchschritten worden war. Die in denselben winzigen intellektuellen Minderheiten diskutierten *nationalrussischen* Ideen standen einerseits in latenter Opposition zur Herrschaftsrealität des zaristischen Vielvölkerreichs und wurden in der wirklichen Herrschaftselite um den Zaren zurückgewiesen, mobilisierten aber andererseits niemanden als die kleine intellektuelle Trägerschaft des nationalen Gedankens selbst. Umso luftiger, romantisierender deren Idee der russischen Nation, wie sie um die Mitte des 19. Jahrhunderts von den sogenannten *Slawophilen* als groteske Idylle einer russischen Kultur und Gesellschaft und zaristischen Herrschaftspraxis *vor* Peter dem Großen, *vor* dessen Modernisierungen und Verwestlichungen, entworfen worden ist.

Die Grundsituation begann sich ab den 1880er Jahren zu ändern, als die zaristische Administration um der Großmachtstellung Russlands willen einen *partiel-*

len Modernisierungsschub einleitete und forcierte, Modernisierung nämlich der Wirtschaft durch Industrialisierung. Das gelang in ungeahntem Maße, gestützt auf ausländische und besonders französische Direktinvestitionen und Anleihen, denn um 1900 hatte die gesamtrussische Industrieproduktion gelegentlich die höchsten Zuwachsraten in Europa vorzuweisen, natürlich von einem sehr niedrigen Ausgangsniveau her. Das misslang in ungeahntem Maße, denn Modernisierung ließ sich natürlich nicht auf den Teilbereich der Wirtschaft begrenzen, die rasante Industrialisierung führte unvermeidlich zu ebenso rasanter sozialer Mobilisierung, Urbanisierung, zur Entstehung eines neuartigen Proletariats und neuartiger wirtschaftsbürgerlicher und technizistischer Schichten, zum Aufkommen moderner liberaler und sozialistischer Strömungen. Vor allem öffnete sich eine immer schärfere und tiefere Kluft zwischen wirtschaftlich-industrieller Modernisierung und davon ausgelösten, *in sich* krisenhaften sozialen Wandlungsprozessen einerseits und andererseits dem fortbestehenden vormodernen, autokratisch-bürokratischen politischen System. Die daraus resultierende Spannung entlud sich in jener teilweise erfolgreichen, zum Ansatz einer Parlamentarisierung führenden Revolution von 1905, ausgelöst durch die Niederlage des Zarenreichs im imperialistischen Krieg mit Japan um Einfluss und Territorien in China.

In den 1880er und 1890er Jahren hatte die zaristische Administration Ansätze einzelner Publizisten zur Formierung einer nationalkonservativen Politik zwecks Stützung des allmählich in Bedrängnisse geratenden zaristischen Systems noch brüskiert und wiederholt genauso unterdrückt wie andere, offen opponierende politische Bestrebungen. Das Bild änderte sich zu Beginn des neuen Jahrhunderts wegen zunehmender liberaler, demokratischer und sozialistischer Herausforderungen, obwohl die traditionellen Aversionen gegen jede, also auch gegen systemkonservative Politisierung der Untertanen durchaus fortbestanden. Nun entstand zum Beispiel gegen Ende des Jahres 1900 die sogenannte *Russische Versammlung* („Russkoe Sobranie"), der in den folgenden Jahren ungefähr 3.000 Leute aus der Petersburger High Society und selbst hochrangige Angehörige der zaristischen Administration beigetreten sind. Nun entstanden des Weiteren ziemlich genau ein Jahr später in Moskau und dann in vielen russischen Städten *Arbeitervereine* („Zubatovshchina"), initiiert und geleitet von Oberst Zubatov, Chef der Moskauer Geheimpolizei („Okhrana"). Und nun entstand im Frühjahr 1905, schon im Zeichen des innenpolitischen Umbruchs, eine eigentliche *monarchistisch-zaristische Partei*, gegründet von dem rechtsradikalen Publizisten V. A. Gringmut, der dann aber in der Parteiführung von eher gemäßigt nationalkonservativen Persönlichkeiten aus der administrativen und sozialen Elite Russlands eingerahmt und gezähmt worden ist.

Die genannten und ein paar ähnliche Organisationen nach 1900 waren in erster Linie konterrevolutionär: nämlich gegen jede Aufweichung der zaristischen Autokratie gerichtet. Weil sie von oben her gegründet beziehungsweise von oben her einflussreich unterstützt wurden, galten sie in der russischen Öffentlichkeit für Schöpfungen eines *Partei-Patriotismus*. Für uns interessant sind diese Organisationen, weil diese zeitgenössische Ansicht *so* nicht ganz zugetroffen hat, weil in ihnen, *erstens*, schon Elemente der radikalnationalistischen Ideologie und Programmatik begegnen, was insbesondere für die *Arbeitervereine* des Obersten Zubatov gilt: Sie verfochten ziemlich radikale sozialreformerische, beinahe schon sozialrevolutionäre Forderungen, boten den Arbeitern schon ungewohnte soziale Freizeiteinrichtungen, um dem Zarismus Massenunterstützung zu sichern, aber einem Zarismus, der zu seinen nationalrussischen Wurzeln zurückkehren, alte Volksräte wiederherstellen, die Verwestlichung aufgeben und nicht zuletzt auch die administrativen Eliten von nichtrussischen Persönlichkeiten (Baltendeutschen zumal) säubern sollte. Das Konzept war erfolgreich genug, um die Möglichkeit konterrevolutionärer Massenmobilisierung zu beweisen; es wurde indessen abgebrochen, als die Moskauer *Vereine* im Oktober 1905 an der Seite von Sozialisten streikten und demonstrierten. *Zweitens* finden sich in diesen Organisationsversuchen von oben schon jene Leute, die ab dem Frühjahr 1905 wirklich eigenständige radikalnationalistische Gruppen gegründet haben – als „die freie Luft der politischen Herausforderung" kam und sie sich sowohl als die besseren Verteidiger des Zarentums sehen als auch von der Kontrolle der administrativen Eliten lösen konnten.

Ermutigt wurden diese wirklich radikalen Nationalisten durch das Auftauchen vieler, ganz überwiegend spontan entstandener konterrevolutionärer Banden in zahlreichen russischen Städten und Dörfern während des turbulenten, von Generalstreiks, Demonstrationen, Straßenkämpfen bestimmten Jahres 1905 – Banden, bestehend aus Handwerkern, Bauern, Arbeitern, kleinen selbständigen Gewerbetreibenden. Sie kümmerten sich wenig um ideologische Begründungen ihrer Feindschaft gegen bürgerliche und proletarische Revolutionäre, sondern versuchten einfach, den politischen Gegner von den Straßen zu prügeln und zu stechen, wo immer möglich Jagd auf Sozialisten und Liberale, Studenten und immer wieder auf Juden zu machen, meistens gedeckt, aber selten kontrolliert von den lokalen Polizei- und Justizbehörden. Gegen Ende des Jahres bürgerte sich schließlich der Sammelbegriff *Schwarzhundertschaften* für solche vorerst nur schwach organisierten Banden ein – ein Begriff, der dann noch von der *Komintern* zur Kennzeichnung des frühen *Faschismus* in Italien verwendet werden würde.

Etliche radikalnationalistische Neugründungen des Jahres 1905 versuchten, dieses Potential aufzusammeln und zu vergrößern. Mit am erfolgreichsten war die *Vereinigung russischer Männer* („Soiuz russkikh liudei"), gegründet von Sergei Sharapov, Zeitungsherausgeber in Moskau und bekannter Antisemit. Sie soll an die 30.000 Mitglieder gehabt haben, aus der Bauernschaft und dem niedrigen Landadel, aus der Handwerkerschaft, in den größeren Städten aber eben auch aus den freien bürgerlichen Berufen wie aus der Arbeiterschaft. Jedenfalls zielte das Programm in seinen konkreten Partien vor allem auf die Landbevölkerung. Es war zaristisch, jedoch nicht systemkonform. Es richtete sich heftig gegen den Einfluss des internationalen Kapitals auf die russische Wirtschaft, den Wirtschaftsliberalismus der Petersburger Administration, gegen die einseitige Bevorzugung des industriellen Sektors. Das Programm der *Vereinigung russischer Männer* verlangte des Weiteren die Wiederherstellung der einstigen unmittelbaren väterlichen Beziehungen zwischen dem Zaren und dem russischen Volk und die Ausschaltung der von Peter (dem Großen) aufgezwungenen, westlich orientierten, großenteils gar *nichtrussischen* Petersburger Beamtenschaft. Die orthodoxe Kirche sollte aus der engen Kontrolle der Regierung befreit und so wieder zur Volkskirche werden. Auf dem Land war die frühere dörfliche Selbstverwaltung gegen den zentralistischen Bürokratismus seit Zar Peter zu erneuern. Das Bauerntum wäre durch billige Kredite, womöglich Landverteilungen und nicht zuletzt durch Beseitigung der angeblichen Finanzmacht der Juden zu fördern. Juden und sämtliche nichtrussische Bevölkerung in den Grenzgebieten des Zarenreiches sollten aus der Staatsbürgerschaft ausgeschlossen werden.

Im Ton gemäßigter war das ansonsten in diesen Punkten einigermaßen identische Programm einer zweiten radikalnationalistischen Gründung von 1905, der *Vereinigung des russischen Volkes* („Soiuz russkogo naroda"), gegründet von Aleksandr Ivanovich Dubrovin, einem obskuren Arzt und schon Mitbegründer der *Russischen Versammlung*, mitgeführt dann von Vladimir Purishkevich, einem früheren Mitglied der monarchisch-zaristischen Partei, und Nikolai Evgenevich Markov. Bis zum Frühjahr 1907 gelang es ihnen, einen Großteil der anderen radikalnationalistischen Gruppen an sich zu binden, so dass sie auch die meisten Abgeordneten der freilich vergleichsweise sehr kleinen rechtsradikalen Gruppe in der zweiten *Duma* (Parlament) stellten. Der reaktionäre Innenminister und spätere Ministerpräsident Stolypin förderte diese Vereinigung, vermochte aber deren noch weitere Radikalisierung nur teilweise zu bremsen. „In dieser Zeit ein Konservativer zu sein", schrieb 1907 Boris Nikolskii, einer der sehr wenigen Intellektuellen der *Vereinigung des russischen Volks*, „das bedeutet wenigstens ein Radikaler, ja, eher noch ein Revolutionär zu sein". Teile der *Vereinigung* verlangten eine radikale Bodenreform, andere genauso radikale Reformen zugunsten der Arbeiter, Sozialversicherungen und Konsumgenossenschaften, Verbesserung und staatliche Kontrolle der Betriebssicherheit, Minimallöhne. Andere Teile, ab 1910 geführt von Markov, waren mehr bereit, den von Stolypin gewünschten gemäßigten Kurs hinsichtlich der Interessen der besitzenden (oder ausbeutenden) Schichten zu fahren, sondern griffen nur den sogenannten Börsenkapitalismus und, bösartig verschränkt, die Juden als Volks- und Völkerfeinde an.

Möglicherweise erklären diese inneren, endlich zum Zerfall der *Vereinigung des russischen Volkes führenden* Spannungen gerade in dem Moment, als sie vor dem Durchbruch zu einer wirklichen Massenbewegung stand, die beständige Radikalisierung des Antisemitismus, nachdem die Ausschreitungen der *Schwarzhundertschaftler* und sonstige Pogrome schon 1905 Tausende von jüdischen Opfern gefordert hatten. Judenhass und Judenverfolgungen wurden nun auch unter Berufung auf die sogenannten *Protokolle der Weisen von Zion* gerechtfertigt und verschärft: Die sollten das Streben der Juden nach Weltherrschaft über alle Völker belegen. Sie waren aber ein absurdes Produkt aus Kreisen der zaristischen Geheimpolizei, seit 1903 als Manuskript im Umlauf, 1905 im Anhang einer merkwürdigen Textsammlung von Sergei A. Nilus, Sympathisant der *Vereinigung des russischen Volkes*, dann erstmals gedruckt. Dubrovins Judenhass war derartig, dass der Mann selbst nahestehenden Anhängern halbverrückt zu sein schien. Markov forderte 1912 in der Öffentlichkeit der *Duma* die Vernichtung aller Juden in einem ungeheuren europaweiten Pogrom. Und die letzte nationsweite Großaktion der *Vereinigung des russischen Volkes* galt der weltweit berüchtigten *Ritualmordpropaganda* im sogenannten *Fall Beiliss*. Eins ihrer Flugblätter wiederholte dazu die ewig unsinnige Beschuldigung, die Juden opferten jährlich zum Passahfest etliche Christenkinder:

> „Russen! Wenn euch eure Kinder lieb sind, dann zerschlagt die Juden! Schlagt sie, bis kein einziger Jude mehr in Russland übrig ist. ... Es ist Zeit! Es ist Zeit!"

Der jüdische Angestellte Mendel Beiliss sollte 1911 nahe bei Kiew einen dreizehnjährigen Christenjungen auf die angeblich übliche jüdische Manier abgeschlachtet haben. 1913 stand er dafür in Kiew aufgrund teils absurder, teils gefälschter Beweise, absurder Talmud-Deutungen eines katholischen Priesters und dergleichen mehr vor Gericht – und musste am Ende doch freigesprochen werden. Aber dieses Urteil hielt auch fest, dass es sich eben um einen Ritualmord noch unbekannter jüdischer Täter gehandelt hätte. Russisch- und ukrainischstämmige Antisemiten arbeiteten nicht nur bei dieser Gelegenheit herzlich vereint als *Schwarzhundertschaftler* und so fort zusammen, wie überhaupt der ukrainische Antisemitismus sich jetzt wie im Ersten und Zweiten Weltkrieg als noch hemmungsloser und brutaler als der der Russen erwiesen hat. Der Judenhass taugte zudem noch immer zum letzten Vereinigungspunkt der inhaltlich zerstrittenen radikalnationalistischen Sammlungsbewegung. Und seine Radikalisierung stürzte sie nicht in Konflikte mit den anderen administrativen und gesellschaftlichen Eliten des Zarenreiches, deren erfolgreiche politische Reaktion von 1909/1910 eben nicht nur Liberalen, Demokraten und Sozialisten den Bewegungsraum nahm, sondern auch die Konstituierung des russischen radikalen Nationalismus zur Massenbewegung behinderte.

In kleineren Gruppen blieb radikaler Nationalismus freilich ein virulenter Faktor des russischen politischen Lebens. Wiederholt entstanden in ihnen Putschpläne, und etliche Führer samt Anhang wandten sich schließlich auch gegen den regierenden Zaren, nicht gegen den Zarismus! weil sich   in ihrer Sicht nicht mit der erforderlichen Härte der liberaldemokratischen und sozialistischen Flut entgegenstemmte und weil er sich dann auch noch von den Westmächten in einen katastrophalen Krieg gegen Deutschland und Österreich-Ungarn verwickeln ließ. Purishkevich, der 1908 mit der *Vereinigung des russischen Volkes* gebrochen und die kleine, zunächst eher gemäßigter erscheinende *Vereinigung des Erzengels Michaels* gegründet hatte, der zur selben Zeit persönlich aber nur knapp einer Kapitalstrafe wegen der Ermordung eines feindlichen Duma-Kollegen entgangen war, Purishkevich also beschritt diesen Weg äußerster Radikalisierung im Kreis des verschwörerischen Zarengegners Großfürst Dmitry: Und dann war es Purishkevich, der den weithin verhassten, aber über das Zarenpaar und besonders über die Zarin so mächtigen Mönch *Rasputin* am 30. Dezember 1916 mit Revolverschüssen getötet hat. Wie andere radikale Nationalisten hat er zuletzt mit den *weißen* Truppen des Generals Denikin seit 1918 gegen die rote Armee der Bolschewisten gekämpft; gefangengenommen und wieder befreit starb er 1920 an Typhus. Sein früherer Weggenosse Dubrovin wurde schon im Herbst 1918 von Lenins Killertruppe *Tscheka* wegen antisowjetischer Agitation liquidiert. Ihr Nachfolger in der Führung der *Vereinigung der russischen Volkes* versuchte 1918 vergebens, deutsche Hilfe zur Befreiung der Zarenfamilie aus bolschewistischer Gefangenschaft zu gewinnen: Dieser Markov blieb dann in Deutschland, leitete eine Gruppe radikalnationalistischer russischer Emigranten, war verwickelt in den gescheiterten antirepublikanischen Kapp-Putsch von 1920 und obendrein in Mordanschläge auf Angehörige des liberalen russischen Exils. Ende der 1920er Jahre wurde er Mitarbeiter der NSDAP, die ihn noch in den Jahren nach der *Machtergreifung* als antisemitischen Propagandisten in ihrem sogenannten *Weltdienst* beschäftigt hat. Der Name *Markov* stand so für die Schließung eines ideologischen Kreises: Einst hatten die russischen radikalnationalistischen Judenfeinde modernen rassistischen Antisemitismus gerade auch in den Schriften *völkischer* Deutscher kennengelernt, jetzt brachten sie als Emigranten, so zumal im deutschrussischen Exil[62], die Vorstellung der jüdisch-bolschewistischen Weltrevolution und die reale Erfahrung mörderischer Pogrome ins deutsche radikale Lager ein.

2. Serbien

In den weitläufigen geschichtswissenschaftlichen Debatten über die Ursachen des Ersten Weltkriegs und die Schuldanteile der beteiligten Mächte in der Julikrise 1914 ist gelegentlich ganz vergessen worden, die serbische Politik als eine der zweifellosen Ursachen und deren Verschulden an der Auslösung der Katastrophe des Ersten Weltkrieges ins Auge zu fassen. Schließlich war der Mörder des Erzherzogs Franz Ferdinand und seiner Frau ein bosnischer Serbe, hinter dem tonangebende Kreise in Belgrad steckten; und es war ja doch dieses Attentat in Sarajevo der *Auslöser* einer Eskalation von Drohung und Gegendrohung, der Aktivierung der beiden europäischen Bündnissysteme, der Teilmobilmachungen und Mobilisierungen der Armeen und Flotten. Und schließlich stand dieses Attentat im Kontext einer seit 1903 recht offen verfolgten Belgrader Politik, auf die Auflösung des Vielvölkerreichs Österreich-Ungarn auf dem Balkan auszugehen, um ein großserbisches Reich über die Einbeziehung der serbischen Irredena in den Nachbarstaaten oder doch wenigstens einen vollkommen serbisch dominierten Großstaat auf dem Balkan errichten zu können. Nun, diese Ausblendung des Faktors *Serbien* ist wohl durch die serbischen radikalnatio-

---

62 Darunter besonders Alfred Rosenberg, bald so etwas wie der Chefideologe der nationalsozialistischen Bewegung.

nalistischen Führer in den 1990er Jahren gründlich widerlegt worden, haben doch sie selbst während ihres neuen Balkankrieges immer wieder getönt, wenn nötig einen dritten Weltkrieg durch russisches Eingreifen zugunsten der serbischen Waffen- und Glaubensbrüder von 1914 provozieren zu können. Nicht, dass Sie mich missverstehen: Der Nationalismus der Kroaten, Mazedonier, Bosniaken, Montenegriner war da um kein Haar weniger radikal und, wo sie die Macht dazu erhielten, genauso brutal.

Um 1900 war der serbische Nationalismus kaum drei Generationen alt, der kleine serbische Kernstaat seit gerade einer Generation völlig unabhängig. Der Nationswerdungsprozess war noch längst nicht in die Tiefe gedrungen, was als Konsequenz enormer Modernisierungsdefizite infolge vielhundertjähriger Stagnation im niedergehenden Osmanischen Reich zu begreifen ist, aber natürlich auch mit den geographischen und geostrategischen Bedingungen dieser Binnenregion des Balkans zu tun hatte und zu tun hat. Serbien war damals ein vormoderner Agrarstaat, gekennzeichnet durch leicht zu erschütternde Wirtschaftsverhältnisse, schwache Verwaltungsverhältnisse, ein rückständiges Bildungswesen, eine entsprechend sehr hohe Analphabetenquote (drei von vier Serben konnten 1908 nicht lesen und schreiben). Nationalismus als politischer Nationalismus war demzufolge auch um 1900 Sache nur von Minderheiten, Sache bürgerlicher Mittelschichten, von Offizieren, Studenten, Schülern; jedoch erreichte er die Unterschichten, wenn Nationalismus in orthodox-kirchlicher, christreligiöser Verpackung dargeboten wurde. Ideologisch lebte er von ungeheuer aufgebauschten Erinnerungen an modern national umgedeutete Heldentaten gegen die nach Europa vordringenden Türken, lebte darüber hinaus aber besonders von radikalen großserbischen Träumen, in denen Serbien einst überall *da* sein würde, wo noch so kleine serbische Bevölkerungsgruppen lebten. Bei so weiten nationalistischen Visionen musste absolute Feindschaft gegen Österreich-Ungarn mit seinen Grenzen tief im serbischen Anspruchsraum das konkrete Kernstück jedes serbischen Nationalismus sein, und diese Feindschaft wurde zu unbedingtem Hass, als Österreich-Ungarn 1908 Bosnien-Herzegowina annektiert und so die serbischen Expansionsträume vorläufig frustriert hat. Schon seit 1906 und bis 1909 dauerte ein harter Wirtschaftskrieg zwischen den beiden verfeindeten Staaten, wobei der Wegfall österreich-ungarischer Industrieimporte erstmals den Aufbau einer nennenswerten Industrie in Serbien erlaubte, auch Belgrad wurde wie Petersburg hierbei wesentlich unterstützt von französischen Investitionen und Anleihen. Der absoluten Feindschaft gegen Österreich-Ungarn entsprechend suchte die Belgrader Regierung engsten Rückhalt an Russland, wozu auch mit dem Appell an die religiöse christlich-orthodoxe Gemeinschaftlichkeit geschickt die Karte des *Panslawismus*, dieser Erfindung russischer antiwestlicher Intellektueller, gespielt wurde. Und in dieser sozusagen ohnehin schon radikalen und aggressiven Normallage des serbischen Nationalismus blühte eigentlicher *radikaler Nationalismus* und vermochte die offizielle Politik in geradezu singulärer Weise permanent mitzubestimmen.

Dieser radikale serbische Nationalismus machte sich Mitte 1903 zuerst mit einem spektakulären Attentat weltweit berüchtigt: mit der Ermordung des serbischen König Aleksandar Obrenovics, vorbereitet und durchgeführt von einer Offiziersverschwörung unter Leitung des Generalstabsmajors und späteren Chefs des militärischen Geheimdienstes Dragutin T. Dimitrijević, genannt *Apis*, weil der König eine ihnen zu sehr auf Ausgleich mit Österreich bedachte Außenpolitik hatte betreiben lassen. Das Attentat brachte aus einer konkurrierenden Adelsfamilie Petar Karadjordjević auf den Thron eines parlamentarisch-konstitutionell-monarchischen Systems, und er und sein Ministerpräsident Nikola Pašić fuhren den gewollten ebenso harten wie riskanten Kurs gegen Österreich und räumten den radikalen Nationalisten ungewöhnlich weite Handlungsfreiräume ein.

Ab 1904 schon rüsteten die Kreise um *Apis* Banden aus, genannt Komitadzi und Četnici[63], die zugunsten serbischer Bevölkerungsgruppen in außerhalb Serbiens tobenden Bürgerkriegen eingegriffen haben beziehungsweise solche auslösten oder anheizten, so besonders in Mazedonien, dann in anderer Weise auch in Bosnien und weiteren Nachbarregionen. Dabei sind die Četnici von Anfang an mit selbst für die damaligen Verhältnisse des Balkans unerhörter Grausamkeit vorgegangen: als einer der militanten Arme eines anderen selbst erwählten europäischen Herrenvolks in kleinerem Maßstab!

Eine ganze Reihe solcher und ähnlicher radikalnationalistischer Aktivitäten führte zur Entstehung zweier bedeutender radikalnationalistischer Organisationen, einer Massenorganisation für die Arbeit im offenen politischen Raum und einer zweiten militanten, vor allem terroristischen Geheimorganisation, und zwar der

---

63 Es handelt sich also ursprünglich keineswegs um Partisanenverbände des Ersten oder gar Zweiten Weltkriegs.

- *Nationalen Verteidigung* („Narodna Odbrana"), gegründet im September 1908 in Reaktion auf die österreichische Annexion Bosnien-Herzegowinas, und der

- *Vereinigung oder Tod* („Ujedinjenje ili Smrt"), gegründet im Frühjahr 1911, bald besser bekannt unter dem Namen *Die Schwarze Hand* („Crna ruka").

Die *Nationale Verteidigung* wurde in kurzer Frist zu einer äußerst mitgliederstarken Organisation, gegliedert schon im November 1908 in ungefähr 230 innerserbische lokale Komitees, dazu gestützt auf ein dichtes Vertrauensleutesystem in serbischen Bevölkerungsgruppen außerhalb des serbischen Staats. Leider liegen genaue Mitgliederzahlen nicht vor, aber sie müssen nach allen Indizien über der Zahl von 100.000 Mitgliedern bei einer Bevölkerung von um 1908 rund drei, um 1914 etwa viereinhalb Millionen nach den territorialen Gewinnen in den beiden Balkankriegen schließlich gelegen haben. Die *Nationale Verteidigung* wurde sowohl in ihren nationalen wie lokalen Leitungsgremien bestimmt von Angehörigen eines mittleren Bürgertums und von Akademikern, Schriftstellern und Journalisten dabei mehr als von Angehörigen des Wirtschaftsbürgertums; sie wurde daneben aber in einem ungewöhnlich hohen Maße bestimmt von Offizieren der serbischen Armee, und im nationalen Leitungsgremium fanden sich gleich drei Hauptbeteiligte der Offiziersverschwörung zum Attentat und Dynastiewechsel des Jahres 1903. Zum einen fungierte die *Nationale Verteidigung* als nationalradikale *pressure group* nicht unähnlich dem *Alldeutschen Verband*: Organisation von Demonstrationen und Vorträgen, Flugblattkampagnen, Beeinflussung von Wählergruppen, Bearbeitung von Angeordneten und Regierungsmitgliedern. Aber zugleich fungierte sie auch als paramilitärische Organisation, indem sie Schüler und Studenten vor allem in Wehrübungen zusammenzog und ertüchtigte, indem sie unter anderem auf dieser Basis die schon erwähnten *Komitadzi* ausrüstete und außerhalb Serbiens zum Einsatz brachte. Einer der führend beteiligten Schreiberlinge begeisterte sich da im Nachhall der Annexionskrise von 1908: „Herrlich war es, den zwölf jungen Leuten (meist Universitätsstudenten) zuzuschauen, wie sie ... Bomben und Bombenmaterial herstellten. Solch eine Freude wie bei ihnen, wenn es ihnen gelang, irgendeine Bombe selbst herzustellen, hat es noch nie gegeben". Die *Nationale Verteidigung* trug so natürlich zur noch intensiveren Militarisierung der politisierten serbischen Schichten bei. Es ist sehr interessant zu sehen, dass sich die Ideologen der *Nationalen Verteidigung* sehr wohl bewusst waren, für eine moderne Form des Nationalismus einzustehen, wie ihn die „Franzosen, Deutschen und Engländer und alle übrigen fortschrittlichen Nationen" schon entwickelt hätten. Genauer gesagt an unserem Ende von sechs Fallbeispielen: die radikalen Nationalisten in diesen Nationen. Wer dieser Vereinigung beitrat, der hatte zu beschwören, als „zuverlässiger Vorkämpfer und Vollstrecker der heiligen serbischen Idee alle Opfer zu ertragen, die die große Aufgabe der Befreiung und Einigung eines ganzen Volkes von ihm verlangt".

Die Geheimorganisation: *Vereinigung oder Tod*, auch genannt: *Schwarze Hand*, war ganz dicht mit der Vereinigung *Nationale Verteidigung* verbunden, ja, eigentlich verwachsen. Dieses Verhältnis lässt sich in etwa anhand eines Vergleiches mit dem von *Sinn Féin* und *Irish Republican Army* verdeutlichen. In etwa, denn im damaligen Serbien nahm, wie gesagt, der öffentlich wirkende Verband *Nationale Verteidigung* in zweiter Linie auch militärische Aufgaben war, die Geheimorganisation *Schwarze Hand*, wie sie von jetzt an durchgängig genannt werden soll, ihrerseits auch propagandistische Aufgaben – so vor allem durch Herausgabe der Zeitschrift *Pijemont*, wobei die Abhängigkeit dieser radikalnationalistischen Zeitschrift natürlich ihrerseits verschleiert worden ist. Die später gegründete *Schwarze Hand* war aber keine Erweiterung oder gar Filiale der Vereinigung *Nationale Verteidigung*. Eher verhielt es sich umgekehrt, denn genau jene Offiziersgruppe, die 1903 Attentat und Putsch geplant, dann die *Četnici* und *Komitadzi* eingerichtet und eingesetzt hatte und 1908 wesentlich an der Gründung der *Nationalen Verteidigung* beteiligt gewesen war und mit einigen Leuten in deren Leitung saß, initiierte nun, 1911, die *Schwarze Hand*. Und geführt wurde die *Schwarze Hand* eben von jenem schon genannten Königsmörder, vom Major und Geheimdienstchef Dimitrijević, genannt *Apis*.

Selbstverständlich wissen wir über Binnenorganisation und viele, ja, die meisten Aktivitäten der *Schwarzen Hand* nichts sonderlich Genaues. Bekannt ist, dass von den zehn Mitgliedern des Direktoriums nur zwei Zivilisten waren; bekannt sind ihre Namen. Unbekannt ist die Zahl der Mitglieder, es schwanken die Angaben in den Quellen zwischen 600 und 150.000, wobei die erste Zahl mit Sicherheit zu niedrig, die zweite absurd zu hoch ist. Wir wissen fast nichts über Rekrutierung, Ausbildung der Mitglieder, kaum etwas über Kommandohierarchien und so weiter. Wir wissen, dass alle Mitglieder unbedingten Gehorsam zu schwören hatten; Abweichungen waren mit dem Tod bedroht. Ideologie und Programmatik indessen kennen wir recht genau, eben weil es jene Zeitschrift *Pijemont* gegeben hat.

Der Titel bedeutete ja schon eine zentrale programmatische Aussage: So, wie Italien zwischen 1859 und 1870 vom kleinen Königreich Piemont her geeinigt worden war, so sollte nun auch das kleine Königreich Serbien zum Ausgangspunkt einer *allserbischen* nationalstaatlichen Vereinigung werden. Der Anspruch schloss alle Gebiete ein, die einmal zu mittelalterlichen, vorosmanischen Formen serbischer Staatlichkeit gehört hatten, auch wenn dort inzwischen kaum mehr Menschen serbischer Nationalität lebten, so besonders den Kosovo. Er umfasste alle Gebiete, in denen einigermaßen erkennbare serbische Bevölkerungsgruppen zu finden waren, so zum Beispiel Mazedonien und Montenegro. Er umfasste alle Gebiete, in denen mit bekennenden Serben, sozusagen, Bevölkerungen anzutreffen waren, die sich nach Auffassung der radikalsten serbischen Nationalisten in der *Schwarzen Hand* und in der Vereinigung *Nationale Verteidigung* mittlerweile fälschlicherweise für eigenständige Nationalitäten hielten, die sich dieser Anschauung zufolge schon wieder zu Serben würden herrichten lassen, also die Kroaten und Bosniaken[64]. Alles in allem war das dieselbe serbische nationale Raumidee, welche in den 1990er Jahren anfangs von Slobodan Milošević militärisch verfolgt worden ist, nachdem der eben bezeichnete serbische ethnische Optimismus schon an den inneren Entwicklungen im Jugoslawien von 1919 bis 1941 und dann in der Zeit deutscher Okkupation abhanden gekommen war. An der Entschlossenheit, dieses ersehnte großserbische Reich im Krieg gegen Österreich-Ungarn nach Abschluss der fast völligen Austreibung des Osmanischen Reiches vom Balkan zu erringen, hat die *Pijemont* so wenig wie irgendeine andere Publikation des radikalserbischen Lagers jemals auch nur den geringsten Zweifel gelassen. „Die Leute in Wien müssen ein für allemal wissen", hieß es zum Beispiel in der *Pijemont* im August 1911, „dass Serbien nicht auf seine Rolle als Befreier verzichten kann. Das kleine Donaukönigreich ist gezwungen, in den Kampf mit dem großen Donaukönigreich einzutreten". Und dabei waren diese Radikalen im Unterschied zu den durchschnittlichen serbischen Nationalisten überzeugt, dass Serbien diesen Entscheidungskampf mit Österreich-Ungarn um die Herrschaft auf dem Balkan allein führen und gewinnen könnte. Deshalb attackierten die Führer und Publizisten der *Schwarzen Hand* auch die durchaus nationalistische Belgrader Regierung, weil diese Rückhalt bei Russland gegen Österreich-Ungarn suchte und sich deshalb als Anhängerin der russophilen panslawistischen Ideologie darstellte. Die Radikalen wollten ja nicht die eine Hegemonialmacht gegen die andere eintauschen,

---

64 Eine etwas gemäßigtere Variante, der *Jugoslawismus*, postulierte lediglich eine innige nationale Verwandtschaft aller Südslawen um den serbischen Kern.

sie wollten Serbien selbst in den Kreis der europäischen Großmächte führen. Die Begründungen für solche Siegeszuversicht ähneln solchen, die wir in anderen Fällen schon kennengelernt haben, gar sehr. „Die Donaumonarchie", so weiter die *Pijemont* im August 1911, „ist ein alter Staat... Anders steht es um Serbien: Es ist jung, ihm kann man auch einige Abenteuer verzeihen. Es steht in der Blüte seines Lebens und kennt keine Müdigkeit". Und weil Serbien so jung war, würde der Nation auch die notwendige rassische Regeneration gelingen zur Aufzucht „besserer Nachkommen, besserer Menschen, neuer Serben", deren Militarisierung ja schon jetzt schönste Fortschritte machte. Und „Militarismus ist Zeichen und Maß des Patriotismus eines Volkes"[65].

Aus diesem Geist ist das bisher folgenschwerste Attentat der neuesten Geschichte vorbereitet und durchgeführt worden: die Ermordung des österreichisch-ungarischen Thronfolgers Franz Ferdinand und seiner Frau in Sarajevo: am Morgen des 18. Juni 1914, Jahrestag der serbischen Nationalkatastrophe, der furchtbaren Niederlage gegen die türkischen Eroberer auf dem Amselfeld 1389. Bekanntlich hat die serbische Regierung damals bestritten, sie selbst oder irgendwelche Angehörige des Staatsapparats seien irgendwie in das Attentat verwickelt gewesen, und hat die Wiener Zumutung, Verdächtige auszuliefern, rigoros zurückgewiesen. Und ebenso bekanntlich, ich sagte es einleitend, haben österreichisches Ultimatum und schließliche Kriegserklärung an Serbien, die daraus folgende Einschaltung der beiden großen europäischen Bündnisblöcke und die Kette von aggressiven und defensiven Mobilmachungen *wie* unvermeidlich zum *Großen Krieg* von 1914 und so zum Untergang des alten Europa 1917/1918 geführt. Im letzten halben Jahrhundert haben die meisten Historiker dem serbischen Problem kaum mehr Aufmerksamkeit gewidmet, zum einen, weil es in der Zuspitzung der allgemeinen internationalen Krise zum Kriegsausbruch hin nur noch von geringfügiger Bedeutung gewesen zu sein schien, zum anderen, weil die Wiener Regierung offensichtlich ohnehin entschlossen war, jeden nur halbwegs brauchbaren Anlass zum Vorwand zu nehmen, um Serbien als gefährlichen Quälgeist im Süden des habsburgischen Vielvölkerreichs auszuschalten. Man hat dabei vergessen, dass noch so viele weitläufige Ursachen einen letzten Anlass brauchen, um zu historischer Wirkung zu gelangen. Und man hat dabei übersehen, dass auch kleine Mächte gewaltige Katastrophen auslösen können. Mag sein, dass Christopher Clarks „Schlafwandler" solche Unterschätzung dauerhaft zu korrigieren vermögen.

---

65 *Pijemont*, 21. 8. 1911; 6. 3. 1912.

Die Hauptattentäter, an ihrer Spitze der neunzehnjährige Todesschütze Gavrilo Princip, waren serbische Bosnier und insofern Untertanen des habsburgischen Kaisers seit 1908; 1914 gehörten sie einer bosnisch-serbischen Untergrundorganisation an, dem späterhin sogenannten *Jungen Bosnien* („Mlada Bosna"). Aber sie waren teils direkt, teils über rund zwei Dutzend Kontaktleute in Bosnien ganz eng mit den radikalnationalistischen Organisationen in Serbien verbunden. Etliche Führer von Zirkeln des sogenannten *Jungen Bosnien* waren Mitglieder der *Schwarzen Hand*. Die Attentäter wurden von Belgrad aus nach Bosnien und nach Sarajevo hineingeschleust, ausgerüstet mit serbischen Armeepistolen. Die Quellen lassen keine Zweifel daran zu, dass die Führung der *Schwarzen Hand* für die Logistik und die Waffen des Anschlags gesorgt hat. Ihr Chef: Dragutin Dimitrijević, Deckname *Apis*, war zugleich Chef der serbischen militärischen Abwehr, womit Serbien als Staat eben doch kompromittiert war. Es war aber auch direkt verantwortlich, weil der Regierungschef Pašić mit höchster Wahrscheinlichkeit ebenfalls von Anfang an informiert war wie übrigens auch die größtenteils hochrangige Führung der Vereinigung *Nationale Verteidigung*, auch wenn Pašić den Attentatsplan als solchen missbilligt haben mag. Dass *Apis* womöglich in letzter Stunde noch versucht haben soll, den Anschlag abzublasen, beweist die intime Teilnahme der *Schwarzen Hand* am ganzen Unternehmen erst recht. Das Motiv ist klar: So, wie die Großmacht Österreich-Ungarn gegen den serbischen Störenfried hat vorgehen wollen, so wollten umgekehrt, wie eben gezeigt, die radikalen serbischen Nationalisten den Krieg mit den verhassten „neuen Türken" provozieren, weil sie nur auf diesem Weg der Erfüllung ihrer Großmachtträume näher kommen konnten. Und wenn es zutrifft, dass ihnen im letzten Moment Bedenken gekommen sind, die jugendlichen, teils minderjährigen Attentäter dann aber entschlossen gegen die Bedenken der Führer gehandelt hätten, dann würde sich gerade an diesem Punkt die singuläre Tiefenwirkung gerade des serbischen radikalen Nationalismus schon vor dem Ersten Weltkrieg eindrücklich bezeugen lassen.

In West- und Mitteleuropa hat erst die Katastrophe des Weltkriegs derartige Gewaltbereitschaft im radikalen Nationalismus realisiert, es würde erst nach dieser Katastrophe systematischen Terror und terroristische Organisation als Inbegriff rechtsradikaler Politik kennenlernen. Wovon die italienischen und deutschen Radikalnationalisten nur redeten und schrieben: die serbischen Geistesgenossen praktizierten es schon vor 1914.

V. Vorlesung
Radikaler Nationalismus in Europa und
Erster Weltkrieg:
Grundzüge eines Umbruchs

Diese Vorlesung konzentriert sich auf die Darstellung der für die qualitativen Umbrüche im europäischen radikalen Nationalismus unmittelbar relevanten Gesichtspunkte – auf jene qualitativen Umbrüche, die im Nachkrieg in einigen Nationen Europas zur Formation neuartiger totalitärer nationalistischer Bewegungen geführt haben.

1. Der Einfluss der radikalen Nationalisten: ihrer Publizistik, ihrer Organisationen, ihrer Agitationen, auf die Regierungen der jeweiligen Nationen *vor* dem Ersten Weltkrieg ist oft maßlos überschätzt worden. Das gilt besonders für die Interpretation der deutschen Vorkriegspolitik. Nach Auffassung etlicher westlicher Historiker *zumal*, aber *nicht nur* der Zwischenkriegszeit war sie ganz wesentlich von den Zielsetzungen des *Alldeutschen Verbandes* bestimmt. Und im Zusammenhang mit der sogenannten *Fischer-Kontroverse* der 1960er Jahre sind solche Ansichten auch in Westdeutschland hochgespült worden[66], im Osten der heutigen Republik waren sie sowieso ideologisch vorgegebener Standard. Nun, derartige Interpretationen sind in den Forschungen seit den siebziger und achtziger Jahren widerlegt beziehungsweise erheblich korrigiert worden. Die Vorkriegspolitik derjenigen Regierungen, welche ihre Nationen im Sommer 1914 in den Krieg geführt haben, erklärt sich hinreichend als Resultat einer Synthese klassischer macht- und militärpolitischer Perzeptions- und Handlungsmuster, bezogen auf den modernen Nationalstaat und überwölbt von normal-nationalistischer Ideologie, bezogen auch auf mentale Grundpositionierungen zwischen nationalen Antipathien und Sympathien, wie sie u. a. für die um 1860/1870 geborenen britischen Diplomaten des Jahres 1914 neuerdings gut erforscht wurden. In der Zuspitzung der vielschichtigen europäischen Krise nach 1900 war allerdings der Druck der radikalen Nationalisten auf die Regierungen gewachsen, zum Teil aufgrund ihres zunehmenden Einflusses in bestimmten Sektoren der öffentlichen Meinung, zum Teil wegen ihres Einflusses

---

66 Fritz Fischer, Griff nach der Weltmacht. Die Kriegszielpolitik des kaiserlichen Deutschland 1914/18, Düsseldorf 1961 (Neuausgabe 1977; ders., Krieg der Illusionen. Die deutsche Politik von 1911-1914, Düsseldorf ²1970.

auf Gruppen und Persönlichkeiten in den herrschenden Eliten, aber sie waren *nicht* in der Lage gewesen, Regierungspolitik auf ihre Programmatik zu verpflichten, sie gar wesentlich zu bestimmen: Mit einer gewissen Ausnahme, nämlich Serbiens, wo der radikale Nationalismus doch sehr maßgeblich für die offizielle Politik Belgrads gewesen ist, und mit einer zweiten halben Ausnahme, nämlich Italiens: Dort trugen die radikalen Nationalisten der *Associazione Nazionalista Italiana* 1914/1915 das Ihre dazu bei, die herrschende liberale politische Klasse zu spalten und eine kriegswillige nationalliberale Minorität an die Regierung zu bringen. Aber das war *nach* dem Ausbruch des europäischen Krieges und das gelang ihnen auch nur in einer Front mit anderen, mit liberaldemokratischen und sozialistischen Kriegstreibern.

2. Allerdings hatten etliche Regierungen in der Vorkriegszeit, so die russische Regierung, aber mindestens genauso die Reichsregierung zu Berlin, versucht, den radikalen Nationalismus zu instrumentalisieren, über ihn und seinen Einfluss in bestimmten Sektoren der öffentlichen Meinung Massenunterstützung für die offizielle Politik zu mobilisieren, so zum Beispiel für die kostspielige Flottenrüstung des Deutschen Reichs. Der Ansatz war begrenzt erfolgreich, aber auch gefährlich, weil er den radikalen Nationalismus aufwertete, die radikalen Nationalisten jedoch immer öfter auf Oppositionskurs zum *offiziellen Nationalismus* der Regierungen und gegen ihnen zu gemäßigte Regierungspolitik gingen, sich also der Funktionalisierung durch systemkonservative Regierungen immer selbstbewusster entzogen haben. Wir haben das am deutschen Fall besonders, aber auch am russischen und selbst am britischen Fall gesehen[67], wobei die Verselbständigung in Deutschland offensichtlich am weitesten gediehen ist.

Julikrise und erste Kriegswochen 1914 haben in allen beteiligten Nationen einen ungeahnten nationalistischen Massentaumel gezeigt – auch wenn die Vorstellung, diese Psychose habe die Völker in toto ergriffen, sowohl unsinnig als auch empirisch längst widerlegt ist. Aber gut, jener Ausbruch des Nationalismus war vorherrschende, prägende Wirklichkeit in diesem Sommer 1914, und überall, also keineswegs bloß in Deutschland, bestimmten *Burgfriedensstimmungen* und *Burgfriedenspolitik* das Verhalten von Regierungen, politischen Gruppierungen und Oppositionen: Die Nation und ihre Selbstbehauptung gegen den äußeren Feind! Jetzt nichts mehr von innenpolitischen Gegensätzen und Gräben, nur noch Einigkeit! In Großbritannien meldeten sich in diesen ersten Wochen

---

67 Der italienische und französische Fall lagen, wie gezeigt, anders, weil der dortige radikale Nationalismus von Anfang an in Systemopposition stand.

mehr als eine Million Arbeiter freiwillig zu den Waffen, ähnlich in Deutschland, Frankreich. Die *Action Française* stellte sofort alle Angriffe auf die Republik ein, sie stützte den früher so heftig befeindeten *Dreyfusard* Clemenceau. Die britischen Radikalnationalisten packten ihre vor kurzem noch lauten Drohungen, ganz Großbritannien zu *ulsterisieren*, gegen die irische Verzichtspolitik der liberalen Politik Asquiths den gesamtbritischen militanten Widerstand zu organisieren, in die Schubladen, um sie nie wieder hervorzuholen: verstaubte Fundstücke für Historiker. Kurzum, dieser Sommer 1914 befriedigte ein Grundmotiv radikalnationalistischer Politik in überreichem Maße, die Vision der einigen und gleichgerichteten Nation. Das bestätigte zugleich von selbst einige ihrer zentralen Thesen: Die *Nation in Waffen* war die geeinte Nation, der Krieg endlich vereinte die Nation, die zum Krieg militarisierte Nation in Form ihrer Armee funktionierte autoritär und sie wirkte als solche wie das konkrete Gegenmodell zum zivilistischen Parlamentarismus und Parteiengetriebe. Anders gesagt: Die Wirklichkeit des Sommers 1914 entsprach der radikalnationalistischen Ideenwelt, umgekehrt befriedigte die radikalnationalistische Propaganda am konsequentesten die wirklichen Stimmungen und war darum in Regierungskreisen besonders geschätzt. Solange der Taumel dieses Sommers dauerte.

Die Ernüchterung setzte schon im Herbst 1914 ein, als klar wurde, dass dieser Krieg lange, sehr lange dauern konnte. Dass er an den Fronten Massenopfer kosten und die Konzentration von Wirtschaft und Gesellschaft: der *Heimatfront* sozusagen, auf den Krieg in einem bisher ungekannten Maße verlangen würde. Tatsächlich hat der Stimmungsumschwung der Sache der radikalen Nationalisten viel weniger geschadet als vielmehr weiter genützt. Denn indem sich die Perspektiven des Krieges unabsehbar verlängerten, gerieten die Regierungen, die politischen und militärischen Eliten unter schnell zunehmenden Rechtfertigungsdruck. Sie mussten den leidenden Menschen an der Front und daheim sagen, zu welchen Zwecken die immer schwereren Opfer zu bringen sein sollten, um welcher Kriegsziele willen. Damit kam die zweite Stunde der radikalen Nationalisten, die über seit längerem aggressiv entwickelte und somit konsistente außenpolitische und außenwirtschaftliche Zielsetzungen für den Fall eines großen Krieges verfügten. Jetzt wurde die Tageszeitung *Action Française* zu einem wichtigen, viel ausgeschriebenem Blatt in der breiten französischen Öffentlichkeit und darum wiederum zu einer bevorzugten Adresse von Nachrichten, Kriegszielerwägungen der französischen Regierung, indessen jenseits des Rheins der Münchener Verleger Lehmann und auf anderer Ebene Alfred Hugenberg und andere Leute aus dem *Alldeutschen Verband* sowie aus weiteren mächtigen Netzwerken die deutsche expansive Kriegspropaganda organisiert haben. Wegen der radikalnationalistischen Wirkungen in der öffentlichen Meinung beachteten die Regierungen bei ihrer Suche nach massenwirksamen Kriegszielformulierungen nunmehr in besonderem Maße die teils öffentlich in Umlauf gebrachten, teils in Denkschriften den Regierenden direkt unterbreiteten radikalnationalistischen Entwürfe: expansionistische und hegemoniale Entwürfe, deren Durchsetzung jeweils einen eigentlich totalen *Siegfrieden* voraussetzen musste. Es gehört zu den Verdiensten von Fritz Fischers Buch: *Griff nach der Weltmacht*, gezeigt zu haben, wie der gemäßigte Reichskanzler Bethmann Hollweg in der Argumentationsnot des Herbstes 1914, also nach dem Scheitern der Offensive im Westen, nun gerade auch auf Kriegszielformulierungen der *Alldeutschen* zurückgegriffen hat. Aber das war in Frankreich nicht anders, wo die *Action Française* als entscheidendes Kriegsziel vom Sommer 1914 an die Zerlegung des deutschen *Erbfeindes* in seine historischen Bestandteile und die Annexion des linksrheinischen Deutschland eingehämmert hat, und das war nicht anders in Großbritannien oder, seit dem Frühjahr 1915, in Italien. Erst in dieser Situation und auf solchen Wegen gewannen die radikalnationalistischen Bewegungen und Ideologen bedeutsamen Einfluss auf die Exekutive, wie sie ihn im Frieden nie hatten erringen können, abgesehen von den eben benannten anderthalb Ausnahmen.

3. Das Kriegsjahr 1917 wurde auch zum Epochenjahr in der Entwicklung des radikalen Nationalismus auf dem europäischen Kontinent. Die dreijährigen Erfahrungen sinnloser, weil zu keiner Entscheidung führender Massenschlächtereien an den immobilisierten Fronten dieses ersten modernen Krieges, verdichtet in Namen wie Somme und Isonzo oder Verdun, die dreijährigen Erfahrungen der völligen Verwüstung ganzer Landschaften, die Erfahrung rascher Verarmung, wachsenden Elends, des Hungerns zum Beispiel im deutschen *Steckrübenwinter* 1916/17 in den Heimaten: alle solche Erfahrungen und Leiden führten jetzt zum mehr oder minder offensichtlichen Zusammenbruch des einstigen Enthusiasmus und gesamtgesellschaftlichen Konsenses, der *Burgfrieden* des rauschenden Kriegssommers 1914. In der französischen und italienischen Armee meuterten große Truppenteile, was nur noch durch massive Strafaktionen und Kriegsgerichte beendet werden konnte. Italien konnte dann den Krieg nach der überaus schweren Niederlage von Caporetto (Karfreit) im Oktober 1917, welche wiederum die enorme Demoralisierung der gewöhnlichen Truppenkörper offenbarte, nur deshalb noch fortsetzen, weil auch den gegenüberstehenden

Deutschen und Österreichern die Kraft zum Durchstoss auf Norditalien schon fehlte. In Frankreich und Belgien gingen die erschöpften Deutschen auf die sogenannte *Siegfriedlinie* zurück. Einen Monat darauf, im April 1917, sind die USA auf Seiten der Entente in den Weltkrieg eingetreten, aber es würde noch länger als ein Jahr dauern, bis ihr Militär auf den Kriegsschauplätzen spürbar eingreifen würde. Das zaristische Russland hatte noch im Winter 1916/17 alles auf die Karte einer letzten Offensive gesetzt – und war nach deren Misserfolg in der bürgerlich-demokratischen Revolution des Februars 1917 untergegangen. Am Ende des Jahres aber hatten schon die Bolschewiken Lenins die Macht ergriffen, nachdem die bürgerliche Demokratie den Krieg an der Seite der Entente fortzusetzen versucht hatte, aber ebenfalls auf den Schlachtfeldern den Mittelmächten unterlegen war. Im Vielvölkerreich der Habsburger wirkte die Nationalitätenpropaganda nunmehr auflösend, und selbst im ach so disziplinierten Deutschland mehrten sich sozialer Protest und Arbeitsniederlegungen und formierte sich systemgefährliche politische Opposition gegen den Krieg. 1917, das war also das Jahr der kommunistischen Revolution in Russland – ein schlimmes Menetekel für alle kriegführenden Nationen im Hinblick auf zunehmenden Protest und zunehmende Verweigerung und inneren Konsensverlust. Und darum eben war 1917 zugleich auch das Jahr der großen Friedensinitiativen[68] und der Ankündigung durchgreifender politischer und sozialer Reformen, gewiss als solche zumeist ernsthaft gemeint, aber aktuell dahin bezweckt, Massenkonsens zurückzugewinnen, das jeweilige Volk noch einmal zum Durchhalten und zu letzten Anstrengungen im Krieg und zu neuer Akzeptanz der regierenden politischen Klasse zu bewegen.

1917: das war die dritte Stunde des radikalen Nationalismus, Stunde ideologisch-programmatischer Klärung und teils auch organisatorischer Neuansätze. Die radikalen Nationalisten kämpften nun für das Durchhalten um jeden Preis, bekämpften die Friedensinitiativen und alle, die sie trugen, mit äußerster Härte als Verrat beziehungsweise Verräter an der Nation, und sie taten das umso entschlossener, weil sie nun in einer eventuellen Niederlage oder auch schon in einem bloßen Unentschieden die konkrete Gefahr einer kommunistischen Revolution nach russisch-bolschewistischem Modell sahen. Darum standen sie auch gegen die Demokratisierungsschritte auf, welche von Teilen der politischen Klasse zwecks Konsensstiftung vorbereitet wurden, denn in ihren Augen muss-

---

68 Friedensinitiative der Reichsregierung im Januar 1917, Friedensentschließung des Reichstags im Juli. Österreichs Sondierungen durch den Grafen Czernin. Die Initiative Papst Benedikts XV. Wilsons „14 Punkte". Reaktionen der *Entente*.

ten sie der sozialistischen Revolution Tür und Tor öffnen. Aber zugleich wandten sie sich offener den je und immer rücksichtsloser gegen die bestehenden politischen Systeme, denn in ihrer Sicht hatten sie sich überlebt, weil sie weder die Nation für den Krieg mobilisieren noch vor der drohenden proletarisch-kommunistischen Revolution schützen konnten.

So kann es nicht erstaunen, dass die Forderung, endlich einen *totalen Krieg* zu führen, zeitgleich in der *völkischen* Publizistik Deutschlands und in der der *Action Française* auftauchte. *Totaler Krieg*, das meinte die organisierte Aufbietung der gesamten Nation und all ihrer Kräfte zur Erreichung ausschließlich des einen Zwecks: der nationalen Behauptung und des Sieges über den äußeren Gegner. Hinzuzusagen ist, dass die radikalnationalistische Forderung der totalen Ausrichtung *aller* auf den Krieg einerseits eine Ideologisierung der kriegsbedingten objektiven Tendenz zur staatlichen Kontrolle und Steuerung von Wirtschaft und Gesellschaft bedeutet hat, dass sie aber andererseits ohnehin der radikalnationalistischen Weltanschauung entsprach und die Übersetzung des kriegsbedingten Ausnahmezustandes in den Nachkrieg bezweckt hat. Es erstaunt wohl auch kaum, dass der Antisemitismus dort, wo er im radikalen Nationalismus seit jeher eine zentrale Rolle gespielt hatte, allgemein in eine neue Dimension hinein radikalisiert wurde, indem die Juden jetzt als Erfinder, Träger und Nutznießer der bolschewistischen Revolution ausgemacht worden sind – mit ihrem angeblichen Ziel, die gesamte nichtjüdische Zivilisation auf dem Rücken der kommunistischen Weltrevolution in Krieg und Bürgerkrieg zu vernichten und so eine jüdische Weltherrschaft zu errichten. Als Zeugnis wurden die sogenannten *Protokolle der Weisen von Zion*[69] herumgereicht, eine Fälschung der zaristischen Geheimpolizei, jetzt von Revolutionsflüchtlingen aus Russland in den Westen gebracht. Und selbst einige britische Radikalnationalisten, denen der Antisemitismus grundsätzlich, wie gesehen, am wenigsten bedeutet hat, sprachen nun heftig über die angebliche jüdisch-bolschewistische Weltverschwörung. Umso wichtiger wurden die mit der sogenannten *Balfour-Erklärung* vom 2. November 1917 eröffneten Perspektiven: mit ihr sicherte der britische Außenminister den Juden die Aussicht auf ein „national home" in Palästina zu, Ausgangsmoment des heutigen Staates Israel, dies für jüdische Unterstützungen im Kampf gegen das mit Deutschland und Österreich verbündete Osmanische Reich, zu dessen Provinzen dieses Land rechtlich noch gehörte: Flucht-

---

69 Erste deutsche und englische Übersetzungen 1919/1920. Vgl. die kurze Übersicht von Wolfgang Benz, Die Protokolle der Weisen von Zion. Die Legende von der jüdischen Weltverschwörung, München ²2017.

punkt bald für zunehmend bedrohte und in Russland wiederholt furchtbar verfolgte Juden, Bezugspunkt für den 1896/97 zuerst von Theodor Herzl modern, nämlich nationaljüdisch und als Staatsvision neubelebten Zionismus – mit langsam, aber stetig steigenden Einwanderungszahlen in der nach dem Krieg beginnenden britischen Mandatszeit.

Allerdings überprüften die radikalen Nationalisten in ihrer Vorbereitung auf die fundamentale Auseinandersetzung mit der drohenden kommunistischen Revolution auch ihr bisheriges Verhältnis zu den abhängig arbeitenden Unterschichten: Leichter hier, schwerfälliger dort, leichter die Wortführer der italienischen *Associazione Nazionalista*, die im Zeichen der Niederlage von Caporetto zu radikalen Verfechtern einer durchgreifenden Agrarreform zugunsten der landlosen Pächter und Landarbeiter wurden, schwerfälliger die Agitatoren des *Alldeutschen Verbandes*, die seit der zweiten Jahreshälfte 1916 damit anfingen, lokale Arbeiterzweige zu gründen, und diese Bemühungen 1917 dann erheblich verstärkten.

4. Eher noch wichtiger waren die politischen Aktivitäten der radikalen Nationalisten in dieser Situation. Wo das möglich war, kooperierten sie eng mit solchen nationalen Entscheidungszentren und Teilen der politischen Klasse, die zur Fortsetzung des Krieges bis zu einem Siegfrieden entschlossen waren. In Großbritannien war nun selbst Lord Milner bereit, in das nationale Sammlungskabinett Lloyd Georges einzutreten. In Deutschland unterstützen sie bedingungslos die quasidiktatorische dritte Oberste Heeresleitung unter Hindenburg und Ludendorff.

Mehr noch, wenn in Italien die Aktionisten der *Associazione Nazionalista* daran gingen, die lokalen *fasci*: ursprünglich Verbindungen aller kriegsbereiten Kräfte bis hin zur sozialistischen Linken, zu Überwachungseinrichtungen gegen Defätisten umzuformen, wenn in Frankreich die Organe der *Action Française* sich als Jäger einiger wirklicher und meistens nur angeblicher deutscher Spione und französischer subversiver Kriegsgegner hervortaten, so schritten im Deutschen Reich die Häuptlinge des völkischen Lagers, darunter einmal mehr Alfred Hugenberg und Heinrich Claß, zur Sammlung der ja weit gefächerten und zum Teil heftig verfeindeten radikalnationalistischen Verbände und Vereine, Zirkel und Sekten – und zwar als unmittelbare Antwort auf die Friedensresolution der Reichstagsmehrheit vom Juli 1917. Am 2. September fand die Gründung dieser europaweit tatsächlich allerersten echten radikalnationalistischen Massenpartei (mit anfänglich wohl rund 800.000 allerdings überwiegend „korporativen" Mitgliedern) statt, der *Deutschen Vaterlandspartei*: Neben anderen kamen Admiral

Tirpitz, der umtriebige Historiker und *Alldeutsche* Dietrich Schäfer, Wolfgang Kapp vom *Bund der Landwirte*, 1920 dann politischer Führer des gescheiterten Freikorpsputsches, ins Präsidium. Hauptzweck war die Mobilisierung des deutschen Volks für ein Durchhalten bis zum *Endsieg* und zu einem *deutschen Diktatfrieden* mit gewaltigen Annexionen in Belgien, im Osten, in der kolonialen Welt. Die *Vaterlandspartei* hatte durch korporative und individuelle Eintritte bis zu ihrer Selbstauflösung im Dezember 1918 über eine Million Mitglieder. Einer von ihnen war jener Anton Drexler, ein *Eisenbahnarbeiter*, der am 5. Januar 1919 endlich, nach mehrmaligen Ansätzen, die *Deutsche Arbeiterpartei* gründen würde, ein gutes Jahr später umbenannt in *Nationalsozialistische Deutsche Arbeiterpartei*: NSDAP. Indessen führten die Entwicklungslinien von der *Vaterlandspartei* des letzten Kriegsjahres einerseits hin zur *Deutschnationalen Volkspartei*, dem kurzzeitigen Koalitionspartner Hitlers nach dem 30. Januar 1933, andererseits hin in den gefährlichen, mit zahlreichen Terrorakten verbundenen *Deutschvölkischen Schutz- und Trutzbund* der frühen Weimarer Zeit.

5. Insgesamt 63 Millionen Männer haben in diesem *Großen Krieg* an den europäischen Fronten gekämpft. Mehr als 8 Millionen von ihnen waren in den entsetzlichen Materialschlachten getötet worden, zerfetzt, vergast, verschüttet. 15 Millionen waren schwerst- oder schwer verwundet worden, die Hälfte von ihnen überlebte nur als schwer oder schwerst Verkrüppelte. Die zivilen Opfer der Kriegshandlungen und des Hungerns in Mittel-, Ost- und Südosteuropa hat niemand gezählt. In den geschwächten Bevölkerungen fand die erste große asiatische Grippewelle im Winter 1919/1920 leichte Opfer: mehr als eine Million Tote. Und als der *Große Krieg* geendigt war, ging das Töten und Sterben ja in vielen Gegenden Europas noch lange weiter, sei es in Bürgerkriegen von Irland bis Russland, sei es in Grenzlandkämpfen entlang den neu entstandenen Staaten in Ostmitteleuropa. Europa gewöhnte sich also an massenhaftes Töten und Sterben um politischer Zwecke willen. Das bedeutete auch, dass die einstigen zivilistischen moralischen Hemmschwellen zwischen papiernen Vernichtungsphantasien radikaler Ideologen und deren wirklicher Vorbereitung und Durchführung nun sehr gesunken, wenn nicht beseitigt waren. Kommunistische Utopien einer klassenlosen Gesellschaft durch massenmörderische Vernichtung von Bürgertum und Adel waren seit der sowjetrussischen Revolution Realität. Genauso waren nun Antisozialismus und gar sozialdarwinistische Ideen, wie sie vor 1914 in großen Teilen der radikalnationalistischen Schriftstellerei verbreitet worden waren, sozusagen zur tödlichen Praxis hin entfesselt. Die Ordnung der

Gewalt pflanzte sich in dem *Europäischen Bürgerkrieg*[70] der Zwischenkriegszeit hinein fort, um im nächsten Weltkrieg zum Prinzip totalitärer Kriegsführung zu werden.

Ungeheure Werte waren vernichtet, die auf die Produktion für den Krieg konzentrierten europäischen Volkswirtschaften hatten unersetzliche überseeische Märkte auf Dauer zumal an die USA preisgegeben, die Staatshaushalte waren nach der Defizitfinanzierung der Kriegskosten[71] gründlich, ja, in einem für das damalige Vorstellungsvermögen unfassbaren Ausmaß ruiniert, Frankreich und England obendrein massiv in die USA verschuldet. Weitere Inflationierung und damit Inkaufnahme zunehmender Vermögensverluste insbesondere der bürgerlichen Mittelschichten waren die eine Handlungsalternative der Nachkriegsregierungen, wie sie etwa von der Weimarer Republik von 1919 bis 1924 verfolgt worden ist. Die andere lautete: Sparpolitik und Steuererhöhungen zur allmählichen Konsolidierung des Staatshaushaltes um den Preis hoher Arbeitslosigkeit und tendenzieller Verelendung der ohnehin schon verarmten Unterschichten, wie sie in Großbritannien fast durchwegs betrieben wurde.

So oder so: Die Vorkriegswelt bürgerlicher Sicherheit und allmählich wachsenden Wohlstands auch in den abhängig arbeitenden Unterschichten (nach den Maßstäben der Zeit) war dahin, auch wenn sich die Siegerregierungen noch einige Jahre lang eingebildet haben, die eigenen Staatsfinanzen, die eigene Wirtschaft und Gesellschaft auf Kosten der Besiegten sanieren zu können. Und weil der im Entsetzen des Krieges von vielen Menschen und manchen Staatsmännern erhoffte Fortschritt zu einer neuen politischen und wirtschaftlichen Weltordnung zuerst wegen der bolschewistischen Revolution in Russland, sodann wegen der Pariser Friedensordnung von 1919 selbst nicht hat erreicht werden können, war das unvermeidliche Resultat mehr Nationalismus denn je, was besonders in jenen Nationen, die zu den Unterlegenen gehörten oder wie Italien sich zu den Verlierern von 1919 zählten, ohne weiteres dem radikalen Nationalismus nutzte.

Indem aber die radikalen Nationalisten in dieser Konstellation Massen mobilisieren konnten, wuchsen sie auch schnell in jene Rolle hinein, die der traditionelle Konservatismus nach dem Demokratisierungsschub von 1918/1919[72] nicht mehr spielen konnte: die neue Rolle des Vorkämpfers der Gegenrevoluti-

---

70 Ernst Nolte, Der europäische Bürgerkrieg 1917-1945, Frankfurt 1988.

71 Einnahmen:Ausgaben 1914 bis 1918 zum Beispiel: Deutsches Reich 21,9 : 159,0 RM; Frankreich 26,2 : 170,6 Franc; Großbritannien 2,73 : 9,50 Pfund (in Milliarden).

72 Und Abgang der Dynastien in den besiegten Nationen.

on - einer neuartigen Gegenrevolution gegen eine ganz neuartige und wirkliche, nicht nur befürchtete Revolution, genauer gesagt: gegen eine neuartige Revolutionsdrohung vom kommunistisch gewordenen Russland her, gestützt auf die *Kommunistische Internationale* als Lenkungsorgan der nun überall entstehenden neuen kommunistischen Parteien.

6. Der *Große Krieg* bedeutete aber auch für den radikalen Nationalismus den Beginn einer Ausdifferenzierung, die eigentlich der Ausdifferenzierung des gegnerischen Sozialismus in eine gemäßigte und eine radikale Linie entsprochen hat. Entscheidend war zum einen der eben skizzierte Durchbruch des radikalen Nationalismus zu einem massenpolitischen Phänomen, zum anderen der deshalb umso massivere Auftritt einer jungen Generation, der Generation der um 1890 und um 1900 Geborenen, deren Vorstellungswelt und Verhaltensmuster im eigenen direkten Kriegserlebnis, im *Frontkämpfertum* geprägt worden waren. Diese junge Generation trat an zur rücksichtslosen Bekämpfung des Sozialismus und besonders des Kommunismus, darüber hinaus aller politischen und gesellschaftlichen Kräfte, die sie für nationalschädlich hielten. Aber ihre Verachtung galt der alten bürgerlichen Welt und ihren Überresten im Nachkrieg, indessen sie im Kommunisten doch immerhin noch den Geistesverwandten in der Radikalität der Zielsetzung und des Einsatzes achteten. Zu diesen Überresten der bürgerlichen Vorkriegswelt, „dieser alten Sau mit verfaulten Zähnen", so Ezra Pound, der ins faschistische Italien gewanderte große amerikanische Dichter: zu diesen Relikten also zählte nach Ansicht der neuen Generation aus dem *Frontkämpfertum* des Weltkriegs aber auch der ältere radikale Nationalismus – oder genauer gesagt: zählten seine Vertreter in der Nachkriegspolitik: Leute im Stehkragen und Frack sozusagen, *Schreibtischtäter*, Angehörige letztlich doch einer sozialen Elite, die weder im Kampf und in der klassenlosen Kampfgemeinschaft direkt an der Front entstanden war noch sich wenigstens im Kampf neu legitimiert hatte, Angehörige einer bürgerlichen Elite, genauso ängstlich wie arrogant gegenüber den einfachen Leuten, genauer gesagt: gegenüber *Männern*. Die neue Generation wollte bedingungslos herein ins Volk, wollte die neue Elite des nationalen Kampfes klassenlos aus ihm rekrutieren, weshalb allein schon sie sich als sozialistisch oder *national sozialistisch* verstand. Und sie war sich sicher, Angestellte und Arbeiter, Bauern und Landarbeiter für ihren Nationalismus gewinnen und gegen den klassenkämpferischen internationalistischen Sozialismus und Kommunismus mobilisieren zu können. Diese Gewissheit aber gründete in der Überzeugung, die klassenlose und doch in sich hierarchisch disziplinierte nationale Gemeinschaft wirklich schon gehabt und erlebt zu haben: eben in der Männergemeinschaft der *Frontkämpfer*, in den Kampf geführt von den Besten, getragen von der Anerkennung der *Gefolgschaft*.

Geführt von den Besten: was uns auch auf den Aufstieg der schon vor dem Krieg wabernden Idee eines charismatischen Führertums und einer Akklamationsdemokratie jenseits von Parteien und Interessenverbänden verweist, konkretisiert durch die Kriegserfahrung vieler Soldaten: dass es aufs Offizierspatent im Kampf nicht ankommt, sondern auf Charakter, Willenskraft und Können eines Befehlenden. Hans Herbert Grimms Romanfigur *Schlump* (zuerst 1928, wiederentdeckt: Köln 2015, S. 260f.) wird wie seinen Mitschülern zum letzten Schultag durch einen alten Lehrer diese Erwartung wärmstens ans Herz gelegt:

> „Jungens, ich glaube nicht, dass ihr mit in den Krieg müsst. Aber merkt euch das eine: Ihr seid zu Führern des deutschen Volkes berufen. Führer sein heißt Vorbild sein. Sind die Führer tüchtig, dann ist das ganze Volk tüchtig. Dann geht es bergauf. Des Volkes Wohl und Wehe hängt ab von dem Lebenswandel seiner Führer. Ungeheuer ist die Verantwortung des Führers. Und wehe dem Volk, dessen Führer sich weigern, größere Opfer zu bringen als der Mann in Reihe und Glied. Wie der Reiter erst sein Pferd besorgen muss, so muss der Führer erst für die sorgen, die zu ihm aufschauen sollen. Auch in Hunger und Not muss der Führer vorangehen, dann wird die Truppe für ihn sterben."

Das war nun allerdings ein Mythos, aber ein geschichtsmächtiger, weil von seinen Produzenten und Millionen Gläubiger für unbedingt wahr gehaltener Mythos. Von zahllosen Stimmen in allen Nationen zitiere ich nur die des seinerzeit in Deutschland so berühmten, so sehr verehrten Walter Flex, weil sich in der gewählten Passage aus seinem Roman *Der Wanderer zwischen den Welten* auch schon das letzte, in dieser Vorlesung noch anzudeutende Thema ankündigt. Der Roman ist 1917 erschienen, Flex ist im selben Jahr im Osten, im Verlauf von Kämpfen an den Küsten des Baltikums umgekommen. Eine der beiden Hauptfiguren ist ein früherer Jugendführer des *Wandervogels*, inzwischen Leutnant:

> „Auf diesen ersten Märschen, die den im monatelangen Stellungskrieg eingerosteten Knochen der Leute recht sauer wurden,

erwies sich der junge Wandervogel [(nun junger Frontoffizier)] als frischer Helfer. Ohne viel Ermahnen, Schelten und Antreiben wusste er durch ein rasches Scherzwort hier und dort einen niederhängenden Kopf zu heben, während er mit leichtem, festem Schritt an der marschierenden Kolonne herauf- und herunterging. Bot ihm einer der berittenen Offiziere während des Marsches ein Pferd an, so schlug er's aus: als Zugführer marschierte er mit seinen Leuten."

Zum letzten Thema unseres sechsten Punktes kurz: In alledem kamen der Aufbruch der Jugend zu einer eigenständigen gesellschaftlichen Rolle und der gesellschaftliche Aufbruch zur Jugendlichkeit, wie sie sich um 1900 in solchen Phänomenen wie dem *Wandervogel* oder in der angloamerikanischen *Pfadfinderbewegung* oder im schon erwähnten italienischen *Futurismus* angekündigt hatten und längst zu einem Grundzug unserer Moderne vor aller politischen Verwendung geworden sind: kamen Aufbruch der Jugend und Ideologisierung von Jugendlichkeit also zu einer ihrer bedeutsamsten politischen Ausdrucksformen. Die Jugend, das heißt: ein Großteil der bürgerlichen, höher gebildeten Jugend, aber auch signifikante Gruppen in anderen Schichten, war 1914 enthusiastisch in den *Großen Krieg* gezogen nicht zuletzt auch in der Hoffnung, die Verkrustungen der bürgerlichen nüchternen Welt aufzubrechen, durch die eigene Bewährung einer neuen Gesellschaft, neuen Lebensform, neuer Verantwortlichkeit des Individuums für das Ganze in den reinigenden *Stahlgewittern* des Krieges zum Durchbruch zu verhelfen. Ausgeblutet kehrte diese Generation heim, eine *verlorene Generation*, weil sich nichts von ihren gewaltigen Hoffnungen erfüllt fand, *weil* es ihr nun überhaupt schwerfallen musste, sich in zivile Ordnungen und triste Alltagsnormalität einzufügen, welche sie einst freudig abgelehnt und dann wegen des Kriegs als Erwachsene nicht kennengelernt hatte, *weil* ihr die verarmten Nachkriegsgesellschaften sowieso nur schlechte Perspektiven bieten konnten. Resignation war eine Antwort dieser jungen Kriegsgeneration, zynischer Hedonismus eine andere. Eine dritte Antwort aber war eine fundamentale politische Radikalisierung, die Verlängerung des kriegerischen Verhaltens in den Nachkrieg, um doch noch eine andere Ordnung zu erzwingen, und die eine Linie führte in den linken, die andere in den rechten extrem nationalisierten Radikalismus der Zwischenkriegszeit.

Wenn wir uns nächstens zum Abschluss dieser Vorlesung mit den Anfängen einer neuen radikalnationalistischen Strömung in Italien und Deutschland befassen, dann werden wir den Unterschied zum älteren Radikalnationalismus in Konkurrenz weniger auf der ideologischen und programmatischen Ebene sehen. Es gab ihn auch dort, noch wenig ausgereift, aber entscheidender war vorerst die Differenz in den Verhaltensmustern, dies vor allem hinsichtlich der praktischen Militanz und praktischen massenorientierten sozialen Offenheit. Der neue Radikalnationalismus war ein Phänomen sui generis, teils aus den Traditionen des radikalen Vorkriegsnationalismus schöpfend, teils gegen sie auftretend und so neue Ansätze zu qualitativ eigenständigen rechtstotalitären Systemen der Zwischenkriegszeit schaffend, sozial in der Freisetzung relevanter Gruppen in den Verwüstungen und Wandlungen des Krieges und der ersten Nachkriegszeit wurzelnd. Als Übergangsphänomen hin zu ausgebildetem Faschismus und Nationalismus entwickelte er sich als Teil der Reaktion gegen die bolschewistische Revolution in Russland, gegen die Moskauer Aufrufe zur kommunistischen Weltrevolution, gegen die tatsächliche kommunistische Revolutionswelle von 1919 tief nach Mitteleuropa hinein, nach Deutschland und Ungarn, auch nach Italien: Aber er ging schon jetzt nicht in bloßer Reaktion auf, jenseits der Konterrevolution zielte er auf eine Revolution eigenen Typs. In der nächsten, in der sechsten und abschließenden Vorlesung also will ich diese beiden Nachkriegsphänomene: Faschismus und Nationalsozialismus, in ihren Anfängen in Bezug auf Kontinuitäten und grundsätzliche Zuspitzungen des radikalen Nationalismus der Vorkriegszeiten vorstellen. Sie werden Europas Weg in die nächste, noch viel größere Katastrophe wesentlich prägen. Jetzt, in der ersten Nachkriegszeit, waren sie zunächst nur radikalnationalistische Bewegungen unter vielen, sehr vielen gleichartigen, ähnlichen oder verwandten radikalnationalistischen Gruppen, Bewegungen und Parteien in vielen europäischen Ländern.[73] Der italienische Faschismus aber gelangte in sehr kurzem, nur dreieinhalbjährigem Anlauf schon 1922 an die Regierung. Er wurde daher zu einer Art Modell. Aber längst nicht alle radikalnationalistischen Bewegungen sind seinen Ausrichtungen gefolgt, mit am wenigsten der deutsche Nationalsozialismus.

---

73 Weitläufigere Perspektiven habe ich in meiner Vorlesung: Europäische Geschichte zwischen den Weltkriegen 1918 bis 1941, Bonn, minifanal, 2013, S. 122-156, ausgezogen.

VI. Vorlesung
Faschismus und Nationalsozialismus

Faschismus

Italien gehörte zur den vier *großen* Siegermächten und machte auch in Paris eine Reihe von territorialen Kriegsgewinnen, aber weniger, als die verantwortlichen liberalen Regierungen erwartet hatten, und jedenfalls viel zu wenig für die Ansprüche der Nationalisten. Gerade die durch die ganze politische Öffentlichkeit des Landes verbreitete Ansicht, in diesem Krieg um den Preis von mehr als 600.000 Gefallenen betrogen worden zu sein, zwar glorreich triumphiert zu haben und doch von den drei größeren Verbündeten in Paris an den Katzentisch gesetzt und mit Brosamen abgespeist worden zu sein, führte dem radikalen italienischen Nationalismus neue Kräfte zu und radikalisierte ihn nochmals. Die Anklage, Italiens Sieg sei „verstümmelt" worden („vittoria mutilata"), ähnelte sehr der Dolchstoß-Legende in Deutschland und zeitigte ähnliche Folgen, nur noch schneller. Angesichts dieser nationalistischen Emotionen wagte es die liberale italienische Regierung Nitti nicht einzugreifen, als italienische Freischaren, wesentlich hervorgegangen aus den Verbänden der *arditi* (die *Kühnen*), den ausgewählten Stoßtruppen des Weltkriegs, unter der Führung des Dichter-Helden Gabriele D'Annunzio die in Paris von Italien geforderte, aber dem neuen, von den USA kreierten Jugoslawien zugesprochene Hafenstadt Fiume (Rijeka) entgegen den römischen Rückzugsbefehlen am 12. September 1919 besetzten. 16 Monate (bis zum Januar 1921) lang beherrschte D'Annunzio, der sich selbst den Titel *Commandante* beigelegt hatte, mit seinen Freischaren die Stadt, um die Ohnmacht des liberalen Staates und den italienischen Protest gegen die Pariser Friedensschlüsse zu demonstrieren. Nahezu alle Elemente des späteren *faschistischen* politischen Stils sind hier entwickelt worden: Demokratie als Massenaufmarsch; Rhetorik, Akklamation des *charismatischen* Heldenführers; das Schwarzhemd der Anhänger und die Totenkopfbanner ihrer Abteilungen; der römische Gruß, die Kampflieder, darunter die spätere Hymne der Faschisten *La Giovanezza*, der Kampfruf: *Eia, Eia, Eia, Alalà* – und natürlich auch die Mythisierung der *action directe*, der rücksichtslosen „direkten Aktion" als Methode einer neuen Politik, geboren im Stoßtruppgeist der jungen Generation im Krieg, gerichtet gegen lahme Parteipolitik, machtgeiles Honoratiorentum alter Liberaler, gegen Wahlabsprachen, Entscheidungsunfähigkeit, Verzagtheit in der internationalen Politik. Vielen Faschisten würde D'Annunzio bis Mitte der Zwanziger Jahre als

Alternative zu Mussolini gelten, mit dem er sich 1921 zwar zum Sturz des liberal-parlamentarischen Systems verbündet hat, zu dem er aber Distanz hielt. Entschieden war über die Möglichkeit einer personalen Alternative aber schon am 13. August 1922, als D'Annunzio kurz vor dem *Marsch auf Rom* aus einem Fenster stürzte und beinahe tödlich verunglückt ist (wirklich: ein Unglücksfall, nichts hineinzugeheimnissen).

Dabei zeigte sich auch, dass der extreme Nationalismus Italiens aus tieferen ideologischen und politischen Traditionen schöpfen konnte. Einige Linien ließen sich in die Entstehungszeit des italienischen Nationalstaats, in das Risorgimento zurückführen, so auf den „Helden zweier Welten", Giuseppe Garibaldi, und dessen direkte Aktionen. Wichtiger noch waren die früher beschriebenen Vorkriegsvereinigungen junger Nationalisten mit ihren imperialistischen Forderungen, ihrer Verachtung liberaler Realpolitik, ihrer entschiedenen Absage an die Ideen von 1789: „Freiheit, Gleichheit, Brüderlichkeit", als Ideen des abgelebten bürgerlichen Zeitalters, mit ihrer Forderung einer neuen kollektiven, einer nationalen Identität des Einzelnen gegen den asozialen bürgerlichen Individualismus, mit ihrer Modernisierungs- und entschiedenen Technikbejahung. Viele Anhänger und manche Wortführer der 1910 gegründeten, sich in den zwanziger Jahren mit der faschistischen Partei zusammenschließenden *Associazione Nazionalista Italiana* kamen ja aus der *futuristischen* Kunst- und Literaturbewegung. Im Krieg verband D'Annunzio den neuen politischen Stil der „direkten Aktion", des Heroismus und die Technikbegeisterung der jungen Nationalisten, indem er sich der modernsten Technik, des Flugzeugs, bemächtigte, um nach manchen Kampfhandlungen über dem Trentino und Istrien die Hauptstadt des österreichischen Feindes, Wien, mit Flugblättern aus der Luft anzugreifen.

Worum es hier geht: die radikale revolutionäre Rechte ist 1918 in Italien schon ziemlich fertig und genauso entschlossen, die Nachkriegskrise der Nation zu nutzen, wie die radikale, sich 1920 der bolschewistischen Moskauer Komintern anschließende Linke. Sie entsteht also nicht erst in *Reaktion* auf die kommunistische Revolutionsdrohung, obwohl sie Teil dieser *Reaktion* wird und aus ihr heraus zur Macht greifen kann.

Diese Nachkriegskrise ist ja nicht nur eine nationale außen- und machtpolitische Krise gewesen, sondern mehr noch eine fundamentale sozioökonomische und politische Systemkrise. Dazu müssen hier ganz wenige Andeutungen genügen. Sie können das ja bequem in Rudolf Lills „Geschichte Italiens" und in Hans Wollers „Geschichte Italiens im 20. Jahrhundert" genauer nachlesen. Die Industrialisierung hatte im Krieg phantastische Fortschritte in Nord- und auch Mittelitalien gemacht, aber es war ein kriegsbedingter Fortschritt, der nun nicht in die Friedenswirtschaft übersetzt werden konnte, schon deshalb nicht, weil die internationalen Absatzmärkte in Folge des Krieges zerrüttet waren und viele europäische Länder über gar keine Devisen für den internationalen Handel mehr verfügten. Die italienische Industrie auf diesem im Krieg erreichten hohen Niveau kam aber umso schneller aus dem Tritt, weil sie nicht nur in eine Absatz- und Produktionsumstellungs-, sondern auch in eine Rohstoffzulieferungskrise geriet, denn das rohstoffarme Land musste unter vielem anderen fast den gesamten Kohle-, Öl- oder Erzbedarf durch Importe decken – und die waren in dieser Höhe in den letzten Jahren mit massiven Kriegskrediten der Ententemächte und besonders der USA bezahlt worden: Diese Kredite fielen nach dem Waffenstillstand fast von einem Tag zum nächsten aus, mussten vielmehr nun zurückgezahlt werden. Im November 1919 lag die Arbeitslosenzahl bei über 2 Millionen bei ungefähr 40 Millionen Einwohnern, wozu man bedenken muss, dass fast nur Industriearbeiter in die Statistik eingehen konnten. Der eben durch diese ausländischen Anleihen und Kredite sowie durch die absolut defizitäre Binnenfinanzierung des Krieges total überschuldete Staat war indessen nicht mehr in der Lage, über Staatsnachfrage bzw. Subventionen temporäre Nothilfe zu leisten. Nur noch 30 % des Staatshaushalts waren durch Einnahmen gedeckt, der Wert der Lira lag bei nur noch 20 % des Wertes von 1913. Das verquickte sich aber mit der politischen Doppelkrise, nämlich mit der des liberalen parlamentarischen Systems in der konstitutionellen Monarchie, indem

1. die herrschende bürgerlich-patrizische politische Klasse angesichts der Kriegswandlungen und der sozialen Nachkriegsverhältnisse dem Druck der politischen Massenbewegungen der Katholiken und Sozialisten nachgeben und das allgemeine Verhältniswahlrecht einführen musste, womit der bisherigen liberalen Honoratiorenpolitik und der Praxis von Persönlichkeits- und Gruppenabsprachen zur Regierungsbildung die Grundlage entzogen war und nun moderne Massenparteien begünstigt wurden, und indem

2. die seit der Staatsgründung 1861 in verschiedenen Varianten regierenden Liberalen in den Wahlen von 1919 nur noch knapp dreißig Prozent der Stimmen erhielten, während die Sozialisten ca. 180, die katholische Volkspartei etwa 100 der insgesamt knapp 500 Abgeordneten-

mandate errungen haben, womit eine stabile Regierungsbildung nicht mehr möglich wurde.

Fünfzig Prozent der Wahlberechtigten sind übrigens gar nicht erst zur Urne gegangen, was zeigt, dass eine moderne politische nationale Massenmobilisierung trotz allem in Italien insgesamt noch nicht durchgegriffen hatte.

Indessen zielten die kominternorientierten italienischen Sozialisten und dann die der Moskauer Komintern angeschlossenen Kommunisten auf eine proletarische Revolution nach sowjetischem Vorbild. Von 1919 bis 1921 waren sie in Nord- und Mittelitalien zweifellos die stärkste politische Kraft mit nahezu 40 % der Mandate auf nationaler Ebene, indessen sie ein gutes Drittel der dortigen Kommunen beherrschten. Die von ihnen dort kontrollierten Gewerkschaften verachtfachten in nicht ganz zwei Jahren ihre Mitgliederzahlen auf über 2 Millionen. 1919 gab es ca. 1600 Industriestreiks mit 1 Million Beteiligten, 1920 ca. 1800, dazu etwa 200 Streiks der kommunistisch inspirierten Landarbeitergewerkschaften mit 1 Million Mitgliedern; darüber hinaus begannen 1920 massive Betriebsbesetzungen. Dem hatte der nun nationsweit neugegründete Arbeitgeberverband, die *Confindustria*, als solcher wenig entgegenzusetzen. Immerhin konnten sie die Liberalen, zu denen sich die Industriellen cum grano salis bis zur Machtergreifung des Faschismus gehalten haben, bedrängen, eine starke antikommunistische Regierung zustande zu bringen, woraus wegen der tödlichen Krise des liberal-parlamentarischen Systems aber nichts wurde. Doch trug dies zu der liberalen Neigung bei, mit Repräsentanten des jungen Faschismus Listenverbindungen einzugehen, um ein Stück Massenbasis zu gewinnen: So kamen die ersten 36 Faschisten 1922 nach den April-Wahlen ins römische Parlament, aber in den Analysen erweist sich, dass sie in der Regel viel mehr Stimmen erhalten hatten als die Liberalen, also Zugpferd gewesen waren. Wenige Monate später war kein führender Liberaler mehr bereit, eine Regierung gegen die Faschisten zu bilden.

Benito Mussolini war vor 1914 einer der drei, vier führenden italienischen Sozialisten der jüngeren Generation gewesen und 1911 einer der heftigsten Gegner des Krieges gegen das Osmanische Reich, welcher Italien den Gewinn von Inseln in der Ägäis und Libyen als Gewinn einbrachte. 1914/15 aber wandelte er sich zum führenden Publizisten all jener, die Italien in den Krieg führen wollten. Immerhin meldete er sich dann auch freiwillig und kämpfte vom November 1915 bis August 1917 an der Alpenfront, um dann einigermaßen schwer verwundet auszuscheiden. Hatte ihn sein *Interventionismus* schon weit von den Genossen entfernt, so sagte er dann 1918 mit seiner Zeitung *Popolo d'Italia* (*Italienisches Volk*) unter dem Eindruck der bolschewistischen Revolution in Russland dem klassenkämpferischen Sozialismus den Krieg an. Er wandte sich an die „Produzenten und Soldaten" (so der Untertitel des *Popolo*) und vertrat nationalsyndikalistische Zielsetzungen von der korporativen Einheit der Betriebsbesitzer, Manager und Arbeiter, aller Produzenten einer Branche also, wie sie im faschistischen Italien 1926/27 dann zum Teil Verfassung geworden sind. Dieser Nationalsyndikalismus verstand sich als Zielpunkt einer neuartigen nationalen Revolution gegen die *Parasiten* sowohl der alten herrschenden Schichten wie in der Sozialistischen Partei!

Angesichts des massiven Aufstiegs der Sozialisten einerseits, andererseits, wenngleich im minderen Maße, der neuen katholischen Volkspartei des berühmten Don Sturzo mit ihrem in der päpstlichen Soziallehre wurzelnden antiliberalen Sozialreformismus war das zunächst eine ziemlich verlorene ideologische Position, und 1919/20 war Gabriele D'Annunzio der unbestrittene Heros und geistige Führer der jungen italienischen Nationalrevolutionäre: der machte „direkte Aktion", saß aber seit dem September 1919 mit seinen gegen den Pariser Frieden revoltierenden Freischaren in Fiume (Rijeka) fest. Allerdings gelang es Mussolini am 23. März 1919 in Mailand, den *fascio di combattimento* zu gründen. *Fascio, Fasci*: der Begriff ging auf die altrömischen Liktorenbündel zurück, Symbol konsularischer Macht und Strafgewalt; im späteren 19. Jahrhundert war er schon des öfteren von lokalen sozialen Protestbewegungen verwendet worden und entwickelte sich dadurch zum Synonym für *Bund, Bünde* überhaupt, und so wurde er dann von einer ganzen Reihe von Gruppen im Krieg gleichsam neutral verwendet. Am 23. März 1919 bedeutete *fascio di combattimento* nichts weiter als *Kampfbund*. Und der war zunächst eine recht unbedeutende Angelegenheit – mit etwa 100 Mitgliedern, von denen die meisten aus diesen drei Gruppen kamen: *Arditi* (Stoßtrupp-Kriegsveteranen), Künstler der futuristischen Bewegung um Marinetti (hochpolitisiert mit sogar eigenen *Fasci politici futuristi*), welche sich gleich auch als Sprecher der *arditi* repräsentiert haben, und ehemalige Sozialisten wie Mussolini selbst. Ihr erstes, deutlich nach links orientiertes Programm verlangte u. a. das allgemeine Wahlrecht für Männer und Frauen ab 18 Jahren, den Achtstundentag, betriebliche Mitbestimmung der Arbeiter, die Einführung der progressiven Einkommensteuer, Beschlagnahme von Kriegsgewinnen – und die Republik! In den 1919er Wahlen erhielten die *Faschisten* Mailands knapp 5.000 Stimmen: von 275.000! Und am Ende des Jahres gab es in Norditalien gerade 31 lokale *fasci* mit 870 Mitgliedern, im Mai 1920 100 *fasci* mit etwa 10.000 Mitgliedern.

Der Durchbruch kam im Spätherbst 1920, als die *squadre (d'azione)*, die eigentlichen Kampftruppen der *fasci di combattimento*, den aktiven Kampf gegen die Sozialisten, Kommunisten, linke Arbeiter- und Landarbeitergewerkschaften aufnahmen, nachdem sie sich bis dahin fast ausschließlich mit der Drangsalierung widerspenstiger neuer ethnischer Minderheiten im italienischen Staat beschäftigt hatten, so besonders in Istrien. Im Grunde handelte es sich um zwei faschistische Durchbruchsbewegungen, nämlich in den Städten der Industriezonen und auf dem Land, wobei auch der sogenannte „agrarische Faschismus" von städtischen Zentren wie Bologna und Ferrara ausging, angeführt von nahezu autonom agierenden regionalen Anführern wie Dino Grandi, Roberto Farinacci, Italo Balbo. Die *squadristi* attackierten Demonstrationen und Streikposten, verwüsteten linke Partei- und Gewerkschaftslokale und Zeitungsredaktionen, zettelten Unruhen gegen sozialistische bzw. kommunistische Stadtverwaltungen an. So in Bologna im Oktober 1920, als ein kriegsversehrter faschistischer Stadtrat erschossen wurde und die Antwort in militanten faschistischen Aktionen gegeben wurde – mit etlichen Toten, vielen Verwundeten und dem Resultat, dass der Präfekt die sozialistische Stadtverwaltung suspendierte. Das war ein interessantes Resultat für die mittelitalienischen Industriellen und mehr noch für die Grundbesitzer, welche gerade vor einem größeren Landarbeiterstreik hatten kapitulieren müssen. Sie begannen, die lokalen *fasci* und deren Führer massiv zu finanzieren, wodurch wiederum die *fasci* für arbeitslose Kriegsveteranen, perspektivlose Studenten usw. interessant wurden. Seit dem Frühjahr 1921 führten sie umfangreiche sogenannte Strafexpeditionen auf das flache Land durch, von Dorf zu Dorf, Kleinstadt zu Kleinstadt, die umstellt und durchkämmt wurden. Gefangene Funktionäre vor allem erhielten sogenannte patriotische Lektionen mit Rhizinusöl und demütigenden Schlägen, und es gab Tote, immer seltener auf Seiten der faschistischen *squadristi*.

Die faschistische Bewegung wuchs jetzt rasch:

Dezember 1920:	21.000 Mitglieder
März 1921:	80.000 Mitglieder
Mai 1921:	187.000 Mitglieder
Mai 1922:	322.000 Mitglieder

Damit war der Faschismus innerhalb von drei Jahren zu einer enormen Massenbewegung geworden, gegen die die alten politischen Eliten tatsächlich nicht mehr anregieren konnten, indem der Faschismus sich den konservativen sozialen Interessen als einzige Ordnungsgarantie dargestellt hat – und damit in dieser Beziehung schon längst vor dem Marsch auf Rom in staatliche Machtfunktionen eingedrungen war. Er präsentierte sich als nationale, klassenübergreifende Bewegung, und das nicht zu Unrecht, denn seine Mitglieder kamen 1922 zu

- 40 % aus der Industrie- und Landarbeiterschaft, wobei wir freilich an durch Druck oder Opportunismus zustande gekommene Beitritte und Berufsangaben entwurzelter Kriegsveteranen denken müssen, des Weiteren zu

- 15 % aus der Angestelltenschaft, darunter ein überproportionaler Anteil von Technikern und modern ausgebildeten jüngeren Verwaltungsbeamten, also aus einer in Italien noch recht neuen mittleren Funktionselite, dann zu

- 14 % aus der Schüler- und Studentenschaft,

- 12 % aus Bauerntum und Pächterschaft,

- 9 % aus dem altem Mittelstand der Kaufleute und Handwerker

- 7 % aus selbständigen Berufen.

Es war eine extrem junge Bewegung: ein Viertel aller Mitglieder war noch nicht wahlberechtigt, und Studenten besetzten sehr viele lokale bzw. regionale Führungspositionen. So studierte der mächtige *Ras* (äthiopisch: Häuptling, eine Reminiszenz der ältesten italienischen Kolonie in Afrika: Eritrea) von Ferrara, Italo Balbo (1896-1940), nebenamtlich sozusagen (mit einer Abschlussarbeit über sozialistisches Gedankengut bei Giuseppe Mazzini) politische Wissenschaften. Und kaum ein Führer, der nicht am Krieg teilgenommen hatte, wie die Masse der Mitglieder.

Doch der rasche Aufstieg und die gerade vom agrarischen Teil der faschistischen Bewegung errungenen Erfolge im Quasi-Bürgerkrieg gegen die Linke, teils auch gegen die katholische Volkspartei, brachten schwere Probleme für die Organisation sowie für die politische Ausrichtung des Faschismus und besonders auch für den Gründer Mussolini mit sich. Das galt zum einen für die, im Wortsinne, Eigenmächtigkeit regionaler Faschismen, die nahezu autonom von den jeweiligen *Ras* befehligt wurden. Da sie sich gegenseitig befehdeten, gefährdete das zwar nicht direkt Mussolinis Führungsposition, indem sie ihn brauchten, um den Faschismus als Bewegung zusammenhalten. Aber sie ließen sich von ihm auch in fundamentalen politische Fragen nur wenig vorschreiben. 1921 zeigte sich das vor allem in zwei Problembereichen:

1) im vorab nur wenig gelungenen Bemühen Mussolinis, die faschistische Bewegung in eine faschistische Partei mit ordentlicher Satzung und so weiter umzuformen, und

2) in seinem Bemühen, den Quasi-Bürgerkrieg in Italien zu beenden; und das hieß Ende 1921, die Ras und das Problem verselbständigter faschistischer Gewalt in den Griff zu bekommen.

Zu letzterem Zweck hatte er mit den Sozialisten, unterstützt von der liberalen Regierung in Rom, gegen Ende des Sommers 1921 so etwas wie einen Waffenstillstand vereinbart, aber darauf ließen sich die *Ras* mit ihren *Schwarzhemden*, den *squadristi*, nicht ein, sondern steigerten eher noch den Terror besonders auf dem Land und in vielen mittleren Städten – und das auch, um täglich die Ohnmacht der alten liberal-parlamentarischen Staatsordnung zu beweisen, sich zugleich als neue und einzige Ordnung zu demonstrieren. In all diesen Gewalttätigkeiten sind zwischen 1920 und 1922 ungefähr 500 „Rote" getötet worden, aber ebenso viele Faschisten. Der Widerspruch war so hart, dass Mussolini den Titel *Duce des Faschismus* momentan niederlegte, und der Gegensatz konnte dann auf dem III. faschistischen Kongress im November 1921 in Rom nur durch einen Kompromiss überdeckt werden: Mussolini verzichtete auf seine Befriedungs- und Aussöhnungspolitik mit den Sozialisten, dafür stimmten die *Ras* einer rudimentären Umformung der Bewegung in eine Partei zu, so durch ein Parteistatut, in dem endlich Mitgliedskriterien formuliert waren und, im Zusammenhang damit, durch die Feststellung der Identität von politischer und militärischer Organisation. Erst von jetzt an kann man von einer faschistischen Partei sprechen, vom *Partito Nazionale Fascista* (PNF), deren durchgreifende Konsolidierung und einigermaßen stabile Disziplinierung aber erst in der „Regimephase" des Faschismus gelungen ist, also in den ersten vier, fünf Jahren nach der Ernennung Mussolinis zum italienischen Ministerpräsidenten am 30. Oktober 1922. Aufgrund dieser Ausgangsbedingungen hat aber Mussolini als Duce des Faschismus niemals die absolute Führerstellung Hitlers in, vielmehr über der NSDAP erreichen können; und von den faschistischen

„Großen" im Zusammenspiel mit dem König ist er dann ja auch im Juli 1943 gestürzt worden.

Man kann aus dieser Situation heraus nun zwei Linien hin zur Machtergreifung des italienischen Faschismus, die man aber ja nicht mit der des Nationalsozialismus identifizieren darf, ausziehen. Die eine kommt von Mussolini her, der den Ausgleich mit den alten Eliten und mit dem König und in Abstimmung mit ihnen das Ministerpräsidentenamt braucht, um seine Stellung in der Partei gegenüber den radikal-revolutionären *Ras* und *squadristi* durch deren Disziplinierung „von Staats wegen" zu sichern. Und er brauchte genau diese kämpferischen *Ras*, um von den alten Eliten politisch gebraucht zu werden. Zu diesem Zweck auch nahm er die antimonarchische Forderung nach der Republikanisierung Italiens stillschweigend aus der Propaganda. In anderer Richtung forcierte er die Vereinigung der Faschisten mit den alten radikalen Nationalisten insonderheit in der schon besprochenen *Associazione Nazionalista Italiana*, um mit ihnen Gegengewichte gegen die jungen agilen rechten Revolutionäre in der Partei zu gewinnen; allerdings konnte die korporative Vereinigung erst 1923 vollzogen werden – ein Zeugnis mehr dafür, wie bedeutsam die Position des Regierungschefs für Mussolinis Macht in der faschistischen Bewegung gewesen ist.

Die andere Linie kommt von den alten sozialen und politischen Eliten her, die den Faschismus als Werkzeug gegen die bolschewistische Revolution benötigt und gefördert hatten und die nun feststellten, dass deren revolutionäres Gewaltpotential sich zu verselbständigen drohte. Gerade in diesem Herbst 1922 zündeten die faschistischen Unterführer in Nord- und Mittelitalien ganze Serien von regionalen und lokalen Aktionen, um die Schwäche der Zentralregierung, der sie noch tragenden Liberalen, der landesweiten Ordnung und Sicherheit zu demonstrieren, die Kraft der faschistischen Bewegung zu beweisen und so den König zur Berufung einer faschistisch geführten Regierung jenseits der aktuellen parlamentarischen Mehrheitsverhältnisse zu zwingen. Im Vergleich mit Aktivisten wie Italo Balbo, Cesare De Vecchi, Dino Grandi erschien den alten Eliten Mussolini als ein eher gemäßigter nationaler Politiker, weshalb sie ihm gegenüber auf den Erfolg eines im letzten halben Jahrhundert oft erfolgreich erprobten parlamentarischen Kniffs vertrauten: des sogenannten „trasformismo", d. h., die Umwandlung, die Entschärfung einer systemgefährlichen politischen Strömung durch Einbeziehung ihrer Führer in die Regierungsverantwortung – und durch die Verteilung der Machtpfründen.

So war gewissermaßen hinter den Kulissen die Entscheidung, Mussolini verfassungsgemäß durch den König zum Ministerpräsidenten zu machen, schon gefallen, als der Duce im Oktober 1922 32.000 *squadristi* zum berühmten, mystifizierten „Marsch auf Rom" in Bewegung gesetzt hat. Er wusste, dass sie keine gewaltsame Macheroberung gegen das königliche Militär versuchen konnten; es ging um eine größere Drohkulisse – und um das Bewusstsein der neuen Politik der „direkten Aktion" unter den Faschisten. Und so sah auch Mussolinis erstes Koalitionskabinett aus: Neben vier faschistischen saßen zehn liberale, katholische, nationalistische und demokratische Minister, wobei Mussolini noch zwei wichtige Ministerien selbst in der Hand behielt. Zweifellos war es die erste stabile Regierung seit langem; im Parlament erhielt sie eine satte Dreiviertelmehrheit. Aber das war nicht der Anfang der Zähmung des italienischen Faschismus im liberalen Sinne, sondern Beginn der Faschisierung Italiens, wiewohl das in diesem Augenblick so noch nicht vorausgesehen werden konnte. Das politische System wurde in den nächsten beiden Jahren ja kaum angetastet. Doch mit dem Gesetz vom 3. Dezember 1922, welches der Regierung und damit Mussolini außerordentliche Verordnungsvollmachten eingeräumt hat, war eine gefährliche Bresche geschlagen, was sich in der Matteotti-Krise 1924/25 zeigen würde. Sie ist zum eigentlichen Ausgangspunkt der Faschisierung des Staates und des Versuchs einer totalitären Faschisierung der Gesellschaft geworden.

Nationalsozialismus

In deutscher Sprache ist niemals mehr über das politische Italien publiziert worden als in den 1920er Jahren. Man rechnet mit gut zehntausend Buch- und Aufsatztiteln, in denen der Faschismus positiv oder negativ als Modell möglicher deutscher Entwicklungen diskutiert wurde. Arbeiten von Klaus-Peter Hoepke zur rechten, von Karl-Egon Lönne zur linken und von Jens Petersen und neuerdings Wolfgang Schieder und Mathias Damm zur Gesamtrezeption haben uns darüber ziemlich genau orientiert.

1922/23 bedeutete die in und um München verbreitete NSDAP (in München: 6.000 Mitglieder) nur eine Organisation unter ähnlichen Gruppen der völkisch-revolutionären Rechten in Deutschland, aber ihr Propagandablatt, der *Völkische Beobachter*, schrieb schon unmittelbar nach dem „Marsch auf Rom": „Auch Deutschland hat einen Mussolini: Er heißt Adolf Hitler". Hitler hätte zu diesem Zeitpunkt einen solchen Vergleich für sich wohl abgelehnt, hielt er sich doch noch nicht für den kommenden Führer: den sah er im großen Kriegsmann Erich von Ludendorff, sondern er hielt sich für dessen „Trommler", wie er selbst einmal gesagt hat, für dessen Massenwerber, Propagandisten. Das änderte sich erst nach dem „Münchener Putsch" vom 8./9. November 1923 (wiewohl ihm von Houston Stewart Chamberlain nach einem Besuch in Bayreuth schon vorhergesagt), als er die revolutionäre Unfähigkeit nicht nur Ludendorffs, sondern der gesamten alten völkischen Rechten zu erkennen meinte. Dieser „Münchener Putsch" aber war, um das noch zu sagen, zweifellos auch vom Vorbild, eigentlich von der Legende des „Marsches auf Rom" inspiriert, denn der Umsturz in München sollte ja nur der Auftakt für einen „Marsch auf Berlin" sein. Daraus ist bekanntlich nichts geworden, vor allem deshalb nicht, weil das Bündnis der revolutionären NSDAP und SA mit den konservativ-nationalistischen Kräften in der bayerischen Regierung und der in Bayern stationierten Reichswehrdivision am Zaudern und Zögern letzterer und am Radikalismus Hitlers im letzten Augenblick gescheitert war. Das hat Hitler und die Nationalsozialisten aber nicht daran gehindert, den 9. November noch mehr zu mythisieren, als es die Faschisten mit dem „Marsch auf Rom" getan haben, im Dritten Reich alljährlich Anlass für die Zelebrierung aufwendiger kultischer Gedächtnisfeiern für die 16 Gefallenen des in ein paar Salven aus Polizeigewehren zusammengebrochenen Putsches und Gelegenheit für Hitlers berühmte Auftritte zum Vorabend des 9. November vor den „alten Kämpfern" im Hofbräuhaus – und so natürlich nicht zufällig 1938 der Moment der sogenannten „Reichskristallnacht" und 1939 der des fast erfolgreichen Attentats Elsers auf den „Führer".

In Wirklichkeit ist der 9. November 1923 nicht nur eine Niederlage, sondern eine Katastrophe gewesen – für die Nationalsozialisten und Hitler natürlich, die politisch zunächst erledigt waren, und für die revolutionäre völkische Rechte in Deutschland überhaupt, weil mit dem Münchener Putschversuch Höhepunkt und Abschwung der revolutionären Welle von rechts erreicht war. Hitler nutzte die Haft, um sich in der Niederschrift von „Mein Kampf" nun selbst als der von der *Vorsehung* auserwählte „Führer" eines einmal nationalsozialistisch erwachenden deutschen Volkes vorzustellen und dementsprechend *seine* Weltanschauung geschlossen zu entwickeln. Und nach seiner Haftentlassung, noch vorzeitiger als üblich, begannen er und die Führungsgruppe um ihn, die Strukturen einer neuen NSDAP aufzubauen, streng nach dem sogenannten Führerprinzip hierarchisiert und legalistisch auftretend, Strukturen, die ab 1929 sich als tragfähig genug erweisen würden, die Chance der „großen Krise" zu nutzen, elastisch genug, um dann den gewaltigen Mitgliederstrom aufzufangen. Aber das ist ein Thema jenseits dieser Vorlesung.[74]

Betrachten wir nun die nationalrevolutionäre Rechte in der deutschen Nachkriegszeit von 1919 bis 1923 etwas näher. Zunächst sei festgestellt, dass die nationalrevolutionäre extremistische Rechte in der deutschen Nachkriegszeit noch viel, viel weniger als bloße Reaktion auf die bolschewistische Revolutionswelle und Revolutionsdrohung in Ost- und Mitteleuropa seit 1917 verstanden werden kann als der italienische Squadrismus und Faschismus. Aber genauso wie in Italien wurde er auch hier Teil dieser Reaktion und versuchte, aus ihr heraus die eigene, die „völkische" Revolution zu machen, was diesem deutschen Rechtsextremismus allerdings, wie gesagt, vorläufig misslungen ist. Die Komponenten seines ideologischen Gehäuses, ich sage bewusst „Gehäuse" und nicht „Fundament", die Komponenten also der „Völkischen Weltanschauung" waren, wie wir gesehen haben, schon in den drei Jahrzehnten vor Ausbruch des „Großen Krieges" entwickelt und zusammengesetzt worden, letzteres freilich in mancherlei Variationen der Außenmauern. Im Krieg, 1917, schloss sich eine große Anzahl der ebenfalls teils schon erwähnten völkischen Gruppen und Verbände mit ein in die *Deutsche Vaterlandspartei* mit mehr als einer Million Mitglieder, welche gegen die Friedensbereitschaft in Teilen der Reichsregierung und im Reichstag gerichtet war und für einen Siegfrieden mit großen Annexionen kämpfte. Ideologische Fundamente, Organisationen, die vom Kaiserreich in die Nachkriegszeit und, darüber hinaus, bis ins Dritte Reich gewirkt haben, Personal, das schon im Kaiserreich dabei war und dabeiblieb, wie wir auch aus Lokalstudien und nicht nur für die „Großen": die Chamberlain, Alfred Hugenberg, Heinrich Claß, und so fort wissen.

Aber an dieser älteren extremen Rechten schob sich nun in der Nachkriegszeit eine junge Generation von völkischen Radikalen vorbei. Ideologisch hatte sie vorläufig kaum etwas Neues zu bieten, erst später wird sie einige Linien entsprechend den politischen Umbrüchen und sozialen Wandlungen radikalisieren und zu neuartigen Synthesen gelangen. In den schon vor 1914 fertigen ideologischen Rastern nahm sie die Ursachen der Doppelkatastrophe der Kriegsniederlage und der *roten* Revolution wahr, konzentriert in der These von der jetzt angeblich erfolgreichen doppelten jüdischen Weltverschwörung in der *goldenen*, der kapitalistischen und in der *roten*, marxistisch bolschewistischen *Internationale*. Was sie von den älteren konservativen Revolutionären indessen fundamental unterschied von Anfang an, das war ihre im eigenen Front- und überhaupt im

---

74 Angegangen in einer meiner anderen Vorlesungen: Deutsche Geschichte 1930-1941 (1945), Bonn, minifanal, 2014, S. 49-64.

sozial und geistig entwurzelnden Kriegserlebnis begründete absolute *Militanz* und revolutionäre Verachtung der zivilen Vorkriegswelt – einschließlich der alten völkischen Rechten, dieser Honoratioren im Frack ohne Ahnung vom massenhaften soldatischen *völkischen* Gemeinschaftserlebnis im Krieg. Bezeichnenderweise waren diese jungen militanten Revolutionäre von rechts fast sämtlich ohne Zögern und Zweifel *Republikaner*. Nichts lag ihnen an irgendeiner Restauration, nicht des Kaisers, nicht der kaiserzeitlichen Politik und gesellschaftlichen Verhältnisse.

Ersten entschiedenen Ausdruck hat diese revolutionäre Militanz von rechts in etlichen *Freikorps* der Nachkriegszeit gefunden. Natürlich kämpften sie, sozusagen objektiv, wie Hagen Schulze betont hat, auch im Interesse der Weimarer Republik: in den Grenzlandkämpfen besonders in Oberschlesien, in der Niederwerfung von Spartakisten-Aufständen in Berlin oder im Ruhrgebiet, der Münchener Räterepublik. Insofern stellten sie nach der Auflösung der deutschen Militärmacht in den Soldatenmeutereien seit Oktober 1918 und dann durch die Bestimmungen des Versailler Vertrages der demokratischen Republik die nötigen Ordnungskräfte. Und es hat ja auch das eine oder andere Freikorps gegeben, welches sich wirklich über seine Offiziere den freiheitlich-demokratischen Grundlagen der jungen Weimarer Republik verpflichtet fühlte, so z.B. jenes Freikorps, in dem 1919/20 der große Sozialdemokrat Julius Leber, dereinst Widerständler und Opfer des 20. Juli 1944, Dienst getan hat. Aber in der Regel war das Verhältnis zwischen Freikorps und freiheitlicher Republik, getragen von der Weimarer Koalition aus Sozialdemokratie, politisch-sozialem Katholizismus und Linksliberalismus, nur das einer partiellen Interessenkoinzidenz auf Zeit, begründet im gemeinsamen Kampf gegen Gebietsverluste im Osten und gegen die bolschewistische Revolution und Revolutionsdrohung. Und es ist natürlich ein tragisches Dilemma gewesen, dass sich die liberal-demokratische Republik auf solche Verteidiger verlassen hat, weil sie ansonsten zu wenige Verteidiger hatte.

Wie fragil diese partielle Interessenkoinzidenz war, das zeigte sich ja nicht erst beim reaktionären Kapp-Putsch im Frühjahr 1920, der wesentlich von vorher im Baltikum eingesetzten Freikorpsverbänden getragen worden ist, weil es gegen die liberal-demokratische Republik ging. Das hatte sich doch auch schon in den autonom veranstalteten Übergriffen erwiesen, die von Freikorps, benannt nach ihren einzelnen Kommandeuren u. a. Ehrhardt, Epp, Lützow, Roßbach und nur gelegentlich nach ihrer regionalen Herkunft, z.B. Oberland, bei der Niederwerfung von Aufständen oder auch nur von politischen Streiks an wirklichen oder potentiellen Gegnern begangen worden sind. Und dann, als die revolutionären Linken niedergeschlagen und die Grenzfragen vorläufig beruhigt waren, als die Freikorps also arbeitslos wurden und sich die bisherige partielle Interessenkoinzidenz auflöste, da wanderten viele Freikorpsmänner hinüber in die paramilitärischen Verbände der radikalen nationalistischen Parteien, so in die SA, die *Sturmabteilung* der NSDAP. Oder der Kern einer Freikorpsabteilung verwandelte sich in eine sogenannte Arbeitsgemeinschaft oder in eine Untergrundorganisation. So entstanden über einige Stationen zum Beispiel die *Zentrale Nord* des Franz Pfeffer von Salomon, später, 1926 bis 1930 Oberster SA-Führer, oder der ebenfalls im ‚Ruhrkampf‘ 1923 agierende Sabotagetrupp um Heinz Hauenstein und Albert Leo Schlageter (vielleicht schon NSDAP-Mitglied), hier getragen vom breiten Widerstand der deutschen Bevölkerung gegen die in brutaler Kolonialmanier auftretenden französischen Besatzungsherren. Verhaftet, ist Schlageter von einem französischen Militärgericht zum Tode verurteilt und im Mai 1923 erschossen worden. Ein Märtyrer mehr der deutschen nationalen Wiedergeburt, von den Nationalsozialisten als *Blutzeuge* vielfach geehrt. Und aus der *Brigade Ehrhardt* wuchs die *Organisation Consul*, deren disparate Angehörige mit Attentaten auf die Repräsentanten der Republik angesetzt wurden – auf Matthias Erzberger aus dem katholischen Zentrum und Unterzeichner des Waffenstillstandes vom November 1918, und den liberalen Reichsaußenminister Walter Rathenau, dreifach gehasst als Liberaler, als „Erfüllungspolitiker" (so denunzierte man die, die ihre Politik an der Erkenntnis ausrichteten, dass sich Deutschland gar nicht wehren und folglich nicht total gegen die Auflagen des Versailler Vertrages auflehnen konnte) und gehasst als Jude.

Francis L. Carsten hat geschrieben: „Die Freikorps-Offiziere und Mannschaften hatten nur geringes Interesse für Politik und kein politisches Programm", was in mancher Beziehung natürlich richtig ist: eine Truppe ist schließlich keine politische Partei mit Programm- und Koalitionsausschüssen. In anderer Hinsicht kann das aber auch sehr in die Irre führen, dann nämlich, wenn man die Aussage im Sinne der alten These von der nihilistischen Gewalt um der Gewalt willen übersetzen würde. Hier zeigt sich gerade die Bedeutung der langen ideologischen Vorgeschichte: Die generellen Feindbilder, die generellen weltanschaulichen Eckwerte waren so tief und breit eingepflanzt, sie waren so plausibel, dass sie nicht mehr eigens ausgesprochen oder gar diskutiert werden mussten, zumal in den kämpfenden Freikorps die Gemeinsamkeit der Antihaltungen naturgemäß wichtiger war als völkische politische Zukunftsentwürfe: Hass und Verachtung gegen die Slawen in den östlichen Grenzlandkämpfen, Antimarxismus, gerichtet gegen alle linken, von Klassengegensätzen ausgehenden politischen Strömungen, Antiliberalismus, gerichtet gegen alles Emanzipatorische bis hin zum Frauenwahlrecht – und Antisemitismus, Judenhass, der oft alles andere durchzog, ablesbar an den vorgesetzten Adjektiven: jüdischer Bolschewismus, jüdischer Kapitalismus (im Gegensatz zum angeblich anständigen deutschen „schaffenden Kapital"), jüdischer Liberalismus, jüdische Presse usw. usw.

Das Schlachtlied, die eigene Hymne der *Brigade Ehrhardt* ging unter anderem so:

> „Hat man uns auch verraten,
> trieb mit uns Schindluderei,
> wir wussten, was wir taten,
> blieben dem Vaterland treu.
>
> Hakenkreuz am Stahlhelm,
> Schwarzweißrot das Band,
> die Brigade Ehrhardt
> werden wir genannt."

Sie trugen übrigens zu allem anderen auch schon den Totenkopf an der Uniform, später von der SS Heinrich Himmlers übernommen. Hatten sie gerade nicht zu kämpfen, dann betätigten sich manche Freikorpsoffiziere als antisemitische Aufklärer – z.B. 1920 im Seebad Warnemünde mit solchem Erfolg, dass es dann nahezu täglich zu Pöbeleien gegen jüdische Gäste mit anschließenden Schlägereien gekommen ist. Aus Regensburg schrieb ein Freikorpsmitglied nach dem Sieg über die Münchener Räterepublik im Mai 1919, es sei nun an der Zeit, mit den Juden in Deutschland das zu tun, was die Türken im Weltkrieg mit den Armeniern getan hatten – hunderttausendfacher Völkermord. Und aus der Haft meldete einer der Erzberger-Mörder, sein Kampf wie der aller Consul- (sprich: Ehrhardt-) Leute gelte „Alljuda, Freimaurerei und Jesuiten" (übersetzt: den Juden, Liberalen, der katholischen Kirche), und in dieser Zeit „kann man eben nur für oder wider die Juden sein ... Im übrigen gehört das ganze Parlament an Rad und Galgen". Wie manche Deutsch-Österreicher in den Freikorps kämpften, so Fürst Ernst Rüdiger von Starhemberg, der später die österreichischen Heimwehren aufgebaut hat, aber den Nationalsozialismus im Gegensatz zum Faschismus ablehnte, so flüchteten manche Freikorps-Mörder nach Österreich und Ungarn, wo ähnlich Gesinnte sie schützten.

Sozial gesehen, begegnen uns in den Freikorps jene Elemente wieder, die wir in den italienischen *Squadren* kennengelernt haben: Berufsoffiziere und Unteroffiziere ohne zivile Perspektiven und ganz junge Leute, deren Welt der Krieg gewesen war, darunter auffallend viele Studenten, woher sich auch die guten Beziehungen in manche Universitäten hinein erklären, z.B. in die Studentenschaft von München, in der sich Rudolf Heß und Heinrich Himmler begegneten, die für den Krieg zu ihrem Bedauern noch zu jung gewesen waren, oder ganz früh und sehr aufschlussreich, weil die Anfälligkeit gerade im neuen Mittelstand signalisierend, in die hervorragendste technische Universität Deutschlands, in die Universität Karlsruhe. Leider lässt sich das Freikorps-Element in den älteren völkischen und in den extremistischen rechts-revolutionären Parteien und Parteiungen anhand der Angaben in den Mitgliederlisten, wie sie recht dicht für die frühe NSDAP vorliegen, nicht nachverfolgen. Denn, erstens, wurden ähnlich wie bei den faschistischen *squadristi* die früheren bzw. angestrebten Berufssparten angegeben; zweitens waren die Mitglieder in den Kampfverbänden der Parteien nicht notwendigerweise zugleich auch direkt Parteimitglieder, aber in solchen Kampfverbänden wie der SA der nationalsozialistischen Bewegung war die Zahl ehemaliger Freikorpsleute, wie wir aus vielen anderen Quellen auch belegen können, verständlicherweise besonders groß.

Diesen NSDAP-Statistiken von 1919 bis 1923 zufolge ist der untere und der mittlere Mittelstand, also der kaufmännische Angestellte bis hinauf zum selbständigen Gewerbetreibenden und einschließlich einer neuen technischen bzw. verwaltungstechnischen Funktionselite, deutlich überproportional im Verhältnis zur sozialen Schichtung vertreten gewesen, deutlich unterproportional die ungelernte Arbeiterschaft. Aber gelernte Arbeiter und Handwerker stellten ein gutes Drittel sämtlicher NSDAP-Mitglieder, deren Zahl von 190 im Januar 1920 auf ca. 20.000 gegen Ende 1922 und auf schließlich 55.000 im Herbst 1923 angestiegen ist. Die Gruppe der 18- bis 30-jährigen, also derjenigen, die jünger als der 1889 geborene Hitler selbst waren, hat offensichtlich schon damals gut 50% der Mitgliedschaft ausgemacht. Besonders hoch war der Anteil der Studenten mit durchschnittlich 5% aller Mitglieder; er konnte z.B. in Karlsruhe mit seiner technischen Hochschule auch über 10% erreichen. Das ist nicht weiter überraschend, wenn man den grassierenden extremistischen Nationalismus und Antisemitismus in der deutschen Studentenschaft und deren soziale, berufliche Probleme bedenkt. Studenten hatten, wie gesagt, schon einen Großteil der Mitglieder der Freikorps gestellt. Selbst in der relativ gemäßigten, in vielen Partien die Zustimmung zum Staat von Weimar signalisierenden Satzung der in Würzburg Mitte Juli 1919 gegründeten *Deutschen Studentenschaft*, Dachverband der jetzt fast überall eingerichteten ASTAs, musste in die Selbstdefinition zum Kompromiss hineingeschrieben werden: Der deutsche Student müsse „deutscher Abstammung *und* Muttersprache" sein, wobei die den jüdischen Studenten nur genutzt hätte, wenn dieses *und* im Sinne eines *oder* interpretiert worden wäre, was aber von Anfang an nur noch selten geschehen ist.

Die NSDAP war aber, wie schon gesagt, nur eine Parteibewegung unter anderen rechtsradikalen revolutionären Organisationen der ersten deutschen Nachkriegszeit. Sie war südlich das Mains verankert mit weiteren starken Zentren neben dem Kernbereich um München und Augsburg in Stuttgart und im nordbadischen Raum; darüber hinaus verbreitete sie sich nördlich besonders ins Thüringische, südlich nach Deutsch-Österreich, nach Tirol. Im selben Raum konkurrierte die *Deutschsozialistische Partei* (DSP) mit Schwerpunkten in München, Augsburg und Nürnberg; die DSP griff aber auch stärker nach Norddeutschland aus. Vielmehr als das 1920 zusammengeschusterte „24-Punkte-Programm" der NSDAP mit seinen Akzentuierungen kleinbürgerlicher Wirtschaftsinteressen, betonten die *Deutschsozialisten* die allgemeinen antikapitalistischen und antibürgerlichen Motive völkischen Denkens, wobei z.B. ihr Nürnberger Ortsgruppenleiter Julius Streicher dieses Sozialistische aber gleich wieder ins bloß Antisemitische wandelte. Norddeutschland war indessen vornehmlich das Wirkungsfeld des *Deutschvölkischen Schutz- und Trutzbundes* mit etwa 200.000 korporativen Mitgliedern verschiedener Gruppierungen, von denen die führenden, so besonders der *Alldeutsche Verband*, aus der Vorkriegszeit stammten: Er war genauso scharf antisemitisch wie NSDAP und DSP ausgerichtet, aber ihm fehlte die kleinbürgerlich-antikapitalistische bzw. sozialistische Komponente. Im sozialdemokratisch regierten Preußen wurde er 1922 verboten. Den wenigen süddeutschen Mitgliedern war von ihrer Führung noch empfohlen worden, der NSDAP beizutreten. An seine Stelle setzten nördlich des Mains dann frühere Mitglieder und nationalrevolutionäre Abspalter aus der gemäßigt völkischen *Deutschnationalen Volkspartei* die *Deutsch-völkische Freiheitspartei*.

Warum erzähle ich das so ausführlich? Um die Zersplitterung des revolutionär-nationalistischen Lagers in Deutschland zu demonstrieren. Anders als den italienischen Faschisten gelang es ihm zu dieser Zeit nicht, das möglicherweise noch viel größere Anhängerpotential zu konzentrieren. Alle untereinander geschlossenen Abkommen zum Kampf gegen die Republik führten sogleich in den nächsten, stets auch von innerparteilichen Konflikten begleiteten Streit um revolutionäre weltanschauliche Quisquilien, was die italienischen Faschisten einschließlich des Duce überhaupt nicht interessiert hat. Der italienische Faschismus ging doch von sehr wenigen ideologischen Eckpunkten aus. Es kam auf die Aktion und die Machtgewinnung an, dann würde man sehen, wozu man sie des Weiteren würde praktisch und genau gebrauchen können. Insofern erwies sich die in Deutschland ungleich ältere und tiefere ideologische und organisatorische Präformierung als hinderlich: Auseinandersetzungen um taktische oder personelle Probleme konnten aus diesem reichlichen Fundus heraus stets als Auseinandersetzungen um die letzten Wahrheiten des völkischen Denkens geführt werden.

Innerlich in jeder Beziehung tief zerstritten, konnte es dem neuen völkischen Extremismus jetzt auch nicht gelingen, Einbrüche in das politisch von der *Deutschnationalen Volkspartei* repräsentierte Lager der älteren, bürgerlich-honorig daherkommenden Rechten zu erzielen. Auf der politischen Ebene prägte sich ein schier unvermittelbar erscheinender Gegensatz zwischen beiden Richtungen aus – doppelt unvermittelbar erscheinend, weil es zugleich ein Konflikt der Generationen und auch der sozialen Milieus gewesen ist, eher kleinbürgerlich hier, gutbürgerlich respektabel und elitär dort, Angehörige der Kriegsgeneration in den Führungspositionen hier, der Vorkriegspolitik dort. Die Konsequenz dieser Spaltung in Verbindung mit der Stigmatisierung des revolutionären rechten Extremismus in den ruhigen Jahren der Weimarer Republik seit dem Münchener Putsch vom November 1923 war, dass sich der militante ideologische Extremismus verselbständigen und fanatisch radikalisieren konnte, in Hitlers „Mein Kampf", in Streichers *Der Stürmer*, in der Formierung der Verbände der SA und der Vorläufer der zukünftigen Weltanschauungstruppe SS und so fort, nicht zuletzt auch in der Ausprägung des Führerselbstverständnisses und Führerkults, womit die neugegründete NSDAP seit 1926 in schnellen Schritten zum Sammelpunkt der völkischen Extremisten jeder Couleur werden konnte. Das verlief also anders als in Italien. So schmolz sich 1923 die große faschistische Bewegung mit Mussolini als Duce und Ministerpräsident die vergleichsweise kleine *Associazione Nazionalista Italiana*, also die ältere radikalnationalistische Rechte, zwar ein. Aber in der Forschung ist mit Recht betont worden, dass die älteren Nationalisten danach den programmatisch armen Faschismus ideologisch unterbauen konnten – und so das Ihre zur vergleichsweisen Mäßigung faschistischer Zielsetzung und Politik beigetragen haben. Indessen sah es zur selben Zeit in Deutschland so aus, als wäre die Zeit des revolutionären rechten Extremismus überhaupt vorbei und als ob es für die ältere, honorige Rechte nur noch darum gehe, die einstige Massenbasis des revolutionären völkischen Extremismus in Wahlen für sich zu mobilisieren. Das bedeutete aber auch, dass sich die nationalrevolutionäre Rechte in ihren sektiererischen marginalisierten Grüppchen ungestört radikalisieren konnte. Hier zeigt sich die gesellschaftliche Verbreitung und dann die partielle Komplementarität von völkischer revolutionärer und gemäßigter nationalistischer Rechter, insofern letztere die Nationalrevolutionäre von rechts durchaus als Fleisch vom eigenen Fleisch verstanden haben, vor allem, wenn die Revolutionäre unter den Druck der Republik geraten sind.

Erfolgreich war vorerst allein die faschistische Bewegung in Italien gewesen. In Ungarn etwa hatte die neue extremistische Rechte wesentlichen Anteil an der Niederwerfung der kommunistischen Rätediktatur gehabt, war dann aber von eher traditionellen konservativen Kräften Zug um Zug aus den dabei errungenen Machtpositionen verdrängt und gerade 1923 praktisch aus der offiziellen Position in den Regierungsapparaten hinausgeworfen worden.[75] 1923, im November, war auch das Ende der radikalnationalistischen revolutionären Welle in Deutschland erreicht; indessen die Extremisten die Auflösung ihrer Parteien und Kampfverbände und Flucht bzw. Inhaftierung führender Persönlichkeiten erlebten, schienen sich die mehr traditionellen Völkischen halbwegs in das republikanische System von Weimar integrieren zu wollen, sinnfällig bei der Wahl Hindenburgs zum Reichspräsidenten als Nachfolger des Sozialdemokraten Ebert und in den Beteiligungen der *Deutschnationalen Volkspartei* (DNVP) an Mitte-Rechts-Koalitionen in Berlin.

Wir haben Gemeinsames und Unterschiedliches gesehen, so viel Unterschiedliches, dass es mir jedenfalls sehr zweifelhaft erscheint, sie mit dem Begriff *der Faschismus* erfassen zu können, aber soviel Gemeinsames, um sie als Phänomene einer europäischen extremnationalistischen Revolution im Kontext der antisozialistischen Gegenrevolution seit 1919 zu verstehen. Gemeinsam war ihnen der radikale Antikommunismus und Antisozialismus sowie die Bereitschaft, Kommunisten und Sozialisten anstelle staatlicher Ordnungskräfte zu bekämpfen, womit sie die staatliche Ordnung ihrerseits auszuhöhlen und zugleich sich in sie einzunisten versuchten. Gemeinsam war ihnen der Appell an einen klassenübergreifenden Nationalismus im Gegenzug zum kommunistischen Internationalismus. Gemeinsam war ihnen die heroische Erfahrung des „Großen Kriegs", aus der heraus die alte bürgerliche Vorkriegswelt von einer erneuerten

---

75 Die ungarischen Entwicklungen seit 1919 habe ich andernorts betrachtet. Vgl. Wolfgang Altgeld: (Vorlesung) Europäische Geschichte zwischen den Weltkriegen 1918 bis 1941, Bonn, minifanal, 2013, S. 127-132.

nationalen Gemeinschaft abgelöst werden sollte. Und so sehen wir sie auch von ähnlichen sozialen Gruppen der „verlorenen Generation" getragen, von Weltkriegsoffizieren und -soldaten, von Studenten, überhaupt von jungen, sehr jungen Leuten vor allem aus dem mittleren und unteren Mittelstand. Aber dann unterschieden sie sich in wesentlichen Zügen – und zwar immer dann, wenn es jenseits der Antihaltungen um die positiven Gestaltungsvorstellungen und deren praktische Umsetzung ging.

Man könnte natürlich auf vieles im Politischen, Sozialen und Kulturellen hinweisen, aber: Der zentrale Punkt war natürlich der universelle Rassismus und in ihm der Antisemitismus. Er unterschied den völkischen revolutionären Extremismus in Deutschland insgesamt, also nicht nur, wohl aber besonders den Nationalsozialismus, zutiefst vom Faschismus in Italien. Die deutsche nationale Revolution sollte die rassische Erneuerung der deutschen Volksgemeinschaft sein, zuerst und entscheidend durch Ausstoßung der Juden. Das liest sich im NSDAP-Programm von 1920 noch vergleichsweise zahm, denn darin wurde nur: nur! die bürgerliche Entrechtung der deutschen Juden gefordert. In den Reden Hitlers und der vielen anderen kleineren extremistischen Agitatoren in Deutschland wurde längst vor dem Münchener Putsch Klartext gesprochen – zum Entzücken des immer größeren Publikums. Ein Zuhörer notierte zu einer Hitler-Rede im Sommer 1923: Thema sei allein „der gewaltsame Kampf gegen das Judentum (gewesen), wenn sich einmal die Gelegenheit dazu biete. Nach meiner Anschauung würde Hitler ... im Falle eines Judenpogroms nichts anderes sein als der Anführer einer zweiten Roten Armee, wie wir sie 1919 hatten, um lediglich gegen das Judentum Raub, Mord und Plünderung zu begehen ..." Ich will das nicht näher beleuchten, aber sagen, dass so etwas von Mussolini oder irgendeinem Faschisten einfach nicht gedacht worden ist. Und somit fehlte dort auch das rassistische mörderische Kernmotiv in der aktuellen militanten Auseinandersetzung mit dem politischen Gegner. Die Faschisten bekämpften die Kommunisten, die deutschen revolutionären Völkischen den „jüdischen Bolschewismus", die Faschisten verachteten den liberalen bürgerlichen Staat, die Extremisten hierzulande waren zur Vernichtung der „jüdischen Republik" entschlossen.

Was hier mit allen entsetzlichen Folgen zutiefst unterschied, das verweist uns auf Ähnlichkeiten zwischen dem deutschen völkischen Extremismus und antisemitischen massiven Bewegungen in Ostmittel- und Südosteuropa, so im nachrevolutionären Ungarn, in Polen. Aber es gab noch andere Länder, in denen rechtspopulistische Bewegungen alte judenfeindliche religiöse und ökonomische Traditionen politisiert und massenwirksam mobilisiert haben, so die Nationalpartei im neuen Polen vor dem Hintergrund einer Antikommunismus und Judenfeindschaft verbindenden massiven Grundstimmung in der Bevölkerung, aus der heraus 1922 der jüdisch geborene erste polnische Staatspräsident ermordet worden ist und wegen der jüdische Polen in den 1920er Jahren das Hauptkontingent jüdischer Einwanderer in Palästina ausgemacht haben. In der 1918/19 um ihre Unabhängigkeit gegen die russischen Sowjets kämpfenden Ukraine tobte sich der nationalistische Antisemitismus in entsetzlichen antisemitischen Pogromen aus, wie auch die konterrevolutionären *weißen* Truppen in Russland etliche Massaker in den jüdischen Bevölkerungen angerichtet haben. In Rumänien ist der traditionelle Antisemitismus in säkularisierter politischer Form geradezu zum Ausgangspunkt nationalrevolutionärer rechtsextremistischer Bewegungen geworden – nämlich für die 1927 aus studentischen Vorläufern entstandenen „Legion des Erzengels Michael" des Corneliu Zelea Codreanu und dann der „Eisernen Garde". Wir wissen heute aus intensiven Forschungen, dass der moderne Rassenantisemitismus am Ende des 19. Jahrhunderts vornehmlich aus dem deutschen und deutsch-österreichischen völkischen Denken in die Köpfe osteuropäischer Gebildeter importiert worden ist und von ihnen als neuartige Legitimation des traditionalen Judenhasses schon in den Pogromen um 1900 verwendet worden ist. In den dortigen vormodernen agrarischen, traditionell religiösen Gesellschaften mit deutlich abgehobenen orthodox-jüdischen Bevölkerungen erwies sich dieser Antisemitismus als hervorragendes Mittel zur primären massenhaften Politisierung und Grundlegung von Massenbewegungen. Jetzt im Nachkrieg wirkte das Beispiel massenmörderischer Pogrome auf die deutschen und andere radikalnationalistische Antisemiten in Mitteleuropa zurück, weil ja auch sie die Juden als Schuldige an allen verhassten modernen Erscheinungen, an der Weltkriegsniederlage, am Nachkriegselend und am Marxismus-Kommunismus sahen.

Literatur zur Vorlesung:
Radikaler Nationalismus

- Albanese, Giulia: Mussolinis Marsch auf Rom. Die Kapitulation des liberalen Staates vor dem Faschismus, Paderborn 2015.

- Albertin, Lothar: Nationalismus und Protestantismus in der österreichischen Los-von-Rom-Bewegung um 1900, phil. Diss., Köln 1953.

- Alff, Wilhelm: Der Begriff Faschismus und andere Aufsätze zur Zeitgeschichte, Frankfurt 1971.

- Balfour, Michael: Britain and Joseph Chamberlain, London 1985.

- Bauerkämper, Arnd: Die „radikale Rechte" in Großbritannien. Nationalistische, antisemitische und faschistische Bewegungen vom späten 19. Jahrhundert bis 1945, Göttingen 1991.

- Behschmidt, Wolf-Dietrich: Nationalismus bei Serben und Kroaten 1830-1914. Analyse und Typologie der nationalen Ideologie, München 1980.

- Berding, Helmut: Moderner Antisemitismus in Deutschland, Frankfurt 1988.

- Birnbaum, Pierre: Le moment antisémite: Un tour de la France en 1898, Paris 1998.

- Boehlich, Walter (Hg.): Der Berliner Antisemitismusstreit, Frankfurt 1988 (zuerst 1965).

- Breuer, Stefan: Nationalsozialismus und Faschismus. Frankreich, Italien und Deutschland im Vergleich, Darmstadt 2005.

- Ders.: Die radikale Rechte in Deutschland 1871-1945, Stuttgart 2010.

- Broszat, Martin: Zweihundert Jahre deutsche Polenpolitik, Frankfurt ²1972 (zuerst 1963).

- Carsten, Francis L.: Der Aufstieg des Faschismus in Europa, Frankfurt 1968.

- Chickering, Roger: We Men who feel most German. A Cultural Study of the Pan-German League, 1886-1914, London 1984.

- Clark, Christopher (M.): Die Schlafwandler. Wie Europa in den Ersten Weltkrieg zog, München 2013 u.ö.

- Cohen, Norman: Die Protokolle der Weisen von Zion. Der Mythos von der jüdischen Weltverschwörung, Köln 1969.

- Dann, Otto: Nation und Nationalismus in Deutschland 1770-1990, München ³1996.

- De Grand, Alexander J.: The Italian Nationalist Association and the Rise of Fascism in Italy, Lincoln/Nebr. 1978.

- Duclert, Vincent: Die Dreyfus-Affäre. Militärwahn, Republikfeindschaft, Judenhass, Berlin 1994.

- Eley, Geoff: Reshaping the German Right. Radical Nationalism and Political Change after Bismarck, London/New Haven 1981.

- Figes, Orlando: Die Tragödie eines Volkes. Die Epoche der russischen Revolution 1891 bis 1924, Berlin 1998 (zuerst London 1996).

- Fraschka, Mark A.: Franz Pfeffer von Salomon. Hitlers vergessener Oberster SA-Führer, Göttingen 2016.

- Fraser, Peter: Joseph Chamberlain. Radicalism and Empire 1868-1914, London 1966.

- Geyer, Dietrich: Der russische Imperialismus. Studien über den Zusammenhang von innerer und auswärtiger Politik 1860-1914, Göttingen 1977.

- Goodrick-Clarke, Nicholas: Die okkulten Wurzeln des Nationalsozialismus, Wiesbaden 2004 (zuerst engl. Ausgabe 1982/85).

- Goyet, Bruno: Charles Maurras, Paris 2000.

- Gregor, A.J.: Young Mussolini and the Intellectual Origins of Fascism, Berkeley 1979.

- Gugenberger, Eduard: Hitlers Visionäre. Die okkulten Wegbereiter des Dritten Reichs, Wien 2001.

- Gumbrecht, Hans Ulrich et al. (Hg.): Der Dichter als Kommandant. D'Annunzio erobert Fiume, München 1996.

- Hagenlücke, Heinz: Deutsche Vaterlandspartei. Die nationale Rechte am Ende des Kaiserreiches, Düsseldorf 1997.

- Hamann, Brigitte: Hitlers Wien. Lehrjahre eines Diktators, München 2001 (zuerst 1996).

- Hamel, Iris: Völkischer Verband und nationale Gewerkschaft. Der deutschnationale Handlungsgehilfen-Verband 1893-1933, Frankfurt 1967.

- Hamilton, Mark W.: The Nation and the Navy: Methods and Organization of British Navalist Propaganda, New York 1986.

- Hering, Rainer: Konstruierte Nation. Der Alldeutsche Verband 1890 bis 1939, Hamburg 2003.

- Hermand, Jost: Der alte Traum vom neuen Reich. Völkische Utopien und Nationalsozialismus, Frankfurt 1988.

- Hirschhausen, Ulrike von/Leonhard, Jörn (Hg.): Nationalismen in Europa. West- und Osteuropa im Vergleich, Göttingen 2001.

- Hollenberg, Günter: Englisches Interesse am Kaiserreich. Die Attraktivität Preußen-Deutschlands für konservative und liberale Kreise in Großbritannien 1860-1914, Wiesbaden 1974.

- Holmes, Colin: Antisemitism in British Society 1876-1939, London 1979.

- Hutchinson, William R./Lehmann, Hartmut: Many are chosen. Divine Election and Western Nationalism, Minneapolis 1994.

- Jackish, Barry A.: The Pan-German League and Radical Nationalist Politics in Interwar Germany, 1918-39, Farnham 2012.

- Karády, Viktor: Gewalterfahrung und Utopie. Juden in der europäischen Moderne, Frankfurt 1999.

- Kennedy, Paul M./Nicholls, Anthony James (Hg.): Nationalist and Racialist Movements in Britain and Germany before 1914, London 1981.

- Klier, John D./Lambroza, Shlomo (Hg.): Pogroms. Anti-Jewish Violence in Modern Russian History, Cambridge 1992.

- Koch, Hansjoachim W.: Der deutsche Bürgerkrieg. Eine Geschichte der deutschen und österreichischen Freikorps 1918-1923, Schnellroda [3]2014.

- Ders.: Der Sozialdarwinismus. Seine Genese und sein Einfluss auf das imperialistische Denken, München 1973.

- Krabbe, Wolfgang R.: Gesellschaftsveränderung durch Lebensreform, Göttingen 1974.

- Krüger, Gabriele: Die Brigade Ehrhardt, Hamburg 1971.

- Laqueur, Walter: Der Schoß ist fruchtbar noch. Der militante Nationalismus der russischen Rechten, München 1993.

- Ledeen, Michael A.: The First Duce. D'Annunzio at Fiume, Baltimore 1977.

- Leicht, Johannes: Heinrich Claß 1868-1953. Die politische Biographie eines Alldeutschen, Paderborn 2010.

- Lepsius, Rainer M.: Demokratie in Deutschland, Göttingen 1993.

- Löwe, Heinz Dietrich: Antisemitismus und reaktionäre Utopie. Russischer Konservatismus im Kampf gegen den Wandel von Staat und Gesellschaft 1890-1917, Hamburg 1978.

- Lohhalm, Uwe: Völkischer Radikalismus. Die Geschichte des Deutschvölkischen Schutz- und Trutzbundes 1919-1923, Hamburg 1970.

- Lyttelton, Adrian: The Seizure of Power. Fascism in Italy 1919-1929, New York 1973.

- Mackenzie, David: Apis. The Congenial Conspirator, Boulder 1989.

- Mackenzie, John M. (Hg.): European Empires and the People. Popular Responses to Imperialism in France, Britain, the Netherlands, Belgium, Germany and Italy, Manchester 2011.

- Martin, Bernd/Schulin, Ernst (Hg.): Die Juden als Minderheit in der Geschichte, München 1981.

- Mayer, Arno J.: Adelsmacht und Bürgertum. Die Krise der europäischen Gesellschaft 1848-1914, München 1984.

- Miller, David W.: Queen's Rebels. Ulster Loyalism in Historical Perspective, Dublin 1978.

- Mock, Wolfgang: Imperiale Herrschaft und nationales Interesse. ‚Constructive Imperialism' oder Freihandel in Großbritannien vor dem Ersten Weltkrieg, Stuttgart 1982 (eine Zusammenfassung in: HZ-Beiheft 8, 1983, S. 5-45).

- Mohler, Armin: Die konservative Revolution in Deutschland 1918-1932. Ein Handbuch, Darmstadt [4]1994.

- Mommsen, Wolfgang J.: Der europäische Imperialismus, Göttingen 1979.

- Mosse, George L.: Ein Volk. Ein Reich. Ein Führer. Die völkischen Ursprünge des Nationalsozialismus, Königstein/Ts. 1979 (zuerst New York 1964).

- Mühlberger, Detlef (Hg.): The Social Basis of European Fascist Movements, London 1987.

- Nimocks, Walter: Milner's Young Men. The 'kindergarten' in Edwardian Imperial Affairs, London 1970.

- Nolte, Ernst: Der Faschismus in seiner Epoche. Action française. Italienischer Faschismus. Nationalsozialismus, München [6]1984 (zuerst 1963).

- Ders.: Der europäische Bürgerkrieg 1917-1945. Nationalismus und Bolschewismus, Frankfurt 1987.

- Perfetti, Francesco: Il nazionalismo italiano dalle origini alla fusione col fascismo, Bologna 1977.

- Peters, Michael: Der Alldeutsche Verband am Vorabend des Ersten Weltkriegs (1908-1914). Ein Beitrag zur Geschichte des völkischen Nationalismus im spätwilhelminischen Deutschland, Frankfurt [2]1996.

- Petrovich, Michael B.: A History of Modern Serbia, 1804-1918, New York 1976.

- Pipes, Richard: Die russische Revolution, 2 Bde., Berlin 1992 (zuerst London 1990).

- Puschner, Uwe u. a. (Hg.): Handbuch zur „Völkischen Bewegung" 1871-1918, München 1999.

- Ders.: Die völkische Bewegung im wilhelminischen Kaiserreich. Sprache – Rasse – Religion, Darmstadt 2001.

- Raphael, Lutz: Imperiale Gewalt und mobilisierte Nation. Europa 1914-1945, München 2011.

- Rees, Philip: Biographical Dictionary of the Extreme Right since 1890, New York 1990.

- Roberts, David D.: The Syndicalist Tradition and Italian Fascism, Manchester 1979.

- Roos, Daniel: Julius Streicher und "Der Stürmer". 1923-1945, Paderborn 2014.

- Scally, Robert J.: The Origins of the Lloyd George Coalition. The Politics of Social Imperialism, Princeton 1975.

- Schmidt-Bergmann, Hansgeorg: Futurismus. Geschichte, Ästhetik, Dokumente, Reinbek 1993.

- Schnurbein, Stefanie von: Religion als Kulturkritik. Neugermanisches Heidentum im 20. Jahrhundert, Heidelberg 1992.

- Schöllgen, Gregor/Kiessling, Friedrich: Das Zeitalter des Imperialismus, München ⁵2009.

- Schröder, Hans Christoph: Imperialismus und antidemokratisches Denken. Alfred Milners Kritik am politischen System Englands, Wiesbaden 1978.

- Schüler, Winfried: Der Bayreuther Kreis von seiner Entstehung bis zum Ausgang der Wilhelminischen Ära, Münster 1971.

- Sieg, Ulrich: Deutschlands Prophet. Paul de Lagarde und die Ursprünge des modernen Antisemitismus, München 2007.

- Stern, Fritz: Kulturpessimismus als politische Gefahr. Eine Analyse nationaler Ideologie in Deutschland, Bern 1963.

- Sternhell, Zeev: Die Entstehung der faschistischen Ideologie. Von Sorel zu Mussolini, Hamburg 1999.

- Sykes, Alan: Tariff Reform in British Politics 1903-1913, Oxford 1979.

- Thoß, Bruno: Der Ludendorff-Kreis 1919-1923. München als Zentrum der mitteleuropäischen Gegenrevolution, München 1978.

- Timmermann, Heiner (Hg.): Entwicklung der Nationalbewegungen in Europa 1850-1914, Berlin 1998.

- Timms, Edward/Collier, Peter (Hg.): Visions and Blueprints. Avant-Garde Culture and Radical Politics in Early Twentieth-Century Europe, Manchester 1988.

- Trauner, Karl-Reinhart: Die Los-von-Rom-Bewegung. Gesellschaftspolitische und kirchliche Strömung in der ausgehenden Habsburgermonarchie, Wien ²2006.

- Treadway, John D.: The Falcon and the Eagle. Montenegro and Austria-Hungary 1908-1914, West Lafayette/Ind. 1983.

- Tyrell, Albrecht: Vom ‚Trommler‘ zum ‚Führer‘. Der Wandel von Hitlers Selbstverständnis zwischen 1919 und 1924 und die Entwicklung der NSDAP, München 1975.

- Walkenhorst, Peter: Nation – Volk – Nation. Radikaler Nationalismus im Deutschen Kaiserreich 1890-1914, Göttingen 2007.

- Weber, Eugen: L'Action française, Paris 1985 u.ö. (zuerst Stanford/Calif. 1962).

- Weißmann, Karlheinz: Schwarze Fahnen, Runenzeichen. Die Entwicklung der politischen Symbolik der deutschen Rechten zwischen 1890 und 1945, Düsseldorf 1991.

- Whiteside, Andrew: Georg Ritter von Schönerer, Alldeutschland und sein Prophet, Graz 1981.

- Winock, Michel (Hg.): Histoire de l'extrême droite en France, Paris ²1994.

- Wippermann, Wolfgang: Faschismus. Eine Weltgeschichte vom 19. Jahrhundert bis heute, Darmstadt 2009.

- Würthle, Friedrich: Die Spur führt nach Belgrad. Die Hintergründe des Dramas von Sarajewo 1914, Wien 1975.

Skizze: Deutschvölkische Vernetzungen

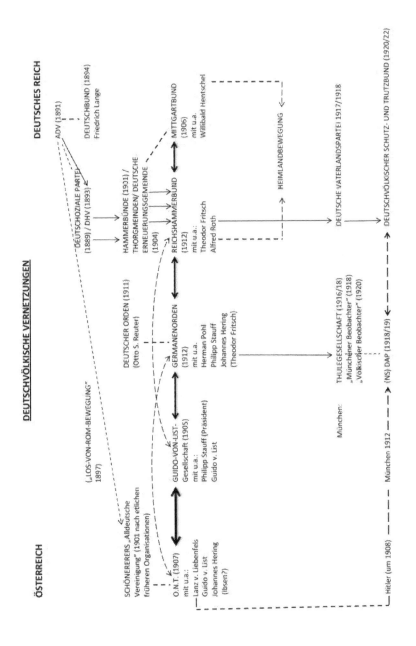

Namensregister

Ebenfalls erschienen:

Wolfgang Altgeld: Vorlesung Europäische Geschichte zwischen den Weltkriegen 1918 bis 1941

Wolfgang Altgeld: Vorlesung Deutsche Geschichte 1930-1941

Wolfgang Altgeld: Vorlesung Deutsche Geschichte 1943-1955

Wolfgang Altgeld: Vorlesung Die nationale Einigung Italiens und Deutschlands 1848-1871

Wolfgang Altgeld: Unveröffentlichte Vorträge zur italienischen, italienisch-deutschen und deutschen Geschichte.

Wolfgang Altgeld (Hg.): Liegengebliebenes, Abgelegenes. Zur Geschichte des 19. und 20. Jahrhunderts

Weitere Informationen und das gesamte Verlagsprogramm unter

www.minifanal.de

Printed in Poland
by Amazon Fulfillment
Poland Sp. z o.o., Wrocław

54256102R00108